I0074244

Statistik mit R

Einführung für
Wirtschafts- und Sozialwissenschaftler

Von
Dubravko Dolić

R. Oldenbourg Verlag München Wien

Bibliografische Information Der Deutschen Bibliothek

Die Deutsche Bibliothek verzeichnet diese Publikation in der Deutschen
Nationalbibliografie; detaillierte bibliografische Daten sind im Internet
über <http://dnb.ddb.de> abrufbar.

© 2004 Oldenbourg Wissenschaftsverlag GmbH
Rosenheimer Straße 145, D-81671 München
Telefon: (089) 45051-0
www.oldenbourg-verlag.de

Das Werk einschließlich aller Abbildungen ist urheberrechtlich geschützt. Jede Verwertung
außerhalb der Grenzen des Urheberrechtsgesetzes ist ohne Zustimmung des Verlages unzu-
lässig und strafbar. Das gilt insbesondere für Vervielfältigungen, Übersetzungen, Mikrover-
filmungen und die Einspeicherung und Bearbeitung in elektronischen Systemen.

Gedruckt auf säure- und chlorfreiem Papier
Gesamtherstellung: Druckhaus „Thomas Müntzer" GmbH, Bad Langensalza

ISBN 3-486-27537-2

Inhaltsverzeichnis

Vorwort

Im letzten Jahrzehnt haben sich einige Softwarepakete zur Lösung statistischer Probleme als Quasistandards auf dem Markt etablieren können. Nachdem vor zehn Jahren die Bedienung eines Programms wie z.B. SPSS® noch Domäne bestimmter Fachleute war, wird sie heute von Studierenden der Sozialwissenschaften als Standard verlangt. Über die Jahre wuchs dabei nicht nur der Funktionsumfang der Statistikpakete. Auch die Bedienung wurde immer einfacher, fast schon intuitiv. Dies führte dazu, dass Statistik heute oft nach dem Rezeptbuch angewandt wird: Umfangreiche Analysen sind mit nur wenigen Mausklicks erstellt. Die Distanz zu den Funktionsweisen und zur Logik der Verfahren wächst dabei zunehmend. Darüber hinaus setzen die „großen" Statistikprogramme Standards, die den Spezialisten nicht immer begeistern können. Nicht zuletzt sind die Preise solcher Pakete – trotz vorhandener Universitätslizenzen – nicht für jede Fakultät erschwinglich.

Hier stellt das Softwarepaket R eine wohltuende Alternative dar. Es kommt schlank und ohne Schnörkel daher. Als OpenSource Projekt ist es kostenlos erhältlich und lebt vom Engagement vieler Freiwilliger. Da es im Wesentlichen auf der Eingabe von Befehlen in eine Konsole beruht, wird der Nutzer verführt, strukturiert an Analysen heranzugehen und die zentralen Schritte inhaltlich nachzuvollziehen. Trotz der Tatsache, dass die Software von einem freiwilligen Projekt gewartet wird, lässt sie an Professionalität nichts zu wünschen übrig. Der Umfang der zur Verfügung stehenden Verfahren und Funktionen ist überwältigend. Besonders hervorzuheben sind die grafischen Fähigkeiten. Erscheint es zunächst vielleicht als ein Nachteil, dass es keine Menüführung gibt, kann diese Tatsache gerade in der Lehre ein Vorteil sein. Der Anwender kann statistische Verfahren unmittelbar numerisch nachvollziehen. Ihre Vermittlung wird somit unterstützt. Aufgrund der lizenzrechtlichen Handhabung stellt es kein Problem dar, den Studierenden Kopien der Software für den eigenen Rechner zur Verfügung zu stellen. Die Kompatibilität über verschiedene Betriebssysteme hinweg ist dabei eine Selbstverständlichkeit.

Der vorliegende Text stellt im ersten und dritten Kapitel den Umgang mit R vor. Das erste Kapitel führt den Neuling in die Installation und grundlegende Bedienung von R ein. Im dritten Kapitel wird die Erzeugung häufig vorkommender statistischer Grafiken erläutert. Die Kapitel zwei und vier bis neun gehen den Stoff der deskriptiven und inferenten Statistik anhand von R durch, wie er in den Wirtschafts- und Sozialwissenschaften im Grundstudium gelehrt wird. Dabei wurde ein starkes Gewicht auf die praktische Anwendung gelegt. Dennoch sind die mathematischen Hintergründe nicht zu stark ausgeblendet worden. So wurde manche Statistik direkt in R nachprogrammiert, auch wenn eine entsprechende Funktion bereits im Programm zur Verfügung steht. Hinweise auf weiterführende Literatur finden sich jeweils am Ende eines Kapitels.

Ein Buch in dem Fachwissen vermittelt wird, kann kaum ohne die Hilfe anderer Menschen entstehen. Für das vorliegende Buch danke ich in erster Linie Prof. Dr. Hans Peter

Litz (Oldenburg) und Prof. Dr. Ulrich Küsters (Ingolstadt). Ihnen habe ich mein Wissen über Statistik zu verdanken. Bei Dr. Hendrik Hakenes (Mannheim) bedanke ich mich für wertvolle Anregungen, für die kritische Durchsicht des Typoskripts und für das Aufdecken vieler dort vorhandener Ungenauigkeiten. Außerdem ist meinen Kollegen Dipl. Kfm. Oliver Vogt und Dipl. Kfm. Tobias Wintz (Ingolstadt) für die Hilfe bei der Bewältigung einiger üblicherweise mit dem Erstellen eines umfangreichen Textes verbundenen Krisen zu danken.

Nicht zuletzt bin ich meiner Frau Dipl. Psych. Monika Güttler-Dolić zu (mindestens) zweifachem Dank verpflichtet. Sie hat mich nicht nur bei der Austreibung des Fehlerteufels maßgeblich unterstützt. Auch musste Sie zu Gunsten des Buches oft auf gemeinsame Unternehmungen verzichten. Für ihre Wärme und ihre mentale Unterstützung bin ich ihr ganz besonders dankbar.

Fehler inhaltlicher und orthografischer Art, die sich trotz diverser Korrekturgänge nicht vermeiden lassen, gehen allein zu meinen Lasten.

Dubravko Dolić

1 Einführung in das Arbeiten mit R

Die folgende Einführung soll einige grundlegende Schritte im Umgang mit der Software R vermitteln. Um eine eventuell vorhandene Scheu im Umgang mit einer auf Textkonsolen basierten Software zu überwinden, empfiehlt es sich, die Übungen direkt am eigenen Rechner nachzuvollziehen. Grundsätzlich sind die meisten Arbeitsschritte auf verschiedenen Plattformen (Windows/UNIX/Linux) analog durchführbar. Dort, wo R unter Windows Besonderheiten aufweist, wird hierauf gesondert verwiesen. Dennoch ist diese Einführung selbstverständlich auch für LinuxanwenderInnen gedacht.

1.1 Vorbemerkungen

Da die Software R hauptsächlich im anglo-amerikanischen Umfeld entwickelt wurde, wird für die Darstellung von Dezimalzahlen der Punkt "." verwendet. Diese Notationsweise wurde für die Zahlen im vorliegenden Text durchgehend übernommen. Da Kommata in R zur Trennung von Objekten vorgesehen sind, ist diese Darstellung für den Anwender weniger verwirrend.

R bietet die Möglichkeit, neu erworbenes Wissen sofort an geeigneten Daten praktisch nachzuvollziehen. Dazu stehen sehr viele Beispiele zur Verfügung, die in der Grundinstallation von R bereits vorhanden sind. Wie diese genutzt werden können, wird im Weiteren erklärt. Darüber hinaus wird in diesem Buch auf einen weiteren Beispieldatensatz zurückgegriffen, der auf der Internetseite des Autors erhältlich ist (www.dolic.de). Dieser Beispieldatensatz heißt kultur.dat. Er enthält 28 Variablen zu je 59 Fällen. Die Bedeutung der einzelnen Variablen wird im Buch bei Bedarf erläutert. Im Internet ist eine komplette Erläuterung aller Variablen des Datensatzes erhältlich.[A]

Im vorliegenden Text werden zwei Marginalien benutzt. Das Kreuz ✖ macht auf Textpassagen aufmerksam, in denen etwas stärker auf mathematische Hintergründe eingegangen wird als im übrigen Text. Solche Stellen können vom eher praktisch orientierten Leser zunächst übergangen werden.

✖

Die Tastatur ⌨ weist Textstellen aus, in denen Tipps und Ratschläge oder häufig auftretende Anwendungen für R besprochen werden. Diese Passagen sind vor allem für fortgeschrittenere Anwender konzipiert.

⌨

[A]Der Datensatz beruht auf einem Projekt des Lehrstuhls für Kulturgeographie gemeinsam mit dem Kulturamt der Stadt Ingolstadt. Der Autor dankt Prof. Dr. Hans Hopfinger für die freundliche Bereitstellung des Datensatzes. Weitere Informationen zum Datensatz finden sich in: Forschungsstelle für Angewandte Regionalwissenschaft (FAR) (2003).

1.2 Das R-Projekt

R ist zweierlei: zum einen eine Programmiersprache zum anderen eine Arbeitsumgebung
mit statistischem Schwerpunkt. Das bedeutet, dass die Funktionalität dieser Umgebung
schnell und effizient zur Analyse statistischer Daten genutzt werden kann. Mit der Programmiersprache R stehen dem Anwender Möglichkeiten zur Verfügung, eigene Funktionen
zu entwickeln und so Probleme zu lösen, die mit einer Standardsoftware nur schwer oder
gar nicht lösbar sind.

R stellt neben umfangreichen statistischen Funktionen und Bibliotheken ein sehr lei-
stungsfähiges Sortiment statistischer Grafiken zur Verfügung. Dank der Programmiersprache können Grafiken bis in kleinste Details auf die Ansprüche des Anwenders angepasst
werden.

Das Programm wird seit den 1990er Jahren als GNU Projekt von vielen Anwendern in der
ganzen Welt weiterentwickelt. Initiiert wurde es von Robert Gentleman und Ross Ihaka
vom Statistics Department der Universität Auckland (NZ). R ist „nicht unähnlich" zur Programmiersprache S. Die Programmiersprache S und das Statistikprogramm S-Plus wurden
in den Bell Laboratories von John Chambers (1998) und Kollegen entwickelt. S-Plus ist
eine kommerzielle Software, die heute von der Firma Insightful (`www.insightful.com`)
vertrieben wird. Das Softwarepaket bietet eine grafische Oberfläche und menügeführten
Zugriff auf viele Funktionen. Außerdem steht eine Schnittstelle zur Tabellenkalkulation
Excel zur Verfügung. Da die Sprachen R und S jedoch (trotz vorhandener Unterschiede)
sehr ähnlich sind, laufen S Programme in der Regel ohne große Änderungen auch unter R.
In den vergangenen Jahren hat R eine große Nutzergemeinde gewinnen können, da mit
dieser Umgebung ein qualitativ hochwertiges Produkt als freie Software zur Verfügung
steht.

1.3 Installation

Die Open-Source Software R steht für verschiedene Plattformen zur Verfügung. Für die
beiden häufigsten Betriebssysteme Linux und Windows lassen sich einfach installierbare
Pakete von den Internetseiten des R-Projektes (`www.r-project.org`) herunterladen. Für
Windows erhält man dort unter dem Menüpunkt „Downloads" eine ausführbare Setup-
Datei, die das Programm in üblicher Windows-Installer-Manier installiert. Für Linux User
liegen sowohl kompilierbare Codes als auch eine binäre RPM Datei vor. Damit gestaltet
sich die Installation unter Linuxsystemen, die das RPM Paketformat unterstützen (z.B.
SuSE, RedHat), entsprechend einfach.

Auf der Internetseite und dem CRAN[B]-Server `cran.r-project.org` finden sich neben
den Dateien zur Basisinstallation für wichtige Betriebssysteme auch die C, R und Fortran-
Codes zur Software und den zugehörigen Paketen, so wie die Pakete selber. Die Pakete stellen sinnvolle Ergänzungsbibliotheken dar, mit denen verschiedene Aufgaben in R
bewältigt werden können.

Unter UNIX/Linux lässt sich R in der Konsole (Shell) ausführen. Unter Windows wird
zusätzlich eine graphische Oberfläche (GUI) zur Verfügung gestellt, die dem unerfahrenen
Anwender die Abkehr vom „Klick 'n' Go" etwas einfacher macht. Unter allen Betriebssys-
temen kann man R zusammen mit einem Editor benutzen. Hier empfiehlt sich für Linux
das Programm ESS (Emacs speaks Statistics) als Ergänzung zum Emacs (vgl. Seite 7).

[B]Comprehensive **R** Archive Network

1.3.1 Installation unter Windows Betriebssystemen

Die Installation unter Windows besteht aus folgenden Schritten:

1. Installation der Software

2. Installation eines Editors

3. Einrichten des Editors als R-Companion

4. Eventuelle Nachinstallation einzelner Pakete

5. Eventuelle Installation nützlicher Zusatztools

Am Anfang steht die Installation der R-Basissoftware. Hierzu lädt man sich die entsprechende Setup-Datei von der Internetseite herunter und führt sie durch einen Doppelklick aus. Als Installationsoptionen werden die Auswahl verschiedener Hilfeoptionen und ab Version 1.7.0 die Installation der Tkl/Tk Zusatzsoftware angeboten. Diese wird zunächst nicht unbedingt benötigt. Daher sind die Standardoptionen empfehlenswert. Ist wenig Platz auf der Festplatte vorhanden, können die Hilfedokumentationen weggelassen werden.[C] In diesem Fall ist es sinnvoll, sich das R-Manual auszudrucken (ca. 900 Seiten!).

Nach der Installation der Software wird ein Icon (Symbol) auf dem Desktop des Computers erstellt, mit dem sich eine rudimentäre grafische Oberfläche für R starten lässt. Bevor auf diese Oberfläche jedoch näher eingegangen wird, soll zunächst die Installation eines Editors zur Zusammenarbeit mit R beschrieben werden.

1.3.2 R-Win – der R Editor

R ist eine konsolenbasierte Software. Das bedeutet, dass in einer Konsole Befehle eingegeben werden, die das Programm dazu veranlassen, etwas zu tun. Die vom Programm erzeugten Ergebnisse werden dann – soweit nicht anders angegeben – wiederum als Text auf der Konsole ausgegeben. Da die Befehle, die der Anwender in die Konsole eingibt, nach Beendigung der R-Software nicht mehr unmittelbar zur Verfügung stehen, empfiehlt es sich, einen Editor zu benutzen, in dem die gewünschten Befehle hinein geschrieben werden. Von dort aus müssen diese Befehle dann in die Konsole kopiert werden, damit sie von R ausgeführt werden. Für Windows-Nutzer gibt es einen Editor, der eine Schnittstelle zu R besitzt. Über diese Schnittstelle werden markierte R-Befehle direkt in die R-Konsole hinein kopiert und ausgeführt. So erhält man übersichtliche Programme, die jederzeit repliziert und – viel wichtiger – modifiziert werden können. Um also eine bequeme Arbeitsumgebung zu erhalten, empfiehlt es sich, den Editor WinEdt von A. Simonic unter `www.winedt.com` zu erwerben.

Nachdem der Editor WinEdt installiert wurde, muss das Paket `R-WinEdt` installiert werden. Dieses Paket findet man unter dem Menüpunkt „Downloads ▷ Software ▷ Other" auf den Internetseiten des R-Projektes oder auf dem CRAN-Server[D] im Verzeichnis „other". Das Paket besteht aus einer ZIP-Datei, die zunächst entpackt werden muss. Dazu legt man das Unterverzeichnis „R-Winedt" im Ordner `../winedt/plugins` an. In diesen Ordner werden nun alle Dateien aus der ZIP-Datei R-WinEdt kopiert. Danach sollte die Datei

---

[C]Version 1.6.2 benötigt z.B. ca. 36 MB Festplattenplatz incl. Hilfedateien

[D]Der österreichische CRAN Server ist über die Internetseite `http://cran.at.r-project.org/` zu erreichen.

„install.bat" ausgeführt werden. Diese öffnet ein DOS Fenster in dem man mehrere Male mit „j" das Entpacken der Dateien bestätigen muss. Nun sind noch wenige manuelle Vorarbeiten notwendig, bevor sich der Editor zur Zusammenarbeit mit R willig zeigt.

Im Unterverzeichnis ../etc der R-Installation befindet sich eine Datei Namens Rprofile (ohne Dateiendung). Diese Datei wird mit einem beliebigen Editor (z.B. WinEdt oder Notepad) geöffnet. Dort schreibt man nun die folgenden zwei Zeilen hinein (ohne Zeilenumbruch):

```
options(editor="\"c:/programme/winedt/winedt\"
-c=\"R-WinEdt-edit\" -e=r.ini -V")
```

```
options(pager="\"c:/programme/winedt/winedt\" -C=\"R-WinEdt\"
-e=r.ini -V")
```

Die Zeilen, in denen der Installationspfad für WinEdt angegeben ist, müssen natürlich der Umgebung auf dem eigenen Computer angepasst werden.

Um nun vom Desktop aus bequem auf WinEdt im R-Modus zugreifen zu können, müssen die folgenden Schritte durchgeführt werden. Zunächst erstellt man mit Hilfe des Kontextmenüs (rechte Maustaste auf dem Desktop) eine neue Verknüpfung. Mit einem weiteren rechten Mausklick auf die neue Verknüpfung lassen sich die Eigenschaften dieser Verknüpfung bearbeiten. Hier muss in das Feld „Ziel" die folgende Zeile eingetragen werden:

```
"c:\Programme\winedt\winedt" -C="R-WinEdt" -e=r.ini
```

wobei wieder zu berücksichtigen ist, dass der Pfad für WinEdt der eigenen Installation entsprechend anzupassen ist.

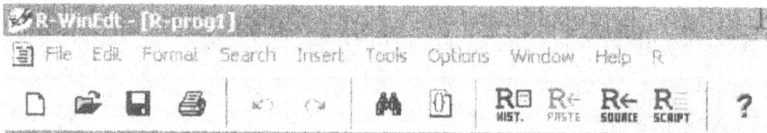

Abbildung 1.1: Das R-Menü im WinEdt

Nach diesen Schritten ist die Installation abgeschlossen. Wird WinEdt nun über diese neue Desktopverknüpfung aufgerufen, zeigt sich der Editor in neuem Gewandt (siehe Abb. 1.1).

Das R-Menü im WinEdt-Editor

Im Folgenden soll das unter WinEdt zur Verfügung stehende R-Menü erklärt werden. Einige der Menüpunkte weisen bereits über das Einsteigerwissen hinaus, dennoch sollte man sich mit diesem Menü und den R-Optionen im WinEdt vertraut machen.

Damit das R-Menü funktioniert, muss das R-Fenster geöffnet und maximiert sein. Im minimierten Zustand nimmt R keine Befehle vom Editor entgegen.

Der erste Menüpunkt im R-WinEdt Menü ist die R-History (vgl. Abbildung 1.2). Dieses sinnvolle Tool enthält die Befehle, die während der aktiven Sitzung direkt in die Konsole eingegeben wurden. Sollte der Anwender also einige Funktionen direkt an der Konsole ausprobiert haben und möchte diese nun in ein vorhandenes R-Programm im WinEdt

R⊡	R-history (update)	Alt+H
	R-line - and go	Alt+L
	R-line	Ctrl+Alt+L
R←	R-paste - and go	Alt+P
R←	R-paste	Ctrl+Alt+P
R←	R-source - and go	Alt+S
R	R-script	Ctrl+Alt+S
▷	function	Ctrl+Alt+F
▷	for	Ctrl+Alt+O
▷	if	Ctrl+Alt+I
▷	if else	Ctrl+Alt+E
⇐	<-	Ctrl+-
	Set R --mdi mode (default)	
	Set R --sdi mode	
	Set S-Plus mode (bugs!)	

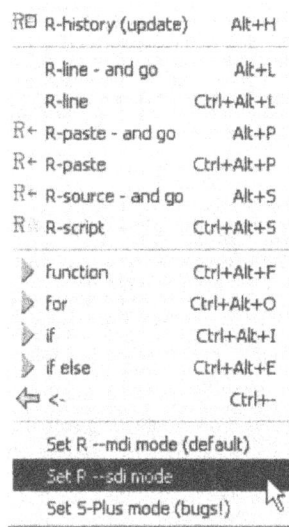

Abbildung 1.2: Das komplette R-Menü

einbetten, können solche Konsolenbefehle aus der History herauskopiert werden und in WinEdt eingefügt werden.

Die nächsten vier Menüpunkte stellen das Herzstück der Verbindung zwischen R und dem Editor dar. Die beiden Menüeinträge "R-Line" und „R-Line and go" führen die aktuelle Zeile aus. Die Menüeinträge „R-Paste" und „R-Paste and go" führen einen im Editor markierten Bereich aus. Zur effektiven Arbeit ist es sinnvoll, sich die entsprechenden Tastenkombinationen zu merken: Alt+L um die aktuelle Zeile auszuführen und Alt+P um den im Editor markierten Bereich auszuführen. Mit den darauf folgenden beiden Menüeinträgen lässt sich eine R-Datei komplett in die R-Konsole einlesen und ausführen.

Im R-Menü folgt nun eine Trennlinie. Die der Trennline folgenden Befehle können zur Erstellung kleiner „Mustervorlagen" genutzt werden. Die Namen sprechen dabei für sich selber. Auch hier lohnt es sich wieder, die Tastenkombinationen der Shortcuts zu memorieren. Vor allem die Kombination Strg+- (Steuertaste und Minus) wird dem häufigen Anwender von R schnell ans Herz wachsen, da hiermit der Zuweisungspfeil <- erzeugt wird.

Zum Schluss enthält das Menü noch einige Einträge, welche die Konfiguration der R-GUI betreffen. Auf diese Menüpunkte wird weiter unten eingegangen (vgl. Seite 7).

Über diese R-eigenen Funktionen stellt WinEdt einige weitere Funktionen zur Verfügung, die bei der Bearbeitung von R-Programmen sinnvoll sein können. Sehr hilfreich ist vor allem der „Delimiter-Check". Markiert man eine Formel im Editor und führt dann den „Klammerungstest" aus (Tastenkombination Strg+F12), wird überprüft, ob jede Klammer ihre Entsprechung hat. Gerade bei komplexeren Funktionen ist diese Hilfe sehr sinnvoll. Ansonsten kann die Suchen+Ersetzen Funktion des WinEdt hilfreich sein, die unter anderem für den Experten auch die Suche Regulärer Ausdrücke (Regular Expressions) anbietet. Die ausführliche Funktionalität des Editors kann der WinEdt Hilfe und dem WinEdt Manual entnommen werden.

Die R-GUI

Nachdem nun WinEdt und das R-Softwarepaket installiert sind, sollte der Anwender sich mit der grafischen Oberfläche von R, der R-GUI vertraut machen[E]. Von den dort zur Verfügung stehenden Menüoptionen werden hier nur die wichtigsten vorgestellt.

Zunächst lassen sich im Menü „File" sogenannte *Workspaces* speichern und laden. Ein Workspace enthält alle Variablen aus einer vorhergehenden Sitzung. Funktionen und Befehle werden in einem Workspace nicht gespeichert. Für kleine Projekte, wie sie den Beispielen in diesem Buch entsprechen, werden in der Regel keine Workspaces benötigt. Sollte aber ein größeres Projekt mit R bearbeitet werden, ist es sinnvoll, sich einen (oder mehrere) Workspaces anzulegen, so dass nicht immer wieder alle Daten und Datenaufbereitungen erneut durchgeführt werden müssen.

Der nächste wichtige Menüpunkt befindet sich im Menü „Edit". Dort lassen sich Voreinstellungen (GUI-Preferences) für die R-GUI vornehmen. Die wichtigste Voreinstellung ist hier sicherlich die Wahl zwischen dem Single-Window und dem Multiple-Window Modus (siehe Abb. 1.3).

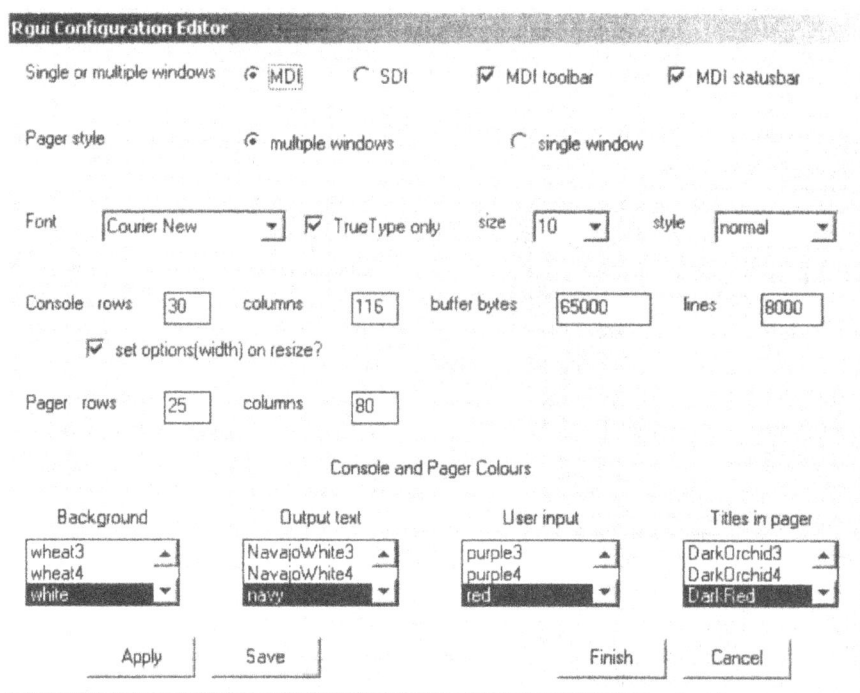

Abbildung 1.3: Das R-GUI Konfigurationsmenü

Im Single-Window Modus befinden sich Konsole und Grafikausgaben in getrennten Fenstern. Im Multiple-Windows Modus befinden sich Konsole und Grafikausgaben als einzelne Fenster innerhalb der GUI. Das Betriebssystem erkennt die R-GUI in diesem Modus als

---

[E]GUI = **G**raphical **U**ser **I**nterface

ein einziges Fenster. Im Single-Windows Modus lässt es sich bequem mit der unter Windows bekannten Tastenkombination `Alt+Tab` zwischen Konsole und Grafikfenster hin- und herspringen. Im Multiple-Windows Modus kann innerhalb der GUI mit Hilfe der Tastenkombination `Alt+W+`*zahl* zwischen den Fenstern gewechselt werden. Dabei steht *zahl* für die Nummer des Fensters, zu dem gewechselt werden soll.

Um von der Standardeinstellung Multiple-Windows Modus in den Single-Window Modus zu wechseln, müssen die Optionen "SDI" und "single window" aktiviert werden. Innerhalb des Editors WinEdt muss ebenfalls der entsprechende Modus aktiviert werden. Dies geschieht im R-Menü. Dafür sind die untersten Menüpunkte in diesem Menü vorgesehen. Während die R-GUI neu gestartet werden muss, damit der jeweils neue Modus aktiv wird, kann der Editor geöffnet bleiben. Vor dem Schließen der R-GUI müssen die neuen Voreinstellungen übernommen und gesichert werden (mit Hilfe der Buttons Apply und Save).

Die weiteren Einstellungen im Konfigurationsmenü beziehen sich auf das Layout der GUI-Konsole. Schrifttyp, Schriftfarbe und -größe können hier ebenso eingestellt werden wie die Größe des Buffers und die Länge der Zeilen in der Konsole. Diese Optionen haben sinnvolle Voreinstellungen, die den eigenen Wünschen dem Belieben nach angepasst werden können. Der nächste Hauptmenüpunkt „Misc" enthält einige wichtige Befehle zum Umgang mit dem aktuellen Konsoleninhalt. So lässt sich hier die aktuelle Berechnung stoppen. Diese Unterbrechung kann auch mit Hilfe der `Esc`-Taste der Tastatur herbeigeführt werden. Hat man versehentlich eine aufwändige Berechnung über den Editor initiiert, lässt sich die Software mittels dieser Taste zum sofortigen Abbruch zwingen.

Weiterhin findet sich in diesem Menü der Befehl „List objects" mit dem sich eine Liste aller derzeit vorhandenen Objekte ausgegeben wird. Diese Ausgabe erreicht man auch durch die Eingabe `ls()` an der Konsole. Auch den Menüeintrag „Remove all objects" kann man durch Eingabe des Konsolenbefehls `rm(list=ls(all=TRUE))` ersetzen. Durch den letzten Menüpunkt im Menü „Misc" erhält man eine Liste aller Objekte im Searchpath. Die Bedeutung des Searchpath (Suchpfad) wird auf Seite 36 erklärt.

Als letzter wichtiger Menüeintrag soll das Menü „Packages" erläutert werden. Packages sind Programmbibliotheken, die Funktionen und Daten in R zur Verfügung stellen. Die Funktionalität der zur Verfügung stehenden Bibliotheken sind in der Hilfe dokumentiert. Damit nicht immer alle Funktionen gleichzeitig geladen werden müssen, können Bibliotheken dann nachgeladen werden, wenn ihre Funktionalität benötigt wird. Das Laden eines Paketes/einer Bibliothek erfolgt über den Menüpunkt „Packages, Load Package...". Sollte eine Bibliothek benötigt werden, die in der Standardinstallation nicht vorhanden ist, kann diese mit den nächsten Menüeinträgen aus einer lokalen ZIP Datei oder vom FTP Server heruntergeladen werden. Mit dem Menü „Install Package" können diese Pakete dann installiert werden.

1.3.3 Installation unter Linux

Unter Linux gibt es zwei Möglichkeiten der Installation. Auf den Internetseiten des R-Projektes steht der Quellcode der Software zur Verfügung, so dass der klassische Weg über Kompilation und manueller Installation selbstverständlich möglich ist. Dazu ist die dem Quellcode beigefügte Installationsanleitung zu konsultieren. Es besteht aber auch die Möglichkeit, R als RPM Paket zu erhalten und dann mit entsprechenden RPM Tools zu installieren. Der Weg über die eigene Kompilation ist zu empfehlen, wenn beabsichtigt wird, eigene Pakete zu entwickeln. Eine Dokumentation der Installation des Quellcodes

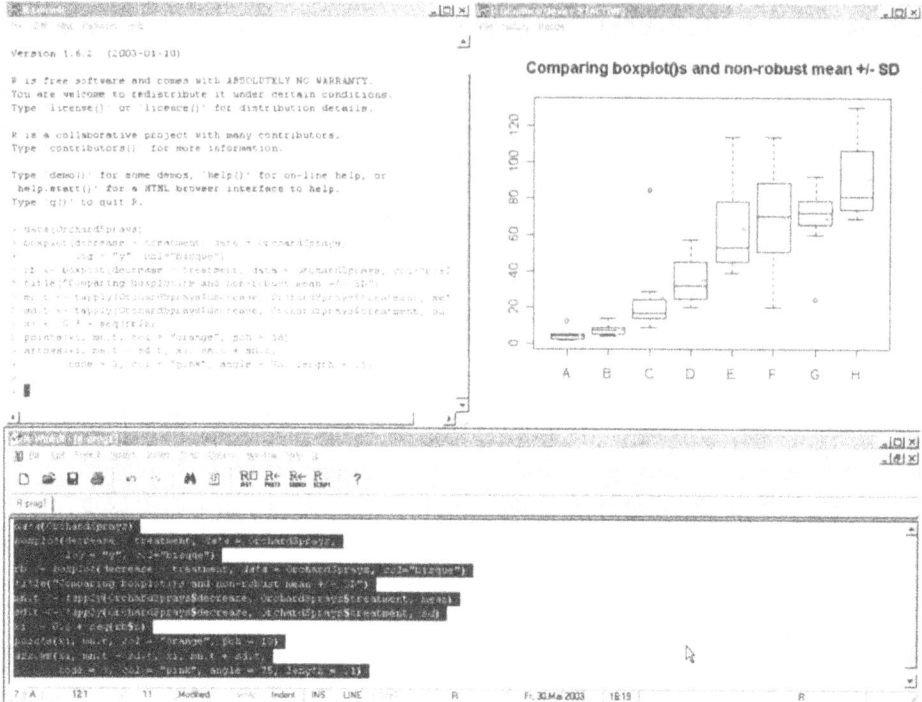

Abbildung 1.4: Die „R-Suite". **R** im Single-Window Modus und dem Editor WinEdt.

ist auch auf den Internetseiten des **R**-Projekts erhältlich.

Die Installation als RPM-Paket sollte dem Linuxanwender keine weiteren Probleme bereiten. Falls unter KDE gearbeitet wird, stehen entsprechende grafische Tools zur Verfügung. Interessant ist neben der eigentlichen **R**-Installation auch unter Linux die Nutzung eines Editors zur Zusammenarbeit mit **R**. Welcher Editor könnte unter Linux besser geeignet sein als XEmacs? Hier existiert bereits ein Paket, welches zur Zusammenarbeit mit **R** installiert werden kann. Es heißt ESS: Emacs speaks statistics!

Bei einer aktuellen XEmacs Version müssen zur Installation von ESS die folgenden Schritte als root vorgenommen werden. Unter dem Menüpunkt "Tools ▷ Pakete ▷ Add Download Site" ist zunächst ein FTP-Server zu markieren, von dem das Paket heruntergeladen werden soll. Im selben Menü kann man dann mit "Update Package Index" das lokale Paketverzeichnis aktualisieren, bevor mit dem Menüpunkt "List and Install" eine Liste der verfügbaren Pakete aufgerufen wird. In dieser Liste sollte auch das Pakte ess aufgelistet sein. Ist das nicht der Fall, muss evtl. ein anderer Server ausgewählt werden. Das Paket wird nun mit einem rechten Mausklick oder durch die Return-Taste zur Installation ausgewählt. Ebenfalls durch einen rechten Mausklick bzw. durch die Taste x kann die Installation des ausgewählten Paketes gestartet werden. Nachdem das Paket installiert wurde, muss die Init-Datei des Users noch um den Eintrag (require 'ess-site) ergänzt werden. Nach einem Neustart von XEmacs lässt sich nun mit der Tastenkombination Alt+x+R die **R**-Unterstützung im XEmacs-Buffer starten.

1.4 Erste Schritte in R

Nachdem sich der Leser in den vorangegangenen Abschnitten mit der Umgebung vertraut gemacht hat, werden nun einige grundlegende Schritte im Umgang mit der Software vorgestellt. Für viele Anwender mag es zunächst ungewohnt scheinen, dass die Konsole in R im Mittelpunkt der Aufmerksamkeit steht. Aufgrund der Entwicklung aktueller Software ist man es gewohnt, eine mit Icons gefüllt Oberfläche zur Verfügung zu haben, von der man mit einigen Mausklicks alles bekommt, was das Herz begehrt. Warum also R? Der Hauptgrund dafür besteht in den vielfältigen Nutzungsmöglichkeiten von R. Für Standardprobleme in der Statistik und der EDV liefern die großen Programmpakete gute Lösungen. Sicherlich ist ein Kreisdiagramm in SPSS schnell erzeugt und eine Kreuztabelle mit SAS schnell gedruckt. Was aber, wenn eine Grafik nicht genau den eigenen Vorstellungen entspricht? Die Daten sollen beispielsweise etwas anders dargestellt werden, die Tickmarks länger oder kürzer erscheinen? Möchte man individuell in die Datenaufbereitung und -darstellung eingreifen, geht kein Weg am „programmieren" vorbei. R stellt dabei eine einfache und verständliche Sprache zur Verfügung, die auch dem Anfänger einen leichten Zugang erlaubt. Für den fortgeschrittenen Anwender bietet R eine Fülle von Beeinflussungsmöglichkeiten, so dass Modellierungen auf hohem Niveau möglich werden. In Lehrveranstaltungen bietet R den Vorteil, dass sich Formeln numerisch schnell nachvollziehen lassen und statistische Zusammenhänge einfach mit grafischem Material erläutert werden können.

Dem Anfänger sei empfohlen, die Maus beiseite zu legen und sich zunächst an die ungewohnte Konsolenausgabe zu gewöhnen. Selbstverständlich lässt sich auch die Präsentationsform der Ergebnisausgabe in R „aufmotzen". Für den Einstieg sollte diese Thematik jedoch zurückgestellt werden.

1.4.1 Hilfe in R

Zu R existiert eine umfangreiche englischsprachige Dokumentation. Wer die Software bereits gestartet hat, kann über zwei verschiedene Wege Hilfe zu den umfangreichen Funktionen in R zu bekommen. Über den Aufruf `help(Funktionsname)` erhält der Anwender eine Beschreibung einer Funktion. Wird umfangreichere oder kontextbezogene Hilfe benötigt, weil vielleicht unklar ist ob eine Funktion in R überhaupt implementiert ist, kann der Befehl `help.start()` ausgeführt werden. Damit startet eine Onlinehilfe im Internetbrowser. Diese Onlinehilfe ist auch über das Menü in der R-GUI abrufbar. Neben einer interaktiven Stichwortsuche stehen dort einige Dokumente zur Verfügung, die verschiedenste Aspekte der R Bedienung ausführlich erklären. Sehr wichtig ist in diesem Zusammenhang auch das in dieser Onlinehilfe abrufbare FAQ (Frequently Asked Questions) und das Windows FAQ (FAQ for Windows port). Bei Unklarheiten sollte man sich zunächst in jedem Fall diese beiden FAQ's zu Gemüte führen.

Trotz der zur Verfügung stehenden Dokumentationen kann der Austausch mit anderen Anwendern immer wieder von großem Nutzen sein. Zu diesem Zweck wurde eine Mailinglist für R eingerichtet. Die Fragen, die in dieser Mailinglist bisher gestellt wurden, sind auf der Seite des R-Projektes archiviert. Dort befindet sich auch die Adresse zur Teilnahme an der Mailinglist.

1.4.2 Skalare, Vektoren und Matrizen

Wie arbeitet R? In seiner einfachsten Form lässt sich R als Taschenrechner benutzen. Zu Beginn ein einfaches Beispiel. Es soll der Mittelwert (Durchschnittswert) der Zahlen 2, 3, 4.5 und 5 manuell berechnet werden. Die Aufgabe lautet also: $\frac{2+3+4.5+5}{4}$. In R ist dazu am Prompt (die Eingabeaufforderung an der Konsole: >) das Folgende einzugeben:

```
> (2+5+3+4.5)/4
```

Da selbstverständlich die Punkt-vor-Strich-Regel auch in R Beachtung findet, ist die Summe in Klammern zu setzen. Nach Betätigung der Returntaste erhält man in der nächsten Konsolenzeile das Ergebnis:

```
[1] 3.625
```

Die [1] am Beginn der Zeile weist darauf hin, dass es sich hier um ein Ergebnis handelt, welches aus einem Element besteht. Ein solches Ergebnis nennt man auch *Skalar*. Die Zahl am Anfang der Zeile gibt allerdings nicht die Anzahl der Elemente in einer Zeile an. Vielmehr stellt diese Zahl einen Counter dar, der angibt, das wievielte Element als erstes in der jeweiligen Zeile steht. Die Funktion wird deutlich, wenn mit längeren Objekten gearbeitet wird.

In R sind die üblichen mathematischen Funktionen implementiert. Sie folgen der in den Programmiersprachen C und Fortran üblichen Namensgebung. Einige Beispiele sind im folgenden dargestellt:

```
> 2*3+4 # Punkt- vor Strichrechnung
[1] 10
> sqrt(9) # einfache Quadratwurzel
[1] 3
> 2*pi*20 # Kreiszahl Pi
[1] 125.6637
> 4^2 # Quadrieren
[1] 16
> exp(1) # Exponentialfunktion
[1] 2.718282
> log(2.718) # Natürlicher Logarithmus
[1] 0.9998963
> cos(40)/sin(20) # Trigonometrische Funktionen
[1] -0.7305346
```

Diesem Beispiel ist auch ein weiteres wichtiges Befehlszeichen aus R zu entnehmen: das Kommentarzeichen #. Jeglicher Text hinter diesem Doppelkreuz wird von R ignoriert und so an der Konsole ausgegeben, wie er eingegeben wurde. Besonders sinnvoll ist diese Funktion wenn im Editor längere Programme geschrieben werden. Hier macht es Sinn, sich das saubere Kommentieren frühzeitig anzugewöhnen, damit zu einem späteren Zeitpunkt repliziert werden kann, wie das selbst geschriebene Programm arbeitet.

Bevor nun R aus dem Status des einfachen Taschenrechnerdaseins gehoben wird, ist es eventuell sinnvoll zu wissen, wie die Konsole wieder geschlossen werden kann und das Programm zu beenden ist. Dazu ist an der Konsole folgender Befehl einzugeben: q(). Nach der Bestätigung des Befehls mit der Return Taste wird R nun beendet.

Der Aufbau von Funktionen in R

Die Programmiersprache R stellt eine große Menge an Funktionen bzw. Befehlen bereit. Mit diesen Funktionen können verschiedene Aufgaben erledigt werden. In der Regel wird einer Funktion ein Argument übergeben. Das können beispielsweise einige Zahlen oder Variablen sein. Allgemein ist eine Funktion in R nach dem folgenden Schema aufgebaut: `Funktion(Argument1, Argument2, ...weitere Argumente, Option1 = Wert, Option2 = Wert, ...weitere Optionen)`. Wie viele Argumente einer Funktion übergeben werden können oder wie viele Optionen gesetzt werden können, hängt von der jeweiligen Funktion ab und kann der Hilfe entnommen werden (vgl. S. 9). Die Argumente und die Optionen sind üblicherweise in einer bestimmten Reihenfolge an die Funktion zu übergeben. Diese Reihenfolge ist ebenfalls in der Hilfe dokumentiert. Anstatt der genauen Beachtung der Reihenfolge der Argumente und Optionen können diese auch explizit an die Funktion übergeben werden. Anstatt `Funktion(Wert1, Wert2, Wert3)` ist dann zu schreiben: `Funktion(Argument1 = Wert1, Argument2 = Wert2, Option1 = Wert3)`.

Nun zu weiteren Schritten in die unendlichen Weiten dieser Software. Zunächst wird die Eigenschaft des Programms vorgestellt, *Variablen* speichern zu können. Im Kontext der Software sind Variablen Platzhalter für Werte. In R können beliebige Buchstaben als Platzhalter genutzt werden. Um Variablennamen sinnhafter zu gestalten, dürfen Punkte zur Trennung genutzt werden, nicht aber Leerzeichen oder Unterstriche. Möglich ist also der Variablenname `bertas.werte`, nicht aber der Name `bertas werte` oder `bertas_werte`. Auch andere Sonderzeichen sollten vermieden werden.

In einer Variablen können Werte gespeichert werden, die später in anderen Funktionen zur Verfügung stehen. Am Beispiel des oben berechneten Mittelwertes soll dieses Konzept erläutert werden. Zunächst sollen daher die einzelnen Werte in ihrer Summe gespeichert werden:

```
summe.der.werte <- 2+5+3+4.5
summe.der.werte/4
```

Die Summe der Werte 2, 3, 4.5 und 5 ist nun also in der Variablen `summe.der.werte` gespeichert und kann nun jederzeit abgerufen werden. Dabei ist zu berücksichtigen, dass der Variablenname genau so eingegeben werden muss, wie er gespeichert wurde, denn R unterscheidet zwischen Groß- und Kleinbuchstaben. Möchte man diese Variable aus dem aktuellen Arbeitsbereich von R löschen, so wird dazu die Funktion `rm` benutzt (rm für *engl.: remove*). Die Eingabe `rm(summe.der.werte)` löscht also die Variable aus dem Workspace von R.

Die Eingabe `summe.der.werte` liefert das Ergebnis der Summe. Es geht allerdings noch einfacher. Wenn die einzelnen Werte in einer einzelnen Variable gespeichert werden, kann man auf diese Werten verschiedene Funktionen anwenden. Um nun also die Werte 2, 3, 4.5 und 5 gemeinsam zu speichern, muss ein *Vektor* erstellt werden. In R besteht ein Vektor aus einer Zeile, die mehrere Zahlen enthält. Um einen Vektor in R zu erstellen, müssen also mehrere Zahlenwerte aneinander gehangen werden. „Aneinanderhängen" wird im Englischen als *concatenate* bezeichnet. Der entsprechende Befehl in R lautet daher `c()`. Ein Vektor der die obigen Zahlen enthält wird demnach folgendermaßen erzeugt:

Progammbeispiel 1.1

```
a <- c(2, 3, 4.5, 5)
```

Im Programmbeispiel 1.1 sieht man die Grundform der R-Befehle: Zunächst wird der Befehl geschrieben (in diesem Fall das c). Danach werden in Klammern eingeschlossen einige Argumente mit Kommata getrennt an die Funktion übergeben (hier die Zahlen 2, 3, 4.5 und 5; vgl. auch die Box auf Seite 11). Das Resultat einer Funktion wird meistens in einer Variablen gespeichert (im Beispiel in der Variablen a). Gibt man nun an der Konsole den Buchstaben a ein, erhält man den Inhalt der Variablen als Textausgabe am Prompt.

```
> a
[1] 2.0 3.0 4.5 5.0
```

Auf diesen Vektor lassen sich nun weitere Funktionen anwenden. Zunächst sollen hier einige Funktionen vorgestellt werden, mit denen die Eigenschaften einer Variable abgefragt werden können. Für die Berechnung des Durchschnittswertes muss beispielsweise die Summe aller Elemente des Vektors durch die Anzahl der Elemente im Vektor dividiert werden. Dazu kann es also sinnvoll sein, die Anzahl der Elemente im Vektor zu kennen. Diese Eigenschaft wird in R von der Funktion length abgefragt.

```
> length(a)
[1] 4
```

Auch das Ergebnis dieser Funktion ließe sich wiederum in einer weiteren Variable abspeichern. Um nun den Durchschnittswert des Vektors zu berechnen, wird eine weitere Funktion benötigt: die Summenbildung. Die Summe eines Vektors wird über die Funktion sum berechnet. Die einzelnen Elemente des Vektors werden mit dieser Funktion aufaddiert:

```
> summe.des.vektors <- sum(a)
> summe.des.vektors
[1] 14.5
```

Die Summe der Werte 2, 3, 4.5 und 5 beträgt also 14.5. Nun kann der Durchschnittswert berechnet werden:

```
> summe.des.vektors/length(a)
[1] 3.625
```

Auf den Vektor lassen sich Funktionen anwenden. Die Vektoren verhalten sich dabei entsprechend der Regeln der Vektorenrechnung. So ist das Ergebnis des Produktes eines Vektor mit einer Zahl (einem Skalar) wiederum ein Vektor mit der gleichen Zahl von Elementen wie der Ursprungsvektor. Als Beispiel wird nochmal der Vektor in der Variablen a aus Programmbeispiel 1.1 benutzt und mit 10 multipliziert:

```
> a*10
[1] 20 30 45 50
```

Im resultierenden Vektor wurde jede Zahl des Ursprungsvektors a mit 10 multipliziert. Multipliziert man zwei Vektoren gleicher Länge miteinander, wird jedes Element des einen Vektors mit dem Element an der entsprechenden Position des anderen Vektors multipliziert:

```
> b <- c(1,10,100,1000)
> a*b
[1]    2   30  450 5000
```

Sind die Vektoren unterschiedlich lang, wird der kürzere Vektor so oft „recycelt" bis jedes Element des längeren Vektors einmal berechnet wurde:

```
> c <- c(10,1000)
> a*c
[1]   20 3000   45 5000
```

In der Statistik liegen Daten häufig in der Form vor, dass zu mehreren Fällen Informationen für verschiedene Merkmale (Variablen) existieren. Die übliche Darstellungsform für diese Art von Daten ist eine Matrix:

	Variable 1	Variable 2	Variable 3	...
Fall 1	...	...	...	...
Fall 2	...	...	...	...
Fall 3	...	...	...	...
⋮	⋮	⋮	⋮	⋮

in Matrixschreibweise:

$$\begin{pmatrix} a_{11} & a_{12} & a_{13} & \cdots & a_{1j} \\ a_{21} & a_{22} & a_{23} & \cdots & a_{2j} \\ a_{31} & a_{32} & a_{33} & \cdots & a_{3j} \\ \vdots & \vdots & \vdots & \vdots & \vdots \\ a_{i1} & a_{i2} & a_{i3} & \cdots & a_{ij} \end{pmatrix}$$

Der Index kennzeichnet die Position eines Elements in der Zeile und der Spalte. Dabei steht i für den Zeilenindex und j für den Spaltenindex.

Auch in R können Matrizen gespeichert werden. Darüber hinaus sind viele Funktionen in R direkt für die Anwendung auf Matrizen vorgesehen. Es gibt mehrere Möglichkeiten, eine Matrix in R zu erstellen. Als Beispiel soll die folgende Datentabelle dienen:

	W_1	W_2	W_3
P_1	10	4	6
P_2	20	1	7

In den Zeilen der Tabelle ist die Anzahl der Warenmenge W festgehalten, die zur Produktion eines Produktes P benötigt wird (zur Produktion des Produktes P_2 werden z.B. 7 Stück der Ware W_3 benötigt).

In R gibt es nun die Möglichkeit, alle Daten zunächst spaltenweise als einen langen Vektor in eine Variable zu speichern und anschließend diesen Vektor in eine Matrix umzuwandeln. Alternativ kann auch zunächst die Matrix ohne Inhalt erstellt werden und anschließend jedes Datum über den Index in die Matrix hineingeschrieben werden. Letzter Weg soll später vorgestellt werden. Zunächst werden die Daten der Tabelle also als ein Vektor abgespeichert und anschließend mit dem Befehl `matrix` in eine Matrix umgeformt.

Progammbeispiel 1.2

```
> vec <- c(10,20,4,1,6,7)
> mat <- matrix(vec,2,3)
> mat
     [,1] [,2] [,3]
[1,]   10    4    6
[2,]   20    1    7
```

Nachdem die Daten spaltenweise im Vektor gespeichert wurden, kann dieser Vektor (`vec`) in eine Matrix konvertiert werden. Die Funktion `matrix` besitzt die folgenden Argumente: Vektor mit Werten, Anzahl der Zeilen in der Matrix, Anzahl der Spalten in der Matrix. Wichtig zu beachten ist, dass die Matrix spaltenweise aufgefüllt wird. Möchte man dies ändern, so kann man der Funktion zusätzlich das Argument `byrow=TRUE` übergeben. Damit wird die Matrix dann zeilenweise aufgefüllt. Mehr Informationen zur Schreibweise von Optionen in Funktionen finden sich in der Box auf Seite 11.

Die Matrix ist nun in der Variablen `mat` gespeichert. Möchte man wissen, von welcher Art eine Variable ist, stehen zur Abfrage des Typs verschiedene Funktionen zur Verfügung:

```
> is.matrix(mat)
[1] TRUE
> is.vector(mat)
[1] FALSE
> is.vector(vec)
[1] TRUE
> is.numeric(mat)
[1] TRUE
```

Hier wird zunächst abgefragt, ob die Variable `mat` eine Matrix ist. Das Ergebnis dieser Abfrage liefert einen Wahrheitswert, in diesem Falle den Wert `TRUE` (mehr zu Wahrheitswerten siehe Abschnitt 1.4.4). Fragt man, ob die Variable `mat` ein Vektor ist, lautet das Ergebnis selbstverständlich `FALSE`. Eine weitere Eigenschaft, die bei Variablen abgefragt werden kann, betrifft den Typ der Variablen. Enthält die Variable echte Zahlen, ist sie vom Typ *numerisch*, was durch den Befehl `is.numeric` abgefragt wird. Neben dieser Typeigenschaft lässt sich die Größe eines Objektes als eine Eigenschaft bestimmen. Dabei ist zwischen der Dimension und der Länge eines Objektes zu unterscheiden. Mit der Dimension wird die Anzahl der Zeilen und Spalten einer Matrix bezeichnet. Die Länge beschreibt die Anzahl der Elemente eines Vektors. Ein Vektor hat keine Dimension, eine Matrix besitzt allerdings eine Länge.[F]

```
> length(vec)
[1] 6
> dim(mat)
[1] 2 3
```

[F]Diese Einführung folgt bei der Beschreibung im Wesentlichen der Benutzersicht. Die Systeminterna werden vernachlässigt. Dennoch soll an dieser Stelle erwähnt werden, dass es sich bei der Länge und der Dimension um Attribute der Objekte handelt. Matrizen haben demnach das zusätzliche Attribut der Dimension. Dem interessierten Leser sei empfohlen, die Grundlagen der R-Sprache in der Literatur nachzulesen, z.B. in Venables und Ripley (2002).

```
> length(mat)
[1] 6
> dim(vec)
NULL
```

Der Vektor `vec` besteht aus sechs Elementen. Die Matrix `mat` hat zwei Zeilen und drei Spalten und besteht insgesamt aus sechs Elementen (`length(mat)`). Fragt man die Dimension eines Vektors ab, erhält man den Wert `NULL`. Die `NULL` entspricht der Leeren Menge.

Auch auf Matrizen können mathematische Operationen angewandt werden. Da R besonders für das Arbeiten mit Vektoren und Matrizen ausgelegt ist, lassen sich Matrizenoperationen der linearen Algebra gut in dieser Sprache realisieren. Hier sollen nur einige einführende Beispiele zum Einstieg vorgestellt werden.

Wird eine Matrix mit einem Skalar multipliziert, geschieht das gleiche wie bei einem Vektor: jedes Element der Matrix wird mit dem Skalar multipliziert. Bei einer einfachen Multiplikation einer Matrix mit einem Vektor wird spaltenweise jedes Element der Matrix mit einem Element aus dem Vektor multipliziert. Hat der Vektor weniger Elemente als die Matrix, tritt wieder die „Recycling-Rule" in Kraft: die Elemente des Vektors werden wieder von vorne zur Multiplikation genutzt.

```
> mat * c(10,100,1000)
      [,1] [,2] [,3]
[1,]   100 4000  600
[2,]  2000   10 7000
```

Wie im Beispiel zu sehen ist, wird das erste Element der ersten Spalte der Matrix mit dem ersten Element des Vektors multipliziert. Danach wird das zweite Element der ersten Spalte der Matrix mit dem zweiten Vektorelement multipliziert usw. In der zweiten Spalte muss das zweite Matrizenelement nun wiederum das erste Element des Vektors nutzen. Aber Vorsicht! Besitzt der Vektor mehr Elemente als die Matrix, kommt es zu einer Fehlermeldung:

```
> mat * c(1,2,3,4,5,6,7)
Error: dim<- length of dims do not match the length of object
```

Die Warnung besagt, dass die Dimension der Matrix nicht zur Länge des Vektors passt. Möchte man eine mathematische Operation Spalten- oder Zeilenweise so anwenden, dass jeweils die gesamte Spalte bzw. Zeile durch die Operation bearbeitet wird, greift man auf spezielle Befehle zurück. Diese werden weiter unten erläutert (siehe S. 48). „Echte" Matrizenmultiplikationen wie das *Innere Produkt*, das Äußere Produkt und ähnliches werden mit bestimmten Zeichenkombinationen erstellt.

Im folgenden Beispiel sollen zwei Matrizen miteinander multipliziert werden. Dazu werden zunächst zwei Matrizen A und B erstellt. Als Matrix A lässt sich die Matrix `mat` aus vorangegangenem Beispiel übernehmen (A <- mat). Matrix B soll folgende Werte enthalten:

$$\begin{pmatrix} 2 & 3 & 4 \\ 2 & 1 & 7 \end{pmatrix}$$

Haben – wie hier im Beispiel – die Matrizen die gleiche Form, d.h. ist die Anzahl der ✖
Zeilen und Spalten in beiden Matrizen gleich, lässt sich ein einfaches Produkt aus beiden
Matrizen bilden (A*B). Das Resultat dieser Operation ist eine Matrix, die wiederum die
gleiche Anzahl an Zeilen und Spalten hat. Jedes Element der Matrix A wurde mit dem
entsprechenden Element aus der Matrix B multipliziert. Dieses Produkt entspricht nicht
dem „eigentlichen" Produkt zweier Matrizen, dass auch „Inneres Produkt" genannt wird.
Um zwei Matrizen miteinander multiplizieren zu können, muss die Anzahl der *Spalten*
der Matrix A der Anzahl der *Zeilen* der Matrix B entsprechen. Erst unter diesen Voraussetzungen kann das innere Produkt berechnet werden. Damit diese Voraussetzung auch
im Beispiel gegeben ist, muss die Matrix B *transponiert* werden. Durch die Transposition
werden Zeilen und Spalten einer Matrix vertauscht. Die entsprechende R-Funktion lautet
t.

```
> B
     [,1] [,2] [,3]
[1,]    2    3    4
[2,]    2    1    7
> t(B)
     [,1] [,2]
[1,]    2    2
[2,]    3    1
[3,]    4    7
```

Die erste Zeile der Matrix B wird zur ersten Spalte der transponierten Matrix B. Auch die
Dimension ändert sich: aus der 2×3 Matrix wird eine 3×2 Matrix. Diese Matrix lässt
sich nun mit der Matrix A derart multiplizieren, dass das innere Produkt als Resultat
erscheint.

```
> A%*%t(B)
     [,1] [,2]
[1,]   56   66
[2,]   71   90
```

Das innere Produkt zweier Matrizen enthält als Ergebnis immer eine Matrix von der
Dimension „Anzahl der Zeilen von A" und „Anzahl der Spalten von B". Im Beispiel hat A
die Dimension 2×3 und B die Dimension 3×2. Die resultierende Matrix ist also von der
Dimension 2×2, oder allgemein ausgedrückt: Das innere Produkt einer $n \times k$ und einer
$k \times m$ Matrix ergibt eine Matrix der Dimension $n \times m$.

Das Rechnen mit Matrizen lässt sich beliebig erweitern. R stellt viele Funktionen zum
Umgang mit Matrizen und zum Berechnen von mathematischen Funktionen der linearen
Algebra bereit. Die Wichtigsten darunter sind sicherlich das Berechnen einer Inversen
solve und der Determinante einer Matrix det. Eine weitergehende Behandlung dieser
Themen würde den einführenden Charakter dieses Kapitels sprengen. Daher sei in diesem
Zusammenhang nur auf die ausführliche R-Hilfe und auf Abschnitt 2.1.3 verwiesen.

1.4.3 Zeichenketten in Vektoren

Vektoren und Matrizen können nicht nur Zahlen enthalten. Neben Zahlwerten können
Sie außerdem aus logischen Werten oder aus Zeichen bestehen. Logische Vektoren liefern

den Wahrheitswert TRUE bei der Abfrage is.logical. Sie werden später besprochen (siehe S. 18). Vektoren und Matrizen die Zeichen enthalten, werden in R *character vectors* genannt. Es kann sich dabei um Buchstaben, Sonderzeichen oder auch Zahlen handeln. Wenn Zahlen in einem Vektor des Typs character gespeichert werden, können diese Zeichen nicht für mathematische Operationen verwandt werden. Sie müssten erst wieder in „echte" Zahlen umgewandelt werden. Ob ein Vektor oder eine Matrix vom Typ character ist, lässt sich mit is.character überprüfen. Diese Eigenschaft eines Vektors wird auch als sein *Modus* bezeichnet und kann mit mode abgefragt werden.

```
> a <- "A,B,C"
> a
[1] "A,B,C"
> b<- c("die Katze lief im","Schnee")
> b
[1] "die Katze lief im" "Schnee"
> length(a)
[1] 1
> length(b)
[1] 2
> is.character(a)
[1] TRUE
> mode(a)
[1] "character"
```

Der Vektor a bekommt ein Element zugewiesen. Dieses Element enthält den Wert A,B,C. Wenn der Vektor ausgegeben wird, ist der Wert des Vektors in Anführungszeichen gesetzt. Auch daran ist zu erkennen, dass es sich um einen Vektor des Typs character handeln muss. Der zweite Vektor – Vektor b – besteht aus zwei Elementen: die Katze lief im und Schnee. Am Beispiel wird deutlich, dass auch Zeichen mit Hilfe der *concatenate* Funktion c aneinander gehangen werden können. Zeichenvektoren können vor allem bei der Erstellung von Grafiküberschriften und zur Beschriftung von Daten in großen Datensätzen ein wichtiges Werkzeug sein. An dieser Stelle soll nur mehr ein wichtiger Befehl im Zusammenhang mit Vektoren diesen Typs vorgestellt werden. Angenommen, die drei Elemente aus den Vektoren a und b sollen zu einer Überschrift für eine Grafik zusammengestellt werden. Dieses Problem löst die Funktion paste.

```
> paste(a,b[1],b[2],sep=" ")
[1] "A,B,C die Katze lief im Schnee"
```

Der paste-Funktion können beliebig viele durch Kommata getrennte Argumente übergeben werden. Neben Vektoren können dies auch konkrete Zeicheneingaben sein, wenn diese in Anführungszeichen gesetzt werden. Als weiteres Argument enthält diese Funktion die Option sep. Diese Option bestimmt, mit welchem Zeichen die einzelnen Argumente getrennt werden. Im obigen Beispiel wurden als Argumente der Vektor a, das erste Element des Vektors b und das zweite Element des Vektors b übergeben. Als Trennzeichen wurde das Leerzeichen festgelegt, so dass zwischen den jeweiligen Elementen in der Ausgabe je ein Leerzeichen gesetzt wurde. Die Ausgabe besteht dann aus einem kompletten Satz bestehend aus den Elementen der Vektoren. Für Matrizen gelten die oben vorgestellten Funktionen ebenfalls.

In der Praxis tritt häufiger der Fall ein, dass eine Variable unterschiedliche Ausprägungen besitzt, diese Ausprägungen lassen sich aber nicht in eine bestimmte Rangfolge bringen. Solche Variablen werden *Nominalvariablen* genannt (vgl. S. 54). In den meisten Fragebögen wird z.B. das Geschlecht der Befragten erhoben. In der Natur der Sache liegt es, dass sich hierbei nur das männliche und das weibliche Geschlecht unterscheiden lassen, wobei diese Unterscheidung keineswegs in eine logisch zwingende Rangabfolge zu bringen ist. In R lassen sich solche Variablen als *Faktoren* abspeichern. Faktoren können entweder direkt in R eingegeben werden oder aus einer bestehenden Variablen erzeugt werden. Im Folgenden soll nur die direkte Eingabe erläutert werden.

Um einen Faktor zu erhalten greift man auf die Funktion `factor` zu. Als Argument wird dieser Funktion ein Vektor oder eine Matrix übergeben (es wird in der Regel jedoch selten notwendig sein, eine ganze Matrix in Kategorien eines Faktors umzuwandeln). Um nun einen Faktor zu erzeugen, wird ein Vektor vom Typ `character` gespeichert, der die Unterscheidungen für die Kategorien des Faktors enthält:

Progammbeispiel 1.3

```
> sex <- factor(c("m","m","m","w","w","m","w"))
> sex
[1] m m m w w m w
Levels:  m w
```

Dem Vektor wurden die Zeichen "m" für männlich und "w" für weiblich übergeben. Durch die Funktion `factor` wurde die Variable `sex` als Faktor gespeichert. Das ist an der Ausgabe zu erkennen, in der neben den einzelnen Werten ein Überblick über alle Kategorien (in R werden sie als *Levels* bezeichnet) ausgegeben wird, die in der Variablen enthalten sind. Die Überprüfung eines Vektors mit Faktoren auf seinen Typ kann mit `is.factor` durchgeführt werden. Um Faktoren nun sinnvoll einsetzen zu können, muss man zunächst noch einen weiteren Datentyp kennen lernen: die logischen Vektoren.

1.4.4 Logische Vektoren

Logische Vektoren sind wichtige Werkzeuge im Umgang mit Daten. Sie dienen zur Auswahl von Datensätzen und zur Überprüfung von Datenbedingungen. In logischen Vektoren – auch boolsche Vektoren genannt – werden Wahrheitswerte gespeichert. Da ein Sachverhalt nur wahr oder unwahr sein kann, kennen Wahrheitswerte auch nur zwei Zustände: Wahr oder Falsch bzw. `TRUE` oder `FALSE`. Diese beiden Zustände lassen sich auch mit den Werten 1 und 0 ausdrücken. R kann mit den Eingaben `TRUE`, `FALSE` oder deren Abkürzungen `T` und `F` umgehen. Intern speichert R diese Eingaben als 1 und 0 ab, wobei die Werte jedoch nicht als Zahlen gespeichert werden. Vektoren mit Wahrheitswerten bekommen in R die Typbezeichnung `logical`. Ob ein Vektor Wahrheitswerte enthält, erfährt man also über die Abfrage `is.logical`. Wahrheitswerte enthält man wenn Vergleichsoperationen ausgeführt werden. Folgende Vergleichsoperationen sind in R bekannt:

Operator	Operation
>	Größer als
<	Kleiner als
==	Genau Gleich
! =	Ungleich
=>	Größer Gleich
=<	Kleiner Gleich

Mit jedem dieser Operatoren lassen sich Skalare oder Vektoren Element für Element miteinander vergleichen:

```
> c(1,2,3)==c(1,2,3)
[1] TRUE TRUE TRUE
> 1==1
[1] TRUE
> 2>5
[1] FALSE
> c(1,2,3)==c(2,2,3)
[1] FALSE  TRUE  TRUE
```

Das Ergebnis einer solchen Operation lässt sich wiederum in einen Vektor speichern. Das ist für viele Aufgaben sehr interessant. Im folgenden Beispiel wird wieder mit dem Beispielvektor a aus Programmbeispiel 1.1 gearbeitet. Aus diesem Vektor werden nun alle Werte ausgewählt, die größer als 4 sind. Dazu lässt man sich zunächst einen Vektor mit den entsprechenden Wahrheitswerten ausgeben und speichert diesen in einen anderen Vektor:

```
> Wahrheitswert <- a > 4
> Wahrheitswert
[1] FALSE FALSE  TRUE  TRUE
```

Der Vektor Wahrheitswert enthält für jedes Element im Vektor a die Information über die Bedingung: Wert des Vektors ist größer als 4. Dieser neue Vektor lässt sich nun als Index zur Datenauswahl verwenden. Um die Verwendung eines Vektors als Datenselektor zu verstehen, muss zunächst im nächsten Abschnitt die Indizierung von Vektoren und Matrizen vorgestellt werden.

Im Zusammenhang mit logischen Vektoren sind die Funktionen all und any noch zu erwähnen. Mit diesen Funktionen kann geprüft werden, ob in einem logischen Vektor bestimmte Wahrheitswerte vorkommen. So prüft die Funktion all, ob ausnahmslos *alle* Werte im logischen Vektor dem Wert TRUE entsprechen. Das Gegenstück any überprüft, ob mindestens ein Wert TRUE ist. Diese Funktionen können beispielsweise bei Kontrollrechnungen eingesetzt werden. Im Folgenden Beispiel wird überprüft, ob die Elemente aus dem Vektor vec mit den Elementen der Matrix mat übereinstimmen:

Progammbeispiel 1.4

```
> all(mat == vec)
[1] TRUE
```

Da die Matrix aus dem Vektor erzeugt wurde, war dieses Ergebnis zu erwarten. Im nächsten Beispiel wird überprüft, ob mindestens ein Wert der Matrix mat kleiner als 0 ist.

Progammbeispiel 1.5

```
> any(mat < 0)
[1] FALSE
```

In großen Datensätzen lässt sich durch Einsatz von any und all die Konsistenz der Daten überprüfen.

1.4.5 Indizierung von Vektoren und Matrizen

Eine der grundlegenden Aufgaben von Programmen zur Datenbearbeitung ist die Manipulation von Daten. Manipulation bedeutet in diesem Zusammenhang nicht etwa das bewusste Fälschen von Daten. Vielmehr müssen rohe, unbearbeitete Daten so bearbeitet werden, dass auf gewünschte Informationen schnell und problemlos zugegriffen werden kann. Dabei können verschiedene Veränderungen an den Objekten sinnvoll sein. Bei einer Matrix oder einem Vektor kann die Länge oder Dimension insgesamt geändert werden oder einzelne Werte innerhalb des Objektes müssen überschrieben werden. In R lassen sich Objekte daher indizieren. Folgendes Beispiel soll demonstrieren, wie ein Vektor indiziert ist: Angenommen im Vektor aus Programmbeispiel 1.1 sollen einzelne Werte verändert werden. Dazu ist es zunächst notwendig zu wissen, wie ein einzelner Wert in einem Vektor angesprochen werden kann. Die entsprechende Notation lautet Vektor[Position]. In dem man also direkt im Anschluss an den Vektor die Position angibt, die man innerhalb dieses Vektors erreichen möchte, bekommt man den Wert, der an dieser Position gespeichert ist als Ergebnis:

```
> a[1]
[1] 2
> a[1:3]
[1] 2.0 3.0 4.5
```

Diese Beispiel zeigt, dass an der ersten Position des Vektors a der Wert 2 gespeichert ist. Werden dem Index mehrere Positionsangaben übergeben, enthält das Resultat auch alle Werte, die mit diesen Positionsangaben verknüpft sind. Wie im Beispiel zu sehen ist, befinden sich auf Position eins bis drei des Vektors a die Zahlen 2, 3 und 4.5. Sollen Positionen angesprochen werden, die nicht direkt aufeinander folgen, z.B. der erste und der dritte Wert im Vektor, ist die folgende Notation zu verwenden:

```
> a[c(1,3)]
[1] 2.0 4.5
```

In die eckigen Klammern wird als Index ein Vektor übergeben, der mit dem concatenate Befehl c erstellt wurde. Dieser Vektor besteht aus den Positionsangaben, die dem eigentlichen Vektor entnommen werden sollen. Natürlich lassen sich auch andere Funktionen geschickt kombinieren. Wird beispielsweise der Wert an der letzten Stelle eines Vektors benötigt, dessen Länge unbekannt ist, kombiniert man einfach die Funktion length mit der Indizierung:

```
> a[length(a)]
[1] 5
```

Weiterhin ist mit Hilfe der Indizierung der Ausschluss von Werten möglich. Soll aus dem Vektor a beispielsweise nur der Wert 3 an der zweiten Position ausgeschlossen werden, lässt sich dies mit einer Negativindizierung erreichen:

```
> a[-2]
[1] 2.0 4.5 5.0
```

Der resultierende Vektor enthält alle Werte außer denjenigen an der Position 2.
Um nun Werte im Vektor a zu ändern, weist man einer Position im Vektor einen neuen Wert zu. Angenommen, statt des dritten Wertes im Vektor a (4.5) soll dort der Wert 4 gespeichert werden. In diesem Fall führen die beiden im folgenden Programmbeispiel aufgezeigten Wege zum Ziel:

Progammbeispiel 1.6

```
> a[3] <- 4
> a
[1] 2 3 4 5
```

oder

```
> a[3] <- a[3] - 0.5
> a
[1] 2 3 4 5
```

Während im ersten Beispiel der dritten Position im Vektor konkret die Zahl 4 zugeordnet wird, wird im zweiten Beispiel vom Wert an der dritten Vektorposition der Wert 0.5 subtrahiert.
Die Indizierung eines Vektors lässt sich nicht nur nutzen, um den Wert eines Vektors an einer beliebigen Position abzufragen oder zu verändern. Der Vektor kann mit Hilfe seines Indexes auch verlängert oder verkürzt werden. Als Beispiel soll der Vektor a einen weiteren Wert angehangen bekommen, z.B. 6.5:

```
> a[5] <- 6.5
> a
[1] 2.0 3.0 4.5 5.0 6.5
```

Zum Löschen einer Position aus einem Vektor, wird der Vektor unter Auslassung der zu löschenden Werte neu gespeichert bzw. überschrieben.

```
> a
[1] 2.0 3.0 4.5 5.0 6.5
> a <- a[1:4] # der ursprüngliche Vektor wird wiederhergestellt
> a
[1] 2.0 3.0 4.5 5.0
> b <- a[c(2,4)] # neuer Vektor b enthält Werte 3 und 5
> b
[1] 3 5
```

Die oben erwähnten Techniken lassen sich weitgehend auf Matrizen übertragen. Zur Indizierung einer Matrix ist allerdings eine zweite Dimension notwendig, damit Zeilen und Spalten angesprochen werden können. Die Form der Indizierung lautet somit

```
Matrix[Zeile,Spalte].
```

Um nun den Wert 6 in der ersten Zeile der dritten Spalte der Matrix `mat` aus obigem Beispiel abzufragen, wird folgendermaßen indiziert:

```
> mat
      [,1] [,2] [,3]
[1,]   10    4    6
[2,]   20    1    7
> mat[1,3] # hier die Indizierung
[1] 6
```

Sollen nun alle Werte einer Spalte oder einer Zeile abgerufen werden, bleibt der entsprechende Index leer:

```
> mat[,1] # liefert die erste Spalte
[1] 10 20
> mat[1,] # liefert die erste Zeile
[1] 10  4  6
> mat[,2:3] # liefert Spalte 2 und 3
      [,1] [,2]
[1,]    4    6
[2,]    1    7
```

Das Überschreiben von Werten folgt nun analog zu den Vektoren:

```
> mat[1,1] <- 0
> mat
      [,1] [,2] [,3]
[1,]    0    4    6
[2,]   20    1    7
```

Hat sich der Benutzer erst mit dem Umgang der obigen Funktionen vertraut gemacht, steht ihm ein vielseitig nutzbares Werkzeug zur Datenmanipulation zur Verfügung.

1.5 Erste Erweiterungen der Grundfunktionen

1.5.1 Filtern und Auswählen von Daten

Ein Ziel der Statistik ist es, große Mengen von Daten so aufzuarbeiten, dass die in den Daten enthaltenen Informationen schnell und leicht zugänglich gemacht werden. Dazu müssen die Daten so aufbereitet (bzw. manipuliert) werden, dass sie entlang ihrer strukturellen Eigenschaften geordnet werden können. Konkret kann das z.B. heißen: „Stelle die Daten nach Männern und Frauen getrennt dar", oder „Zeige nur die Daten für Haushalte mit mehr als einem Kind und einem monatlichen Haushaltsnettoeinkommen über 2000 Euro". Im Einzelfall liegt es an der Fragestellung und am Experten/der Expertin zu entscheiden, welche strukturellen Eigenschaften des Datensatzes sinnvoll genutzt werden (können). Um jedoch Daten zu strukturieren, muss eine Manipulation mittels EDV vorgenommen werden. In R stehen dazu verschiedene Hilfsmittel zur Verfügung. Zunächst sollen einige Grundprinzipien an einfachen Beispielen demonstriert werden.

Als Vektor wird hier eine Reihe von Altersangaben Studierender verwendet. Die Eingabe erfolgt auf die bekannte Weise: `alter <- c(23,24,21,19,20,22,20)`. Durch Kombination von Indizierung und logischen Operationen lassen sich einfache Datenmanipulationen durchführen. Im Vektor `alter` sind sieben Altersangaben enthalten. Diese Altersangaben sollen nun in zwei Gruppen aufgeteilt werden: bis zu 21 Jahren und älter als 21 Jahre.

```
> bis.21 <- alter <= 21
> aelter.21 <- alter > 21
> bis.21
[1] FALSE FALSE  TRUE  TRUE  TRUE FALSE  TRUE
> aelter.21
[1]  TRUE  TRUE FALSE FALSE FALSE  TRUE FALSE
> alter[bis.21]
[1] 21 19 20 20
> alter[aelter.21]
[1] 23 24 22
> sum(bis.21)
[1] 4
> sum(aelter.21)
[1] 3
```

Zunächst wurden zwei logische Vektoren erstellt, in denen die Wahrheitswerte für die jeweilige Bedingung enthalten sind. Diese Vektoren können dann als Filter in den Index des Vektors `alter` gesetzt werden. Als Ausgabe enthält man die Werte der jeweiligen durch den logischen Vektor definierten Gruppe. Im Weiteren zeigt das obige Beispiel, dass sich die Anzahl der Werte in den Gruppen über die Summe der Wahrheitswerte berechnen lässt. Da die Wahrheitswerte `TRUE` und `FALSE` intern mit den Zahlwerten 1 und 0 kodiert sind, ergibt die Summe der Wahrheitswerte immer die Anzahl der `TRUE`-Werte.

Für ein weiteres Beispiel wird der Vektor `sex` aus Programmbeispiel 1.3 benötigt. Dieser Vektor enthält die zu den Altersangaben entsprechenden Angaben über das Geschlecht der Studierenden. Da beide Vektoren (`alter` und `sex`) die gleiche Länge haben, können sie als zueinander korrespondierende Variablen aufgefasst werden. Eine einfache Auswertung dieser beiden Variablen erhält man durch die Funktion `table`:

```
> table(alter,sex)
     sex
alter m w
   19 0 1
   20 0 2
   21 1 0
   22 1 0
   23 1 0
   24 1 0
```

In der Tabelle sind alle Alterswerte aufsteigend erfasst. Für jedes Alter wird zusätzlich ausgegeben, wieviele Männer und wieviele Frauen im entsprechenden Alter im Datensatz enthalten sind. Die Variable `sex` lässt sich auch als Datenfilter einsetzen. So liefert `alter[sex=="m"]` nur die Altersangaben der männlichen Studierenden. Solche Datenfilter lassen sich über *logische Operationen* miteinander verknüpfen. Dabei stehen diese logischen Operationen zur Verfügung:

&	logisches Und
|	logisches Oder
!	logisches Nicht

Ein logisches *Und* erzwingt das Vorhandensein *beider* Bedingungen A UND B. Ein logisches *Oder* lässt beide Bedingungen A ODER B zu. Die folgenden Beispiele demonstrieren den Einsatz solcher logischen Operationen:

```
> alter[bis.21 & sex=="m"]
[1] 21
> alter[aelter.21 | sex =="w"]
[1] 23 24 19 20 22 20
> alter[bis.21 & ! sex=="m"]
[1] 19 20 20
```

Diese Operationen sind auch aus der Mengenlehre bekannt (vgl. S. 115).
Auf Matrizen angewandt wird als Ergebnis ein Vektor ausgegeben, der die Werte enthält, für welche die in den Klammern formulierte logische Bedingung zutrifft.
Die logischen Operatoren sind in R auch in der Schreibweise `&&` bzw. `||` vorhanden. Während die Kurzform für den Vergleich von einzelnen Elementen genutzt wird, werden mit der langen Schreibweise Vektoren und Matrizen von links nach rechts evaluiert. Diese Operationsweise ist vor allem für die Programmierung von Kontrollschleifen sinnvoll (siehe S. 32).

1.5.2 Erfassung von Datenlücken

Oft kommt es vor, dass in einem Datensatz bestimmte Daten nicht erhoben werden konnten, sei es, dass bei einer Befragung die Antwort verweigert wurde oder dass aufgrund ungenauer Messung der Messeintrag nicht verwendet werden kann. R hält für solche Fälle eine eigene Codierung bereit. Datenlücken können im Datensatz mit einem `NA` gekennzeichnet werden. Das bedeutet, dass an dieser Stelle keine Daten verfügbar sind (not available) und R diesen Umstand berücksichtigen soll. Angenommen fünf Personen wurden nach ihrem Alter befragt. Eine Person hat eine unplausible oder keine Antwort gegeben, so dass die folgenden Daten vorliegen: 20,23,35,17,?. Da für die Person, deren Alter hier unbekannt ist, wahrscheinlich aber andere Daten vorliegen (z.B. Informationen über das Geschlecht oder das Einkommen etc.), soll sie nicht komplett aus dem Datensatz gelöscht werden. Vielmehr muss die Altersinformation als nicht vorhanden gekennzeichnet werden. Würde man die nicht vorhandene Information durch eine 0 ersetzen, käme es zu falschen Berechnungen. Der Mittelwert wäre beispielsweise 19, da die Summe der Alterswerte durch alle fünf Personen geteilt würde, obwohl über die fünfte Person keine Informationen vorliegen. Kennzeichnet man nun den nicht vorhandenen Alterswert mit einem `NA`, können Funktionen in R diesen Missstand berücksichtigen:

```
> tmp <- c(20,23,35,17,0)    # Nicht bekannter Wert durch 0 ersetzt
> mean(tmp)
[1] 19                       # Mittelwert aller fünf Personen
> tmp <- c(20,23,35,17,NA)   # Letzter Wert ist nicht bekannt
                             # und wird jetzt durch NA ersetzt
> mean(tmp)                  # Mittelwert des Vektors tmp
[1] NA                       # Erläuterung siehe Text
> mean(tmp,na.rm=T)
[1] 23.75                    # Mittelwert der ersten vier Personen
```

Im vorangegangenen Beispiel wurde die fehlende Altersangabe zunächst durch den Wert 0 ersetzt. Die R-Funktion **mean** hat aus den fünf Werten dann den Wert 19 als Mittelwert errechnet. Ersetzt man den fehlenden Wert durch ein NA und wendet dann die Funktion **mean** an, erhält man als Ausgabe auch ein NA. Das ist eigentlich logisch, da korrekterweise für die fünf Personen kein Altersdurchschnitt berechnet werden kann, ohne dass man das Alter der letzten Person kennt. Soll nun dennoch ein Mittelwert berechnet werden, gibt es die Möglichkeit, einfach den Mittelwert nur für die Personen zu berechnen, über die alle Informationen vorliegen. Die meisten Funktionen in R besitzen hierzu Optionen, in denen der Umgang mit fehlenden Werten bestimmt wird. Für die Funktion **mean** (und für viele andere Funktionen auch) ist das die Option na.rm=T. Setzt man diese Option, werden alle mit NA gekennzeichneten Werte aus der Berechnung herausgenommen (Option *remove not available values*). So ist das entsprechende Ergebnis im obigen Beispiel nach Elimination des fehlenden Wertes auch 23.75. Ob in einem Vektor oder einer Matrix Werte mit NA gekennzeichnet wurden, kann mit der Funktion is.na abgefragt werden.

Sobald in einem Datensatz Lücken oder fehlerhafte Werte auftreten (das ist in der Praxis der Standardfall) muss die Behandlung der NA-Werte berücksichtigt werden. Neben dem Fall nicht vorhandener Werte können Werte auftreten, die als NaN oder Inf gekennzeichnet sind (auch als Resultat von Berechnungen). Die Kennzeichnung NaN bedeutet *Not a Number*, der entsprechende Wert stellt also keine Zahl dar (z.B. $\frac{0}{0}$). Als Inf werden unendliche Werte gekennzeichnet, so zum Beispiel die Division durch den Wert 0 oder extrem hohe Werte wie e^{1000} (abhängig von der Prozessorarchitektur und dem Betriebssystem).

Weitere Details zum Umgang mit NA, NaN und Inf-Werten sind dem Manual oder der Online Hilfe des R-Systems zu entnehmen.

1.6 Eigene Funktionen

Das Softwarepaket R besitzt eine große Anzahl von Funktionen, die für viele Standardsituationen ausreichen. Der große Vorteil dieser Software liegt allerdings darin, dass es dem Anwender erlaubt, schnell eigene Funktionen zu schreiben oder vorhandene Funktionen zu erweitern. Das Grundprinzip soll im Folgenden kurz angedeutet werden.

So wie sich in R einer Variablen ein Wert zuweisen lässt, kann auch eine Funktion nach dem Schema funktionsname <- function(x) zugewiesen werden. Dabei kann der Funktionsname frei gewählt werden, während das Wort function als Schlüsselwort zur Definition einer Funktion obligatorisch ist. Insgesamt folgt die Definition von Funktionen in R der Syntax

```
funktionsname <- function(Argumente)
{
Definition der Funktion
}
```

Funktionen stellen somit im Prinzip Zusammenfassungen mehrerer Einzelschritte dar, in etwa vergleichbar den Makros in anderen Softwarepaketen. Nur sind Funktionen sehr viel mächtiger als gewöhnliche Makros. Wie Funktionen entwickelt werden, zeigt das folgende Beispiel. Sicherlich ist es sinnvoll, sich ein wenig mit dem Erstellen von Funktionen in R vertraut zu machen. Dennoch ist dieser Abschnitt eher für den fortgeschrittenen Leser gedacht.

1.6.1 Eine selbstdefinierte Beispielfunktion

Es soll eine Funktion erstellt werden, mit der ein Würfel simuliert werden kann. In der Wahrscheinlichkeitsrechnung wird gerne mit dem Würfel als Beispiel für zufällige Ereignisse gearbeitet. Dabei wird davon ausgegangen, dass ein Würfel so konstruiert wurde, dass jede der sechs Würfelflächen mit der selben Wahrscheinlichkeit fällt (sog. Laplace-Würfel, vgl. S. 116). Der Würfel aus der hauseigenen Spielesammlung mit seinen Ecken und Unebenheiten erfüllt diesen Umstand sicherlich nicht immer. Der hier simulierte Würfel erfüllt diese Bedingung.
Zunächst wird das Grundgerüst erstellt. Zwar wurden noch nicht alle Funktionen, die im folgenden verwendet werden vorgestellt. Ein Hinweis auf die entsprechenden Textstellen soll die Arbeit erleichtern.
Die folgende Funktion erzeugt zunächst einmal nur Augenzahlen per Zufallsgenerator:[G]

Progammbeispiel 1.7

```
> ein.wuerfel <- function(){
+     augen <- round(runif(1,0.5,6.5), 0)
+     return(augen)
+     }
>
> ein.wuerfel()
[1] 4
```

Die Funktion wird mit dem Namen `ein.wuerfel` definiert. Unter diesem Namen kann man sie später auch aufrufen, wie in der vorletzten Zeile des Beispiels zu sehen ist. Dem Schlüsselwort `function` zur Definition von eigenen Funktionen werden Klammern nachgestellt. In die Klammern können später Argumente aufgenommen werden. Darauf wird weiter unten eingegangen.

In der zweiten Zeile in Beispiel 1.7 wird eine funktionsinterne Variable definiert. Die R-Funktion `runif` erzeugt gleichverteilte Zufallszahlen (vgl. Abschnitt 5.2.2). Diese Funktion hat als Argumente die Zahlen 1, 0.5 und 6.5 erhalten, was bedeutet: *Erzeuge 1 gleichverteilte Zufallszahl die zwischen dem Wert 0.5 und dem Wert 6.5 liegt.* Gleichverteilt bedeutet

---

[G]Das "+"-Zeichen am Anfang der Zeile macht deutlich, dass die Funktion in der R-Konsole noch nicht abgeschlossen wurde. Spätestens bei der Entwicklung von eigenen Funktionen sollte mit einem Editor (unter Windows z.B. WinEdt) gearbeitet werden.

dabei, dass jede Zahl zwischen 0.5 und 6.5 mit der gleichen Wahrscheinlichkeit (Chance) auftreten kann. Das bedeutet, dass auch Zahlen wie 1.4563849 oder 5.9998 erzeugt werden. Diese Zahlen tauchen gemeinhin auf einem Würfel aber nicht auf und müssen somit eliminiert werden. Dazu dient die Funktion round mit der die erzeugten Zahlen auf Null Dezimalstellen gerundet werden. Die Rundung der Zahlen bedingt die Berücksichtigung der Zahlen von 0.5 bis 1 und von 6 bis 6.5. Ansonsten kämen die beiden Zahlen 1 und 6 auf dem Würfel seltener vor, als die Zahlen von 2 bis 5. Der Funktion round wird zunächst das zu rundende Objekt übergeben. Als zweites wird bestimmt, auf wie viele Stellen hinter dem Komma dieses Objekt gerundet wird. Im Beispiel sind dies 0 Nachkommastellen.

Das Ergebnis dieser Operation wird in der Variable augen gespeichert. Die Variable augen ist nur innerhalb der Funktion ein.wuerfel gültig. Sie steht in R nicht weiter zur Verfügung. Möchte man den Wert dieser Variablen also außerhalb des Funktionskontextes nutzen, muss der Inhalt aus der Funktion in den Arbeitsbereich von R übergeben werden. Dies geschieht in der Zeile return(augen). Hier wird der Inhalt der Variablen augen an die R-Umgebung übergeben. Möchte man die mit ein.wuerfel erzeugten Werte weiter nutzen, muss die Funktion in der für R üblichen Weise an eine Variable übergeben werden. Nach der Definition der Funktion kann diese wie andere Funktionen in R genutzt werden:

```
> ein.wuerfel()
[1] 6
> tmp <- ein.wuerfel()
> tmp
[1] 4
```

Nun ist in der Regel ein Würfel für viele Spielarten des Würfelspiels sicherlich ausreichend. Hin- und wieder wird jedoch ein zweiter Würfel benötigt. Möchte man gar Kniffel spielen, müssen gleich fünf Würfel herhalten. Es ist also wünschenswert, wenn die Anzahl der erzeugten Würfel variiert werden kann. Dazu kann der Funktion ein Argument übergeben werden. Ein Argument wird innerhalb der Klammern notiert. Dies ist ein einfacher Platzhalter, der als Variable in der Funktion verwendet werden kann. Außerdem ist es möglich, das Argument mit einer Standardbelegung zu versehen, so dass es nur spezifiziert werden muss, wenn die Standardoption überschrieben werden soll. Ein solches Argument wird *optionales Argument* genannt, denn beim späteren Aufruf der fertigen Funktion muss es nicht unbedingt spezifiziert werden.

Im folgenden Beispiel wird definiert, dass n Würfel gewürfelt werden können. Dabei soll der Wert 1 als Standardeinstellung für n gelten:

Progammbeispiel 1.8

```
> ein.wuerfel <- function(n = 1){
+       augen <- round(runif(n,0.5,6.5),0)
+       return(augen)
+       }
>
> ein.wuerfel()
[1] 5
> ein.wuerfel(3)
[1] 4 2 1
```

Die Funktion kann nun die Augenzahlen für einen oder mehrere Würfel an der Konsole ausgeben. Es wäre allerdings wünschenswert, wenn die Ausgabe etwas mehr hergeben würde, denn so eine Konsolenausgabe ist nicht jedermanns Sache. Dazu bietet R die Möglichkeit, Zahlen in ein Grafikfenster zu schreiben. Diese Möglichkeit soll hier ausgenutzt und in folgendem Beispiel verdeutlicht werden.

Progammbeispiel 1.9

```
> ein.wuerfel <- function(n = 1){
+     augen <- round(runif(n,0.5,6.5),0)
+     x <- 1:3
+     y <- 1:3
+     plot(x, y, type = "n")
+     text(2, 2, augen, cex = 10)
+     return(augen)
+     }
```

Nachdem die Augenzahl erzeugt wurde, muss ein Grafikfenster vorbereitet werden. Eine Standardgrafik hat in R immer eine X- und eine Y-Achse. Diese werden hier mit den Werten 1, 2 und 3 belegt. Das ist sehr willkürlich, denn die Größe der Grafik hängt nicht von den Achsen ab. Wichtig ist, dass ein Sequenz von Zahlen erzeugt wird, entlang derer eine Achse konstruiert werden kann.

Mit der Funktion `plot` wird dann ein Grafikfenster geöffnet. Die Funktion wird im Abschnitt 3.1.1 auf Seite 76 genauer erläutert. Das Grafikfenster zeigt ein Diagramm mit einer X- und einer Y-Achse. Die Option `type = "n"` bewirkt, dass die Grafik erzeugt wird, obwohl keine Daten vorhanden sind, die in diese Grafik eingezeichnet werden könnten. Erst die nächste Zeile bewirkt eine grafische Darstellung. Mit der Funktion `text` (siehe Seite 91) wird ein Text in der Grafik positioniert. Zunächst wird angegeben, wo der Text positioniert werden soll (2, 2). Diese Angabe sorgt im Beispiel für eine Positionierung des Textes in der Mitte der Grafik. Als nächstes wird angegeben, welcher Text positioniert werden soll. Das ist hier natürlich der Wert aus den Augenzahlen. Damit dieser Wert auch gut lesbar ist, wird die Schriftgröße mit der Option `cex` um den Faktor 10 vergrößert.

Führt man die Funktion `ein.wuerfel()` nun nochmals aus, wird die „gewürfelte" Zahl in der Mitte eines Grafikfensters dargestellt.

Weitere Optionen sollen das Grafikfenster noch verschönern:

Progammbeispiel 1.10

```
 > ein.wuerfel <- function(n = 1){
+     augen <- round(runif(n,0.5,6.5),0)
+     x <- 1:3
+     y <- 1:3
+     par(fg = augen[n])
+     plot(x, y,  type = "n",
+                 xaxt = "n",
+                 yaxt = "n",
+                 main = "Alea iacta est",
+                 xlab = "",
+                 ylab = "")
```

```
+      text(2, 2, augen, cex = 10)
+      return(augen)
+      }
```

Nun wird die Augenzahl in einem Fenster dargestellt, ohne dass die störende und im vorliegenden Fall unnötige Achsenbeschriftung noch zu sehen ist. Zusätzlich wird das Grafikfenster vor Aufruf eingefärbt. Dazu wird die Grafikoption `fg` aufgerufen. Grafikoptionen können generell mittels der Funktion `par` definiert werden. Sie werden dann unabhängig von einer Grafik eingestellt. Hier werden die Vordergrundfarben (`fg`) verändert. Die Farben können über einen Zahlencode geändert werden. Dabei steht jede Zahl für eine bestimmte Farbe (z.B. 1 = "black"). Welche Farbe erscheinen soll, bestimmt der Zufall über die Variable **augen**. Da aber immer nur eine einzige Farbe ausgewählt werden kann, die Variable **augen** aber mehrere Zahlen enthalten kann, wird die letzte dieser Zahlen ausgewählt. Die Option n wird als Index an die Variable **augen** angehängt.

Möchte man jetzt mit der Funktion **ein.wuerfel** mehrere Würfel darstellen, wird man feststellen, dass an der Konsole zwar mehrere Augenzahlen erzeugt wurden, in der Grafik ist jedoch nur ein „Würfel" zu sehen. Hier muss also noch nachgebessert werden, so dass auch mehrere Würfel dargestellt werden. Zunächst soll die Anzahl der Grafikfenster geregelt werden. Dabei wäre es möglich, entweder mehrere Grafikfenster zu öffnen oder ein Grafikfenster mehrfach zu unterteilen. Letztere Möglichkeit kommt hier zur Anwendung. Die Unterteilung des Grafikfensters kann auch mittels der **par**-Funktion erfolgen. Mit `par(mfrow =c(2,2))` würde ein Grafikfenster beispielsweise in vier Bereiche (2 Zeilen und 2 Spalten) unterteilt. Dieser Befehl kann hier eingebunden werden. Danach besteht jedoch das Problem, dass der Grafikbefehl `plot` für jeden vorhandenen Grafikbereich einmal ausgeführt werden muss. Damit das ermöglicht wird, sind folgende Schritte notwendig:

- Das Programm muss entscheiden, ob mehr als 1 Würfel zu erzeugen ist.

- Wenn mehr als ein Würfel zu erzeugen ist, muss für jeden Würfel einmal die `plot` Funktion aufgerufen werden.

Um diese Punkte zu gewährleisten, werden drei Techniken angewandt:

1. In den Programmablauf wird eine Bedingung mittels einer `if`-Weiche eingebaut.

2. Ein Loop ermöglicht die mehrmalige Ausführung eines Programmteils mittels einer `for`-Schleife.

3. Es werden zwei Funktionen ineinander verschachtelt.

Eine `if`-Weiche erlaubt es, dass eine Bedingung aufgestellt wird, die den Programmablauf beeinflusst. *Wenn* die Bedingung zutrifft, dann soll ein weiterer Programmteil ausgeführt werden:

```
...
if(n > 1) {
   Ausführen, wenn n > 1
   }
...
```

Eine for-Schleife erlaubt es, einen Programmteil so oft auszuführen, bis ein festgelegter Zähler erreicht wurde:

```
...
for(cc in 1:10){
   cc nimmt Wert 1 bis 10 an
   }
...
```

Die Programmschleife für den Würfel muss lauten:

```
if(n > 1){
      for(cc in 2:n){
         ein.wuerfel(cc)
         }
      }
```

Wenn n *(Anzahl der gewürfelten Würfel) größer als 1 ist, führe den Teil innerhalb der Klammern* {} *aus.* Dieser Programmteil sorgt dafür, dass der Würfel mehrmals gezeichnet wird. Dazu wird das bereits geschriebene Programm ein.würfel ausgeführt. Es wird so oft ausgeführt, bis der Loop von 2 bis n gezählt hat. Dabei wird der jeweils aktuelle Wert des Zählers an das Programm ein.wuerfel übergeben.

Dieses Programmfragment muss nun noch in ein Gesamtprogramm eingefügt werden:

Progammbeispiel 1.11

```
> wuerfel <- function(n = 1){
+ par(mfrow = c(1, n))
+ ein.wuerfel <- function(m = n){
+      augen <- round(runif(m,0.5,6.5),0)
+      x <- 1:3
+      y <- 1:3
+      par(fg = augen[m])
+      plot(x, y, type = "n", xaxt = "n", yaxt = "n",
+               main = "Alea iacta est",
+               xlab = "", ylab = "")
+      text(2, 2, augen[m], cex = 10)
+      }
+      ein.wuerfel()
+      if(n > 1){
+          for(cc in 2:n){
+               ein.wuerfel(cc)
+               }
+          }
+      }
```

Hier wird zunächst eine neue Funktion wuerfel definiert. Auch diese Funktion hat ein optionales Argument n. Innerhalb dieser Funktion wird als erstes ein Grafikfenster erzeugt welches mittels par in eine Zeile und n Spalten aufgeteilt wird. Ist n also 1, unterbleibt die Aufteilung. Nun wird die bereits bekannt Funktion ein.wuerfel in die neue Funktion eingebettet. Dabei wird das optionale Argument n in m umbenannt, um Verwirrungen zu vermeiden. Das Argument m in der Funktion ein.wuerfel übernimmt den Wert n von der übergeordneten Funktion wuerfel. Die Funktion ein.wuerfel bleibt wie sie ist, außer dass auch das n innerhalb dieser Funktion durch ein m zu ersetzen ist.

Damit tatsächlich ein Würfel angezeigt wird, muss nun das Programm ein.wuerfel innerhalb des Programms wuerfel ausgeführt werden. Danach entscheidet das Programm wuerfel, ob weitere Ausführungen von ein.wuerfel notwendig sind. Ist n > 1, ist das der Fall und die Programmschleife for(cc in 1:n) wird aktiviert. Diese führt nun das Programm ein.wuerfel so oft aus, bis alle in par(mfrow = c(1, n)) definierten Grafikabschnitte gefüllt sind.

Damit ist das gewünschte Ergebnis erreicht. Im Grafikfenster werden mehrere bunte Würfel nebeneinander angezeigt.

Erhöht man jedoch die Anzahl der Würfel, stellt man fest, dass ein Grafikfenster immer unschöner wird. Also soll die maximale Anzahl der Würfel, die der Anwender auswählen kann, begrenzt werden. Damit auch kein Wert unter 1 eingegeben werden kann, soll auch diese Fehlerquelle abgefangen werden. Eine weitere Fehlerquelle könnte darin bestehen, dass der Anwender eine Dezimalzahl eingibt. Durch Umwandlung des Wertes n in eine Variable vom Typ integer (integer = Ganzzahl) werden alle Werte in ganze Zahlen ohne Dezimalstellen umgewandelt. Dies erfolgt durch den Befehl as.integer(n).

Progammbeispiel 1.12

```
> wuerfel <- function(n = 1){
+ n <- as.integer(n)
+ if(n > 10 || n < 1) stop("Bitte geben sie einen Wert zwischen 1 und 10 ein")
+ par(mfrow = c(1, n))
+ ein.wuerfel <- function(m = n){
+     augen <- round(runif(m,0.5,6.5),0)
+     x <- 1:3
+     y <- 1:3
+     par(fg = augen[m])
+     plot(x, y, type = "n", xaxt = "n", yaxt = "n",
+             main = "Alea iacta est",
+             xlab = "", ylab = "")
+     text(2, 2, augen[m], cex = 10)
+     }
+ ein.wuerfel()
+ if(n > 1){
+     for(cc in 2:n){
+             ein.wuerfel(cc)
+             }
+         }
+     }
```

Die Zeile zur Bereinigung von falschen Eingaben beginnt wiederum mit einer if-Schleife. Innerhalb dieser Schleife werden zwei Bedingungen formuliert: Wenn n größer als 10 *oder* kleiner als 1 ist, rufe den stop-Befehl auf. Dabei symbolisiert || die *Oder*-Bedingung.

Nun ist das Programm fertiggestellt und es kann munter losgewürfelt werden. Es kann lohnenswert sein, sich mit der grafischen Programmierung in Tkl/Tk auseinander zu setzen. Mittels der Tkl/Tk-Elemente, die ab der R-Version 1.7.0 in die Installationsroutine eingebunden sind, können grafische Buttons und Anzeigen schnell programmiert werden. Ist es im obigen Programm beispielsweise notwendig, dass Programm jeweils erneut auszuführen, um einen neuen Wurf zu erhalten, lassen sich mit Tkl/Tk Buttons erstellen, die diese Aufgabe übernehmen.

1.6.2 Kontrollstrukturen in R

Im vorhergehenden Abschnitt wurde demonstriert, wie Programmabläufe sich in R kontrollieren lassen. In Abhängigkeit von der gewünschten Programmabfolge können verschiedene Kontrollstrukturen genutzt werden. Kontrollstrukturen können aber nicht nur in eigenen Programmen sondern auch in kleinen Analysen oder Datenmanipulationen und zum Erstellen von Grafikausgaben genutzt werden. Daher werden im Folgenden die wichtigsten Kontrollstrukturen kurz dargestellt.

Grundsätzlich lassen sich *bedingte Programmabläufe* von Programmschleifen (*engl: loops*) unterscheiden. Bei den bedingten Programmabläufen wird eine Bedingung formuliert. Diese Bedingung entscheidet über den weiteren Verlauf des Programms. In den Loops werden bestimmte Programmteile immer wiederholt. Dies geschieht solange, bis ein Abbruchkriterium erfüllt ist oder eine bestimmte Anzahl an Durchläufen erfolgt ist.

Bedingte Programmabläufe

Bedingte Programmabläufe wurden bereits im Programmbeispiel 1.11 angewandt. Es wurde eine if-Bedingung formuliert bei deren Eintreten ein bestimmter Programmteil ausgeführt werden sollte. Grundsätzlich wird folgende Syntax angewandt:

```
Programm
if(Bedingung){
    Ausführen falls Bedingung Wahr
    }
Programm
```

Eine if-Weiche lässt sich durch die else-Ergänzung noch weiter verzweigen:[H]

```
Programm
if(Bedingung){
    Ausführen falls Bedingung Wahr
    }
else{
    Ausführen falls Bedingung Falsch
    }
Programm
```

Programmschleifen

Die beiden im Folgenden vorgestellten Möglichkeiten stellen die wichtigsten Methoden zur Programmierung von Loops in R dar. Zunächst lässt sich ein kontrollierter Loop einrichten,

---

[H]Möchte man ein Programm mit mehr als zwei Optionen erzeugen, ist die Funktion switch sinnvoll (vgl. Onlinehilfe oder R-Manual)

in dem eine festgelegte Anzahl von Schleifen vorgegeben wird. Diese Vorgabe erfolgt mit der for-Funktion.

```
for (cc in 1:10){
   print(cc)
   }
```

Hinter dem Schlüsselwort for wird ein Zähler definiert (hier cc) und die Zählschritte werden angegeben (hier von 1 bis 10). Der Zähler kann dann im Programm verwendet werden. Er zählt bei jedem Programmdurchlauf einen Zählschritt höher. Mit Hilfe dieser Schleife kann Beispielsweise ein Vektor automatisch erzeugt werden:

Progammbeispiel 1.13

```
i <- NULL
for(cc in 1:10){
   i[cc] <- cc^2
   print(i)
   }
[1] 1
[1] 1 4
[1] 1 4 9
[1] 1 4 9 16
[1] 1 4 9 16 25
[1] 1 4 9 16 25 36
[1] 1 4 9 16 25 36 49
[1] 1 4 9 16 25 36 49 64
[1] 1 4 9 16 25 36 49 64 81
[1] 1 4 9 16 25 36 49 64 81 100
```

In der Ausgabe wird ein Vektor ausgegeben, der in jeder Zeile um ein Element verlängert wird. Jede Zeile stellt einen Durchlauf des Programms dar. Mit der ersten Zeile im Programmbeispiel 1.13 wird der Vektor i als leerer Vektor erstellt. Ohne diese Initiierung wäre innerhalb der Schleife keine Variable vorhanden, in die etwas hineingeschrieben werden kann. Das Schlüsselwort NULL wird immer benötigt, wenn etwas an eine Funktion ohne konkreten Inhalt übergeben werden muss.

Eine andere Form des Schleifens wird mit dem Schlüsselwort while initiiert. In einer while-Schleife wird ein Abbruchkriterium definiert. Solange dieses Abbruchkriterium nicht erreicht ist, wird die Schleife wiederholt. Damit sicher ist, dass die Variable i nicht bereits mit einem anderen Wert belegt ist, wird ihr zunächst eine 0 zugewiesen:

Progammbeispiel 1.14

```
i <- 0
while(i < 10){
   i <- i+1
   print(i)
   }
[1] 1
[1] 2
```

```
[1] 3
[1] 4
[1] 5
[1] 6
[1] 7
[1] 8
[1] 9
[1] 10
```

Dies sind die wichtigsten Kontrollstrukturen, mit denen Grundprobleme der Programmierung gehandhabt werden können. Darüber hinaus gibt es weitere Möglichkeiten. Um hier in die Feinheiten weiter einzudringen, sei die Lektüre des R-Manuals und der Literatur, z.B. Venables und Ripley (2000) empfohlen.

1.7 Einlesen und Speichern von Daten und Ausgaben

Alle bisherigen Beispiele beruhen darauf, dass Vektoren oder Matrizen manuell in die R-Konsole eingegeben werden. In der Praxis hat man jedoch oft einen Datensatz vorliegen, der in ein Statistik–System eingelesen werden muss, damit er dort weiterverarbeitet werden kann. R kann externe Daten einlesen und auch ausgeben. Dabei sind verschiedene Datenformate möglich. Es gibt inzwischen einige Datenformate, die sich gewissermaßen als Standard durchgesetzt haben. Um eine systemübergreifende Kompatibilität zu gewährleisten ist es empfehlenswert, soweit möglich auf ein ASCII basiertes Format zurückzugreifen. Alle Programme verfügen über eine ASCII-Schnittstelle, mit Hilfe derer Daten in der Regel sehr gut ausgetauscht werden können. Eine weitgehende Plattformunabhängigkeit ist somit gewährleistet. Bevor jedoch weiter auf das Einlesen von Daten eingegangen wird, muss die Datenstruktur vorgestellt werden, in der R Daten verarbeitet. Zentral sind hierfür der *Data-Frame* und die *Lists*.

1.7.1 Data-Frames und Listen

In Kapitel 1.4.2 wurden bereits grundlegende Datenformate (Vektoren und Matrizen) vorgestellt. Die folgenden Formate stellen eine Representationsform für Daten in R dar. Möchte man beispielsweise die Daten aus Beispiel 1.3 gemeinsam mit den Altersangaben in einer Matrix speichern, ist dies mit der Funktion `matrix` nicht möglich. Matrizen können nur Daten eines Datentyps enthalten. Für diese Fälle stellt R die Datenstruktur *Data-Frame* zur Verfügung. Der folgende Data-Frame enthält demnach einen Vektor vom Typ `factor` und einen Vektor vom Typ `numeric`.

```
> sex <- factor(c("m","m","m","w","w","m","w"))
> alter <- c(23,24,21,19,20,22,20)
> daten <- data.frame(sex,alter)
>
> daten
  sex alter
1   m    23
2   m    24
```

```
3   m   21
4   w   19
5   w   20
6   m   22
7   w   20
```

Die Vektoren **sex** und **alter** enthalten die Werte aus Beispiel 1.3. In einem Data-Frame lassen sich nun noch Vektoren anderer Datentypen (logische Vektoren, character-Vektoren, etc.) einbinden. Der Vorteil des Data-Frames liegt auf der Hand: Die Software erkennt eigenständig, welcher Datentyp vorliegt und kann Funktionen nun entsprechend des Datentyps anwenden. Die Statistikfunktion **summary** liefert eine Zusammenfassung der wichtigsten deskriptiven Maßzahlen für Variablen (Vektoren) in R. Auf einen Data-Frame angewandt, werden nur die jeweils adäquaten statistischen Kennzahlen ausgegeben:

```
> summary(daten)
 sex       alter
 m:4   Min.   :19.00
 w:3   1st Qu.:20.00
       Median :21.00
       Mean   :21.29
       3rd Qu.:22.50
       Max.   :24.00
```

Oft möchte man einzelne Variablen innerhalb eines Data-Frames direkt ansprechen. Dies ist möglich, in dem man die Schreibweise **data.frame$variable** verwendet. Die Variable **alter** im obigen Beispiel wird also mit **daten$alter** aufgerufen. Um die Namen der Variablen eines Data-Frames in Erfahrung zu bringen wird der Befehl **names** benutzt. Mit **names(data.frame)** erhält man – soweit vorhanden – am R-Prompt die Variablennamen der im Data-Frame enthaltenen Variablen.

Da Data-Frames eine Erweiterung der Matrizenform in R darstellen, lassen sich die einzelnen Elemente innerhalb eines Data-Frames auch über die Indizierung ansprechen, wie sie in Kapitel 1.4.5 vorgestellt wurde. Die Variable **daten$alter** kann also ebenfalls mit **daten[,2]** aufgerufen werden. Da es aber recht mühsam wäre, die Position aller Variablen im Kopf zu behalten, ist es alternativ möglich, die Variablen mittels Variablennamen zu indizieren: **daten[,"alter"]** führt somit auch zum Ziel. Diese Notationsform hat den Vorteil, dass gleichzeitig mehrere Variablen aufgerufen werden können. Die gewünschten Variablen werden als character-Vektor in den Index des Data-Frames geschrieben: **daten[,c("sex","alter")]**. In einem großen Datensatz mit vielen Variablen ist diese Notationsweise sehr angenehm, um mit einzelnen Variablengruppen zu arbeiten.

Funktionen über einen gesamten Data-Frame

Einige Befehle in R sind eigens zum Umgang mit Data-Frames implementiert. Sehr häufig wird man sicherlich die Gruppe der **apply** Befehle nutzen können. In einem Data-Frame lassen sich mit Hilfe von **tapply** Funktionen auf numerische Variablen anwenden, wobei die Ausgabe nach Gruppierung durch Faktor-Variablen erfolgt:

```
> tapply(daten$alter, daten$sex, mean)
       m        w
22.50000 19.66667
```

In R besteht die Möglichkeit, Variablen direkt mit ihrem Namen anzusprechen, ohne vorher den Namen des Data-Frames zu notieren. Dazu muss der Data-Frame mit Hilfe des Befehls **attach** in den Suchpfad des Systems aufgenommen werden. Dieser Befehl sollte jedoch mit Vorsicht genutzt werden. Die Vorsicht ist folgendermaßen zu begründen. Die Aufnahme eines Data-Frames in den Suchpfad bedeutet, dass eine komplette Kopie des Data-Frames im System besteht. Dadurch kann z.B. folgende Konfusion entstehen: Angenommen es existiert eine Variable **alter** im Data-Frame **daten**. Diese Variable soll modifiziert werden. Ist der Data-Frame nicht mit **attach** in den Suchpfad aufgenommen worden, ließe sich die Modifikation mittels eines einfachen Assignments der Art **daten$alter <- daten$alter+1980** bewerkstelligen. Hat man nun den Data-Frame allerdings mittels **attach** in den Suchpfad aufgenommen, würde der Befehl **alter <- alter+1980** *nicht* zu einer Modifizierung der Variable **alter** innerhalb des Data-Frames **alter** führen. Vielmehr würde aus der vorhandenen Variable **alter** im Data-Frame **daten** eine neue Variable **alter** im globalen Memory des Systems erzeugen. Somit wäre die eigentliche Variable **alter** nur mit **daten$alter** anzusprechen, während mit der Direkteingabe **alter** nur die modifizierte Variable anzusprechen ist.

Diese mögliche Quelle der Verwirrung ist zu berücksichtigen, wenn man einen Data-Frame in den Suchpfad des Systems aufnimmt. Welche Data-Frames im Suchpfad vorhanden sind, lässt sich mittels des Befehls **search** feststellen. In diesem Buch wird weitgehend auf die Verwendung des Befehls **attach** verzichtet.

Allgemein kann die Funktion **apply** benutzt werden, um in einer Matrix oder einem Data-Frame eine Funktion auf alle Spalten oder alle Zeilen anzuwenden. Angenommen, es gibt ein Objekt **obj** das aus drei Spalten besteht:

```
> a <- 100:109
> b <- 1:10
> c <- 51:60
> obj <- cbind(a,b,c)
> apply(obj, 2, sum)
    a    b    c
1045   55  555
```

Die Option 2 in der Funktion **apply** bewirkt nun die Berechnung der Summe (**sum**) über alle Spalten des Objekts. Setzt man statt dessen den Wert 1 ein, wird die Zeilensumme ermittelt.

1.7.2 Einlesen und Speichern von Daten in R

Steht man am Anfang eines Projektes, stellt sich eventuell das Problem der Dateneingabe in R. Dazu dient der Befehl **scan**. Gibt man einen Variablennamen an und weist diesem den Befehl **scan()** zu, können anschließend Werte für diese Variable eingegeben werden. Nach jedem Wert wird entweder ein Leerzeichen eingegeben oder die Return-Taste betätigt. Um den **scan**-Modus zu verlassen, muss die Return-Taste zweimal betätigt werden.

```
> alter <- scan()
1: 22
2: 21
3: 24
4: 19
5: 23
6: 23
7: 22
8:
Read 7 items
```

Die so eingegeben Variablen können anschließend zu einem Data-Frame zusammengefasst werden. Auch eine Weitergabe an andere Systeme ist möglich. Weitere Details zum `scan`-Befehl, zum Einlesen von Dateien oder Vektoren mit Hilfe dieses Befehls sind dem R-Manual oder der Online Hilfe zu entnehmen.

Soweit ein Projekt nicht mit der Erhebung von Daten oder empirischen Werkzeugen beginnt, steht man oftmals vor der Situation, mit einem bestehenden Datensatz arbeiten zu müssen. Dieser kann in unterschiedlichen Formaten vorliegen. Es wird selten der Fall eintreten, dass eine Datei überhaupt nicht eingelesen werden kann. So können Dateien, die im ASCII-Format vorliegen, in R mit Hilfe der `read.table` Befehle eingelesen werden. Im einfachsten Fall genügt ein `read.table("Dateiname")` um einen Datensatz in R zur Verfügung zu stellen. Für viele Formate ist es allerdings sinnvoll, Modifikationen des Befehls anzuwenden.

> Um Dateien einzulesen, in denen Variablen gespeichert sind, ist es notwendig, dem R-System mitzuteilen, wo diese Dateien auf dem Rechner zu finden sind. Da R seine Wurzeln in der UNIX/Linux Welt hat, werden Pfadnamen üblicherweise mit dem einfachen Slash "/ "referenziert. Die Datei `Daten.txt` im Verzeichnis `Projekt` auf der Festplatte `C:` kann also mit `"c:/projekt/daten.txt"` aufgerufen werden. Im Gegensatz zur normalen Schreibweise in R spielt die Groß- und Kleinschreibung bei der Angabe von Dateinamen unter Windows Betriebssystemen keine Rolle. Alternativ kann man die unter Windows Betriebssystemen üblichen Backslashes ("\ ") auch durch einen weiteren Backslash schützen: `c:\\projekt\\daten.txt`.

Alle Optionen des `read.table`-Befehls sind in der Online Hilfe (`help.start()`) und im R-Manual aufgeführt. Da einige ASCII-Formate allerdings sehr häufig vorkommen, gibt es Abwandlungen des Befehls, die ohne weitere Optionen angewandt werden können. Speichert man Datensätze aus einer Tabellenkalkulation oder einer Statistiksoftware im ASCII-Format, sind die folgenden Merkmale entscheidend:

- Enthält die erste Zeile der Datei die Namen der Variablen?

- Werden die Werte eines Falls (also innerhalb einer Zeile) durch fest definierte Abstände oder durch bestimmte Zeichen (z.B. ein Semikolon "; ") getrennt?

- Wird als Dezimalzeichen ein Komma (", ": deutsche Schreibweise) oder ein Punkt (". ": amerikanische Schreibweise) verwendet?

- Mit welchen Zeichen werden fehlende Werte gekennzeichnet (vgl. Abschnitt 1.5.2)?

- Mit welchen Zeichen werden Zeichen-Variablen (Strings) gekennzeichnet?

Diese und weitere Optionen lassen sich im `read.table`-Befehl spezifizieren. Kennt man also das Ausgabeformat der erzeugenden Software nicht genau, muss man die erzeugte ASCII-Datei daraufhin inspizieren.

Für häufig vorkommende Formatierungen sind Varianten des `read.table`-Befehls vorgesehen. So lassen sich Dateien, die mit Microsoft-Excel oder ähnlichen Tabellenkalkulationsprogrammen in CSV-Dateien konvertiert wurden in R mit dem Befehl `read.csv2` einlesen. Die Variante `read.csv` entspricht der amerikanischen Version. Um Dateien aus Excel heraus im CSV Format speichern zu können, muss im Excel Fenster "Speichern unter..." der Dateityp auf das CSV-Format umgestellt werden. Das aktuelle Excel Tabellenblatt wird dann in eine ASCII-Datei mit der Endung `*.csv` gespeichert. Die erste Zeile enthält nur dann Variablennamen, wenn in der ersten Zeile des Excel-Tabellenblattes auch Variablennamen (also Spaltennamen) vergeben wurden. Eventuelle Leerzeichen in diesen Namen werden in R durch einen Punkt ersetzt. Als Dezimaltrenner wird das Komma verwendet und die einzelnen Werte werden durch ein Semikolon getrennt. Arbeitet man mit SPSS, lassen sich SPSS Dateien innerhalb von SPSS in genau dieses Format konvertieren, so dass auch diese in R mit `read.csv2` einzulesen sind. In SPSS ruft man dazu das Menü "in ASCII konvertieren" auf. Dort kann man das Format der ASCII-Ausgabe im einzelnen festlegen. Die Konvertierung funktioniert jedoch nicht immer reibungslos. In der Praxis hat es sich oft bewährt, SPSS Dateien zunächst als Excel Dateien zu speichern (als Dateityp `*.xls`). Diese aus SPSS konvertierten Excel Dateien können dann mit Excel geöffnet werden und dann als CSV-Dateien gespeichert werden. Dieser Weg scheint ein wenig umständlich. Die Praxis hat jedoch gezeigt, dass man sich so oft einige Formatprobleme erspart. Das Dokument *R Data Import/Export* auf der Startseite der Onlinehilfe stellt weitere Schnittstellen zwischen R und verschiedenen Statistiksystemen vor.

Das folgende Beispiel zeigt, wie man einen in einer ASCII-Datei gespeicherten Datensatz in R zur Verfügung stellt. Dazu wird der auf der Internetseite des Autors erhältliche Datensatz `kultur.dat` verwendet (vgl. Seite 1):

Progammbeispiel 1.15

```
> oldwd <- getwd()
> setwd("e:\\temp\\")
> kultur <- read.csv2("kultur.dat")
> names(kultur)
```

Hier wurde zunächst das aktuelle Arbeitsverzeichnis mit `getwd` in die Variable `oldwd` gespeichert und dann das Verzeichnis `temp` auf der Festplatte E: als aktuelles Arbeitsverzeichnis definiert (`setwd`). Zwar kann man eine Datei auch direkt aus einem Verzeichnis aufrufen, der in Beispiel 1.15 vorgestellte Weg lässt aber die Möglichkeit des direkten Zugriffs auf das gewünschte Verzeichnis zu. Da nun `e:/temp/` das aktuelle Arbeitsverzeichnis ist, kann die Datei `kultur.dat`, in der die gewünschten Daten gespeichert sind und die sich im Verzeichnis befindet, mit dem Befehl `read.csv2` in R eingelesen werden. Die Dateiendung spielt keine Rolle, es können auch `*.txt`, `*.dat` oder Dateien ohne Dateiendung eingelesen werden. Wichtig ist nur die interne Organisation der Datei. Die in der Datei gespeicherten Daten werden nun im Objekt `kultur` gespeichert. Dadurch steht kultur in R als Data-Frame zur Verfügung. Bei größeren Datensätzen mit verschiedenen Datentypen kann eine Nachkorrektur einzelner Variablen in R notwendig sein. Vor allem in SPSS werden Variablen oft anders kodiert als es in R üblich ist. So werden beispielsweise Nominalvariablen wie das Geschlecht mit Zahlen kodiert (z.B. 1 für Männlich und 2 für Weiblich). In R sollte man solche Variablen in Variablen vom Typ `factor` umkodieren. Die R-Bibliothek `car` stellt zu diesem Zweck den Befehl `recode` zur Verfügung (siehe Seite 7 und Seite 60).

Speichern von Ausgaben

Um die in R produzierten Ergebnisse dauerhaft zur Verfügung zu haben oder in anderen Anwendungen verwenden zu können, ist es sinnvoll, sie in eigene Dateien zu schreiben. Hier gibt es wiederum viele Möglichkeiten die sich je nach Zweck der Anwendung anbieten. Arbeitet man an einem Projekt und möchte dieses über längere Zeit immer wieder in R zur Verfügung haben, sollte ein Workspace angelegt werden. In einem Workspace werden alle Variablen, Data-Frames und andere Objekte, die sich zum Zeitpunkt der Speicherung in R befinden in eine einzige Datei gespeichert. Diese Datei kann zu einem späteren Zeitpunkt wieder aufgerufen werden, womit alle Objekte wieder zur Verfügung stehen. Wie man einen Workspace mit Hilfe der graphischen Menüführung in R speichert und wieder aufruft wurde auf Seite 6 erläutert. Damit besitzt man eine R-interne Speichermöglichkeit. Die Kommunikation mit anderen Programmen muss mit anderen Befehlen hergestellt werden. Ist das zu speichernde Objekt eine einfache Matrix, lässt sich eine Speicherung mit Hilfe des Befehls `write` bewirken:

```
mat <- matrix(rnorm(10),5) # zufaellige Beispielmatrix
write(mat,"c:/temp/matrix.txt")
```

Hier wurde eine Matrix mit 10 Zufallswerten in 2 Spalten in die Datei `matrix.txt` im Verzeichnis `c:\temp` geschrieben (die Dateiendung spielt wiederum keine Rolle). Um einen ganzen Data-Frame in eine Datei zu schreiben, greift man auf das Gegenstück zu `read.table` zurück: `write.table`. Mit `write.table` können Data-Frames in Dateien geschrieben werden. Die dadurch erzeugten ASCII-Dateien können dann auch von anderen Programmen gelesen werden. Bei der Erzeugung einer ASCII-Datei sind wiederum die selben Punkte zu berücksichtigen, wie bereits beim Einlesen von Dateien (vgl. Seite 37). Die entsprechenden Optionen können (und sollten!) im `write.table`-Befehl gesetzt werden. Standardgemäß wird durch `write.table` eine erste Spalte mit einem laufenden Index erzeugt. Möchte man dies verhindern, weil das Zielsystem eventuell Probleme mit einer solchen Spalte hat, sollte man die Option `row.names=FALSE` setzen.

Progammbeispiel 1.16

```
> daten
  sex alter
1   m    23
2   m    24
3   m    21
4   w    19
5   w    20
6   m    22
7   w    20
```

```
> write.table(daten,"d:/temp/daten.txt",
+              sep=";",dec=",",row.names=FALSE)
```

Durch das obige Beispiel wird eine Textdatei mit folgendem Inhalt erzeugt:

```
"sex";"alter"
"m";23
"m";24
"m";21
"w";19
"w";20
"m";22
"w";20
```

Diese kann jetzt in eine Tabellenkalkulation wie Excel eingelesen werden.

Eine weitere Möglichkeit, Daten an die Außenwelt von R weiterzugeben besteht mit dem Befehl sink. Dieser Befehl sendet den gesamten Output, der nach Einsatz des Befehls erzeugt wird, in die spezifizierte Datei. Damit hat man durch diesen Befehl sehr weit reichende Möglichkeiten.

```
> sink("d:/temp/sink.txt")
> daten
> sink()
```

Mit dem vorangehenden Beispiel wurde eine Datei sink.txt im Verzeichnis temp erzeugt. Der Output, der normalerweise in der R-Konsole durch den Aufruf daten erzeugt würde, wird nun in diese Datei geschrieben. Die Datei muss anschließend wieder geschlossen werden. Dies geschieht durch einen erneuten Aufruf von sink() oder durch den expliziten Befehl sink(file=NULL). Es ist weiterhin möglich, eine bereits vorhandene Datei erneut zu öffnen um dieser etwas hinzuzufügen. Dazu verwendet man im sink-Befehl die Option append=TRUE.

Möchte man den erzeugten Output genau unter Kontrolle haben, lässt sich auch der grundlegende Befehl cat benutzen. Linux oder UNIX Anwender dürften mit diesem Befehl vertraut sein. Der Befehl cat erzeugt Zeichenketten aus den Argumenten, die ihm übergeben wurden und hängt diese aneinander. Spezifiziert man die Option file=*Dateiname* wird die Ausgabe in die Datei geschrieben. Im Zusammenhang mit dem Befehl sink kann man so komplexe Ausgaben selber zusammenfügen. Dies ist vor allem für Anwender des Satzsystems LaTeX interessant.

```
cat(alter,"\n",sex,file="d:/temp/cat.txt")
```

Mit dieser Notation wurde zunächst die Variable alter in die Datei cat.txt geschrieben. Das Steuerzeichen \n bewirkt einen Zeilenumbruch. Es muss in Anführungszeichen gesetzt werden. Abschließend wird noch die Variable sex in die Datei geschrieben. Zur Verwendung des Befehls cat sollte die Onlinehilfe oder eine Beschreibung des entsprechenden Linux Befehls konsultiert werden.

Excel und R

Für R ab Version 1.6.1 steht auf der Internetseite das Paket R(D)COM zur Verfügung (Software ▷ Other). Wer die Vorteile von R nutzen möchte ohne auf Microsofts Excel verzichten zu können, sollte sich die Software RSrv12r.exe herunterladen und installieren. Die Installation erfolgt wie üblich durch einen Doppelklick und ist menügeführt. Mit dieser Software wird eine Schnittstelle zwischen R und Excel installiert, so dass der R-Code unter Excel nutzbar ist und die grafischen Möglichkeiten von Excel und R gemeinsam genutzt werden können. Das Paket enthält eine Dokumentation und viele Beispiele, von denen aus eigene Anwendungsmöglichkeiten entwickelt werden können (vgl. Beispiel auf Seite 61).

1.8 Beispieldatensätze in R

Die Softwareumgebung R wird häufig in der Lehre an Universitäten eingesetzt. Dabei kommen verschiedene Beispieldatensätze zur Demonstration statistischer Verfahren zum Einsatz. Im Laufe der Jahre hat sich ein großes Angebot von Beispieldatensätzen angesammelt. Das Suchwort datasets in der Onlinehilfe von R liefert 331 Datensätze aus den verschiedensten Bereichen, die für die verschiedensten Verfahren nutzbar sind.[1] Auch im vorliegenden Buch sollen diese Datensätze zur Anwendung kommen. Um auf einen Datensatz zugreifen zu können, muss er in R eingelesen werden. Dazu wird die Funktion data benötigt. Soll zum Beispiel der Datensatz USArrests in die R-Umgebung geladen werden, so geschieht dies mit data(USArrests). Der Datensatz steht jetzt zum Bearbeiten in R zur Verfügung. Möchte man Informationen über diesen Datensatz, so sind diese entweder in der Onlinehilfe oder mittels help(USArrests) zu bekommen. In der Hilfe zu diesem Datensatz erfährt man wie viele Variablen der Datensatz enthält und wie die Variablen heißen. In der Regel finden sich dort auch Informationen über die Herkunft des Datensatzes. Um die Namen der Variablen zu erfahren kann man selbstverständlich auch das Objekt USArrests mittels der Funktion names (siehe S. 35) abfragen:

```
> names(USArrests)
[1] "Murder"   "Assault"  "UrbanPop" "Rape"
```

Mit dem Objekt USArrests kann jetzt genauso verfahren werden, wie es bereits im Umgang mit Data-Frames (vgl. Kapitel 1.7.1) besprochen wurde.

Es kann vorkommen, dass ein Beispieldatensatz nicht unmittelbar in R zur Verfügung steht, sondern Teil einer Bibliothek ist. Dann muss die Bibliothek im data-Befehl mit angegeben werden: data(ducks,package=boot). Es ist auch möglich, zunächst die Bibliothek zu laden. Das Laden der Bibliotheken wurde bisher über die R-GUI vorgenommen (vgl. S. 7). Es kann selbstverständlich auch über die Konsole erfolgen. Dazu wird die gewünschte Bibliothek mit der Funktion library geladen. Anschließend kann der Datensatz geladen werden:

```
> library(MASS)
> data(galaxies)
```

Ob ein Datensatz in einer bestimmten Bibliothek vorhanden ist, erfährt man in der Hilfe zum Datensatz.

---

[1]Version 1.6.2

Für die Arbeit mit diesem Buch werden immer wieder verschiedene Datensätze zur Demonstration einzelner R-Funktionen herangezogen. Diese können dann auf dem hier beschriebenen Weg in die aktuelle Umgebung eingelesen werden. Sollte eine Bibliothek in der vorhandenen Installation von R nicht zu finden sein, dann ist sie als Paket nachträglich zu installieren. Das Vorgehen wurde auf Seite 7 erläutert.

1.9 Literatur und Befehlsregister

1.9.1 Literatur

Zur Vertiefung der Inhalte dieses Kapitels wird folgende Literatur empfohlen:

- Zur Einführung: Krause (1997)

- Als Standardwerk: Venables und Ripley (2002)

- Mit statistischem Schwerpunkt: Crawley (2002)

- Einführung Programmierung: Venables und Ripley (2000)

- Fortgeschrittene Programmierung: Chambers (1998)

Außerdem bieten die als PDF-Dateien der Installation beigefügten Manuals sehr umfangreiche Informationen. Diese Dateien sind auch auf den Internetseiten des R-Projektes erhältlich. Darüber hinaus finden sich dort viele weitere Hilfen zu R.

1.9.2 Kurzregister neuer Befehle

Funktion	Beschreibung	Seite
#	Kommentarzeichen	10
%*%	Inneres Produkt	16
all()	Abfrage, ob ein Vektor mit Wahrheitswerten nur TRUE enthält	19
any()	Abfrage, ob ein Vektor mit Wahrheitswerten mindestens ein TRUE enthält	19
attach()	Nimmt Objekt in den Suchpfad auf	36
c()	Fügt einzelne Elemente zu Vektoren zusammen	11
cat()	Fügt Elemente zusammen und konvertiert sie in Zeichenketten	40
data()	Liest einen Datensatz in den aktuellen Workspace ein	41
data.frame()	erzeugt einen Data-Frame aus einzelnen Vektoren	34
dim()	Gibt die Dimension einer Matrix aus	14
factor()	Erzeugt einen Faktor	18
getwd()	Gibt das aktuelle Arbeitsverzeichnis aus	38
help()	Gibt Hilfe zu dem Befehl aus, der als Argument übergeben wird	9
help.start()	Startet die Online Hilfe	9
is.character()	Fragt die Eigenschaft character eines Vektors ab	17
is.factor()	Fragt die Eigenschaft factor eines Vektors ab	18

2 Deskriptive Statistik in R

2.1 Vorkurs

2.1.1 Mathematische Notationen

In diesem und den folgenden Kapiteln wird der Leser mit mathematischen Notationen konfrontiert. Da die letzte Konfrontation unter Umständen bereits etwas länger her sein kann, sind einige Beispiele der Lesart dieser Notation in Tabelle 2.1 wiedergegeben. Anzumerken sei an dieser Stelle, dass die Notation in der Statistik nicht immer einer einheitlichen Linie folgt. Zwar findet man bei einigen Bezeichnungen weitgehende Übereinstimmung in vielen Büchern, dennoch werden immer wieder auch gleiche Bezeichnungen für verschiedene Ausdrücke verwendet.

2.1.2 Rechnen mit dem Summenzeichen $\sum$

Das Summenzeichen $\sum$ (griechisches Sigma) steht für die mathematische Operation der Summation. Es dient zur Verkürzung von mathematischen Ausdrücken wie Folgendem:

$$x_1 + x_2 + x_3 + x_4 = \sum_{i=1}^{4} x_i$$

Hier werden für x Werte eingesetzt und aufsummiert. Dabei ist der Buchstabe i der Laufindex. Im vorliegenden Beispiel soll der Laufindex für die Zahlen 1 bis 4 gelten. Diese konkreten Werte können auch durch Indizes ersetzt werden. Sie werden als oberer und unterer Summationsindex bezeichnet.

Folgende Arbeitstabelle soll als Beispiel zur Demonstration von Rechenoperationen mit dem Summenzeichen dienen:

i	X	Y
1	5	22
2	3	21
3	4	24
4	7	23
5	6	20

Die Summe aller X-Werte wird ausgedrückt als

$$\sum_{i=1}^{n} x_i = x_1 + x_2 + x_3 + x_4 + x_5 = 5 + 3 + 4 + 7 + 6$$

Notation	Bedeutung	Erläuterung
h_i	Häufigkeit	Das h steht für *Häufigkeit*. Der Laufindex i macht deutlich, dass die Häufigkeit für mehrere verschiedene Items angegeben wird. Für i werden ganzzahlige Werte von 1 aufwärts eingesetzt. Die Bezeichnung h_1 stünde somit für die Häufigkeit der ersten untersuchten Einheit. In der Literatur findet sich auch f_i als Symbol für die Häufigkeit (Frequency).
N bzw. n	Anzahl der Beobachtungen	Die Variable n bezeichnet die Menge der untersuchten Einheiten. Dabei wird das große N verwendet, wenn es sich um eine Vollerhebung (Grundgesamtheit) handelt und das kleine n, wenn es sich um eine Stichprobe handelt.
k	Anzahl der Klassen und Auswahl	In der deskriptiven Statistik bezeichnet k die Anzahl der Klassen eines klassifizierten Datensatzes. In der induktiven Statistik wird mit k die Anzahl der Elemente bezeichnet, die aus einer Menge mit n Elementen ausgewählt wird.
u_k und o_k	Klassengrenzen	Die Grenzen der Klasse k. Dabei bezeichnet u_k die untere Klassengrenze und o_k die obere Klassengrenze.
m_k	Klassenmitte	Die Klassenmitte einer Klasse k wird über $\frac{o_k - u_k}{2} + u_k$ berechnet.
c_k	Klassenbreite	Die Breite der Klasse k wird über $o_k - u_k$ berechnet.
$\bar{x}$	Median	Der Median einer Verteilung.
p, π	Anteil	Anteil eines Merkmals an einer Datengesamtheit. Auch als relative Häufigkeit bezeichnet.
i,j,m,n	Indizes	Diese Indizes werden in der Regel zur Bezeichnung von Zeilen (i bzw. m) und Spalten (j bzw. n) genutzt.

Tabelle 2.1: Beispiele mathematischer Notationsweisen

In R wird sie berechnet durch sum(X), nachdem mit X <- c(5,3,4,7,6) der Vektor X erstellt wurde.

Die Summe der ersten drei Werte der Variablen Y wird ausgedrückt als

$$\sum_{i=1}^{3} y_i = y_1 + y_2 + y_3 = 22 + 21 + 24$$

Hat man den Vektor Y in R bereits erstellt, lässt sich das Ergebnis berechnen mit sum(Y[1:3]). Auch für das Summationszeichen gilt: „Punkt- vor Strichrechnung". Für jedes Element i in der Tabelle soll zunächst das Produkt berechnet werden. Anschließend wird die Summe der Produkte ermittelt:

$$\sum_{i=1}^{n} x_i \cdot y_i = x_1 y_1 + x_2 y_2 + x_3 y_3 + x_4 y_4 + x_5 y_5 = 5 \cdot 22 + 3 \cdot 21 + 4 \cdot 24 + 7 \cdot 23 + 6 \cdot 20$$

Das Ergebnis lässt sich in R schnell berechnen:

sum(X*Y).

Alle Werte von X sollen vor der Summation mit dem Wert $a = 0.5$ multipliziert werden:

$$\sum_{i=1}^{n} x_i \cdot a = a \cdot \sum_{i=1}^{n} x_i = ax_1 + ax_2 + ax_3 + ax_4 + ax_5 = 0.5 \cdot (5 + 3 + 4 + 7 + 6)$$

In R wird dieser Ausdruck durch sum(X*0.5) bzw. sum(X)*0.5 berechnet.

Auch die Regeln der Klammerrechnung bleiben erhalten:

$$\sum_{i=1}^{n} (x_i + y_i) = \sum_{i=1}^{n} x_i + \sum_{i=1}^{n} y_i =$$

$$x_1 + x_2 + x_3 + x_4 + x_5 + y_1 + y_2 + y_3 + y_4 + y_5 = 5 + 3 + 4 + 7 + 6 + 22 + 21 + 24 + 23 + 20$$

Zur Summe der letzten drei Werte der Variable X soll der Wert $a = 100$ hinzugefügt werden:

$$\sum_{i=3}^{n} x_i + a = x_3 + x_4 + x_5 + a = 4 + 7 + 6 + 100$$

Berechnung in R über sum(X[3:5])+100.

Die binomischen Lehrsätze behalten selbstverständlich auch hier ihre Gültigkeit. Daher wird aus

$$(x_1 - a)^2 + (x_2 - a)^2 + (x_3 - a)^2 + \ldots + (x_n - a)^2$$

unter Verwendung des Summationszeichens

$$\sum_{i=1}^{n} (x_i - a)^2 = \sum_{i=1}^{m} (x_i^2 - 2ax_i + a^2) = \sum_{i=1}^{n} x_i^2 - 2a \sum_{i=1}^{n} x_i + n \cdot a^2$$

Für die Variable X lässt sich der obige Ausdruck folgendermaßen in R berechnen:

```
sum((X-a)^2)
```

Die Klammersetzung ist hier wichtig, da jedes einzelne Element `X-a` vor der Summation quadriert werden muss.

2.1.3 Ergänzungen zur linearen Algebra

✖ Vor allem die Möglichkeit, matrizenorientiert in R arbeiten zu können, macht diese Software interessant. Für die fortgeschritteneren Verfahren der Statistik sind Kenntnisse der linearen Algebra von Vorteil. Einige Grundlagen zum Umgang mit Matrizen sind bereits im ersten Kapitel vorgestellt worden. In diesem Abschnitt werden einige wichtige Erweiterungen ergänzt.

Eine Anordnung von Zahlen in Form von mehreren Spalten und Zeilen wird *Matrix* genannt. Die Anzahl der Zeilen und Spalten wird *Dimension* genannt, wobei zunächst die Anzahl der Zeilen und dann die Anzahl der Spalten genannt wird. Das folgende Beispiel stellt eine $n \times m$ Matrix der Dimension 2×3 dar:

$$\mathbf{A} = \begin{pmatrix} a_{11} & a_{12} & a_{13} \\ a_{21} & a_{22} & a_{23} \end{pmatrix}$$

In R wird die entsprechende Matrix folgendermaßen dargestellt:

```
     [,1]  [,2]  [,3]
[1,] "a11" "a12" "a13"
[2,] "a21" "a22" "a23"
```

Bei der *Transponierung* einer Matrix werden Zeilen und Spalten vertauscht. Diese Operation wird durch einen hochgestellten Strich oder ein T kenntlich gemacht:

$$\mathbf{A}' = \mathbf{A}^T = \begin{pmatrix} a_{11} & a_{21} \\ a_{12} & a_{22} \\ a_{13} & a_{23} \end{pmatrix}$$

Die entsprechende Operation wird in R über die Funktion `t` durchgeführt:

```
> t(A)
     [,1]  [,2]
[1,] "a11" "a21"
[2,] "a12" "a22"
[3,] "a13" "a23"
```

Eine Matrix, die aus einer einzelnen Spalte besteht, wird Spaltenvektor genannt. Ein transponierter Spaltenvektor wird Zeilenvektor genannt. Ein einzelner Wert wird als *Skalar* bezeichnet.

Benötigt man einen Vektor bei dem alle Elemente gleich sind, ist die Funktion `rep` zu benutzen. Die Argumente dieser Funktion sind die Zahl, die wiederholt werden soll und die Anzahl der Elemente des Ergebnisvektors.

```
> rep(1,4)
[1] 1 1 1 1
```

Wenn statt der Wiederholung einer Zahl eine Sequenz von Zahlen gewünscht wird, nutzt man den Befehl **seq**. In seiner einfachsten Form wird der Funktionsname nicht einmal benötigt: man gibt einfach die erste und die letzte Zahl der gewünschten Sequenz an und trennt diese mit einem Doppelpunkt. Die Eingabe 1:10 erstellt demnach die Zahlenreihe von eins bis zehn. Möchte man eine Sequenz erhalten, die sich nicht in Einerschritten erhöht, kann man die Schritthöhe als drittes Argument an die Funktion **seq()** übergeben. Hier einige Beispiele zur Erzeugung von Zahlensequenzen.

```
> seq(1,10,2)
[1] 1 3 5 7 9
> seq(1,10,2)*5
[1]  5 15 25 35 45
> seq(1, 3, 0.5) + 20
[1] 21.0 21.5 22.0 22.5 23.0.
```

Eine Matrix, deren Zeilen- und Spaltenanzahl übereinstimmt, wird als quadratische Matrix bezeichnet. Die von links oben nach rechts unten verlaufende Diagonale in einer Matrix wird als Hauptdiagonale bezeichnet. Die Elemente der Hauptdiagonalen lassen sich in R mittels der Funktion **diag** abfragen:

```
> diag(A)
[1] "a11" "a22"
```

Als *Einheitsmatrix* wird eine quadratische Matrix dann bezeichnet, wenn außerhalb der Hauptdiagonalen nur der Wert 0 vorkommt, die Hauptdiagonale selbst allerdings nur den Wert 1 enthält:

$$\mathbf{I} = \begin{pmatrix} 1 & 0 & 0 \\ 0 & 1 & 0 \\ 0 & 0 & 1 \end{pmatrix}$$

Eine Einheitsmatrix der Dimension $n \times n$ wird in R über die Funktion **diag(n)** erzeugt:

```
> diag(3)
     [,1] [,2] [,3]
[1,]    1    0    0
[2,]    0    1    0
[3,]    0    0    1
```

Matrizen können nur addiert werden, wenn sie die gleiche Dimension besitzen:

$$\begin{pmatrix} 5 & 6 & 0 \\ 13 & 15 & 11 \end{pmatrix} + \begin{pmatrix} 8 & 11 & 12 \\ 22 & 18 & 12 \end{pmatrix} = \begin{pmatrix} 13 & 17 & 12 \\ 35 & 33 & 23 \end{pmatrix}$$

Eine Matrix wird mit einem Skalar multipliziert, in dem jedes Element der Matrix mit dem Skalar multipliziert wird. Bei der einfachen Multiplikation zweier Matrizen verhält R sich, als wenn die einzelnen Elemente der Matrizen miteinander multipliziert werden. *Das entspricht nicht der Multiplikation zweier Matrizen*:

```
> A*B
      [,1] [,2] [,3]
[1,]   40   66    0
[2,]  286  270  132
```

Im Beispiel wurden die beiden Matrizen **A** und **B** aus dem Additionsbeispiel mit der einfachen Multiplikationsoperation in R multipliziert. Das entspricht einer Multiplikation von jedem Element der einen Matrix mit dem korrespondierenden Element der anderen Matrix. Die Matrizenmultiplikation im Rahmen der linearen Algebra wird anders durchgeführt.

Es können nur Matrizen multipliziert werden, bei denen die linke Matrix genau so viele Spalten hat, wie die rechte Matrix Zeilen:

$$\begin{pmatrix} 5 & 6 & 0 \\ 13 & 15 & 11 \end{pmatrix} \cdot \begin{pmatrix} 8 & 22 \\ 11 & 18 \\ 12 & 12 \end{pmatrix}$$

Das Resultat der Multiplikation einer $n \times p$ Matrix mit einer $p \times n$ Matrix ist eine $n \times n$ Matrix:

$$\begin{pmatrix} 5 & 6 & 0 \\ 13 & 15 & 11 \end{pmatrix} \cdot \begin{pmatrix} 8 & 22 \\ 11 & 18 \\ 12 & 12 \end{pmatrix} = \begin{pmatrix} 106 & 218 \\ 401 & 688 \end{pmatrix}$$

Die Elemente der resultierenden Matrix werden berechnet über:

$$c_{ij} = \sum_{m=1}^{p} a_{im} \cdot b_{mj}$$

wobei $i = 1, \ldots, n$, $j = 1, \ldots, p$ und $m = 1, \ldots, p$. Als Beispiel für das Element $c_{11} = 106$:

$$5 \cdot 8 + 6 \cdot 11 + 0 \cdot 12 = 106$$

In R wird die Multiplikation zweier Matrizen (auch *inneres Produkt* genannt) mittels der Funktion %*% (vgl. Seite 16) durchgeführt:

```
> A
      [,1] [,2] [,3]
[1,]    5    6    0
[2,]   13   15   11
> B
      [,1] [,2]
[1,]    8   22
[2,]   11   18
[3,]   12   12
> A%*%B
      [,1] [,2]
[1,]  106  218
[2,]  401  688
```

Eine Matrix wird als *Idempotente Matrix* bezeichnet, wenn gilt

$$\mathbf{H}^T\mathbf{H} = \mathbf{H}.$$

Die quadrierte Matrix ergibt wiederum die Matrix selber.

Progammbeispiel 2.1

```
n <- 4
i <- rep(1, n)
I.n <- diag(n)
H <- I.n-1/n*i%*%t(i)
t(H)%*%H
```

In Beispiel 2.1 wird eine idempotente Matrix **H** erstellt. **H** und $\mathbf{H}^T\mathbf{H}$ haben das gleiche Ergebnis. Die Matrix **H** ist im übrigen eine in der Statistik häufig verwendete Matrix. Berechnet man das innere Produkt dieser Matrix mit einer Datenmatrix **X**, so enthält das Ergebnis die Abweichungen der einzelnen Werte der Datenmatrix **X** vom Mittelwert einer Spalte:

Progammbeispiel 2.2

```
> x <- c(2,2,4,4)
> mean(x)
[1] 3
> H%*%x
      [,1]
[1,]   -1
[2,]   -1
[3,]    1
[4,]    1
```

Für einen Skalar gilt die folgende Regel:

$$x \cdot \frac{1}{x} = 1 \qquad \text{bzw.} \qquad x \cdot x^{-1} = 1$$

Für Matrizen existiert eine dieser Operation analoge Berechnung. Die Matrix $\mathbf{A}^{-1}$ stellt den „Kehrwert" der Matrix **A** dar, so dass gilt:

$$\mathbf{A} \cdot \mathbf{A}^{-1} = \mathbf{I}$$

Die Matrix $\mathbf{A}^{-1}$ wird als *Inverse* einer Matrix bezeichnet. Inversen können nur von quadratischen Matrizen berechnet werden, deren einzelnen Spalten nicht linear voneinander abhängig sind. Lineare Abhängigkeit bedeutet, dass die Werte einer Spalte eine Linearkombination einer anderen Spalte darstellen:

$$\mathbf{A} = \begin{pmatrix} 2 & 1 \\ 4 & 2 \end{pmatrix}$$

Wird die erste Spalte mit $\frac{1}{2}$ multipliziert ergibt sich die zweite Spalte der Matrix. Diese Matrix besitzt demnach voneinander abhängige Spalten. Eine Matrix, in der die Spalten bzw. Zeilen nicht voneinander abhängig sind, werden als Matrizen mit vollem *Rang* bezeichnet.

Die Inverse wird in R mittels der Funktion `solve` berechnet:

Progammbeispiel 2.3

```
> A <- cbind(c(1, 4), c(8, 3))
> A
     [,1] [,2]
[1,]    1    8
[2,]    4    3
> solve(A)
            [,1]         [,2]
[1,] -0.1034483  0.27586207
[2,]  0.1379310 -0.03448276
> A%*%solve(A)
             [,1]          [,2]
[1,] 1.000000e+00 -1.665335e-16
[2,] 1.387779e-16  1.000000e+00
```

Die Matrix **A** in Beispiel 2.3 wird zunächst invertiert. Anschließend wird das innere Produkt der Matrix **A** mit dem Ergebnis der Inversen gebildet. Es ergibt sich eine Einheitsmatrix. Das in der Ergebnismatrix keine 0 sondern die Werte 1.3 bzw. $-1.6 \cdot 10^{-16}$ ausgegeben werden hat rechnerspezifische Gründe. Diese Werte liegen aber quasi bei 0.

Ob eine Matrix invertiert werden kann, lässt sich auch durch die *Determinante* einer Matrix überprüfen. Ist die Determinante einer quadratischen Matrix gleich Null, so wird diese Matrix als *singulär* bezeichnet und kann nicht invertiert werden. Am Beispiel der idempotenten Matrix aus Programmbeispiel 2.1 soll dieser Zusammenhang gezeigt werden:

```
> det(H)
[1] 0
> solve(H)
Error in solve.default(H) : singular matrix 'a' in solve
```

2.2 Grundbegriffe deskriptiver Statistik

Die empirischen Wissenschaften haben zum Ziel, Informationen über die Welt zu verarbeiten und zu *objektivieren*. Die Empirie als „Wissenschaft des Seins" (Weber) soll Vorgänge in der realen Welt erfassen und intersubjektiv nachvollziehbar zugänglich machen.[A] Die Statistik ist *ein* Hilfsmittel, um diese Objektivierung von Informationen zu leisten. Der Wissenschaftler sammelt zunächst Informationen aus der Welt in Form von Daten.[B] Um ein Datum zu einer statistischen Information werden zu lassen, muss es sich um ein objektives Datum handeln, also um ein solches, das nicht von der subjektiven Wahrnehmung des Datenerfassers abhängt. So ist zum Beispiel die Aussage „Mir ist heute warm" eine Information, allerdings fehlt ihr jede intersubjektive Nachvollziehbarkeit. Die Aussage „Ab 10° Celsius Zimmertemperatur friere ich immer ohne meinen roten Wollpullover" enthält bereits objektive Informationen. Empfänger dieser Aussage können ihr Informationen entnehmen, die mit ausserhalb der Person stehenden Informationen abgeglichen

---

[A]Weitere Erläuterungen zum Objektivitätsbegriff in der Wissenschaft vgl. Weber (1988)

[B]**Datum:** gegebenes, eine aufgeschriebene Information über die reale Welt

und reproduziert werden können. Neben der Reproduzierbarkeit und der intersubjektiven Nachvollziehbarkeit ist die Gewinnung von Informationen aus der Wirklichkeit (Empirie) zentrales Kriterium zur Definition eines statistischen Datums. Zur ausführlicheren Definition des statistischen Datums ist der Abschnitt über den Begriff der Statistik in Menges (1972) S. 24 bis 27 sehr lesenswert.

In der Statistik werden objektive Informationen in zählbare Werte übersetzt um diese Informationen in Beziehung zueinander und mit anderen Informationen zu setzen. Damit die Übersetzung vom gemessenen Objekt, über das objektive Aussagen gewonnen werden sollen, zum statistischen Messwert und wieder zurück zur objektiven Aussage sinnvoll und möglichst verlustfrei funktioniert, bedient sich die Statistik eines Notations- und Formelapparates. Einige der Grundbegriffe aus diesem Messsystem werden hier vorgestellt.

2.2.1 Merkmalsausprägungen, Merkmale und Merkmalsträger

In den empirischen Wissenschaften versucht man Informationen über die reale Welt zu gewinnen. Dazu werden Daten von Objekten gewonnen in dem diese Objekte beobachtet werden. In den Wirtschafts- und Sozialwissenschaften sind diese Objekte in der Regel Personen, deren Verhalten beobachtet wird. Im Interesse des Forschers stehen dabei zumeist nicht die Personen in ihrer Gesamtheit, sondern ein bestimmtes Verhalten oder eine andere Eigenschaft, aus deren Beobachtung etwas geschlossen werden kann. Man beobachtet an einem Objekt also eine Eigenschaft oder ein *Merkmal*. Das Merkmal muss im Forschungsprozess vom Forscher fest umrissen d.h. beschrieben werden, damit es sinnvoll und für andere nachvollziehbar zu beobachten ist. Diese *Operationalisierbarkeit* stellt ein zentrales Problem der empirischen Wirtschafts- und Sozialforschung dar. In der Statistik wird die operationalisierte Eigenschaft als Merkmal in einen numerischen Wert übersetzt und so weiterverarbeitet. Da in der Regel mit Hilfe der Forschung verallgemeinerbare Regelmäßigkeiten überprüft werden sollen, werden nicht nur einzelne Objekte untersucht. Vielmehr wird ein Merkmal an verschiedenen Objekten immer wieder untersucht. Das Merkmal kann von Objekt zu Objekt unterschiedliche Formen annehmen. Diese Verschiedenheit wird *Merkmalsausprägung* genannt. So kann ein untersuchtes Objekt beispielsweise die Studierendenschaft einer Fakultät sein. Ein beobachtetes Merkmal kann das zur Verfügung stehende Einkommen der Studierenden sein. Dieses Merkmal *Einkommen* besitzt viele verschiedene Ausprägungen unter den beobachteten Studierenden. Aufgrund dieser Tatsache nennt man erhobene Merkmale auch *Variablen*, da ihr Inhalt variiert. Im Kontext der statistisch-methodischen Begriffsbestimmung stellt eine Variable demnach veränderliche Merkmale eines Sachverhaltes dar. Die Bezeichnung Variable findet sich allerdings meistens erst im Kontext eines numerisch und EDV-technisch aufbereiteten Datensatzes wieder. Innerhalb des Definitions- und Forschungsprozesses spricht man üblicherweise von den Merkmalen.

Alle beobachteten Objekte bilden gemeinsam die *statistische Masse* im Unterschied zum einzelnen Objekt. Ein befragter Student ist beispielsweise eine *statistische Einheit*. Als solche ist er gemeinsam mit den anderen als Beobachtungsobjekte definierten Studierenden *Merkmalsträger*.

Für einen rationalen und nachvollziehbaren Forschungsprozess ist es wichtig, die Begriffe genau abzugrenzen und klar zu definieren. Hier werden für direkt beobachtbare Sachverhalte genaue Messanweisungen gegeben. Diese Messanweisungen werden in ihrer Gesamtheit als *Operationalisierung* bezeichnet. Die Operationalisierbarkeit eines Forschungsgegenstandes ist notwendige Voraussetzung, um diesen Gegenstand mit den Methoden der Statistik beschreiben zu können. Der Forscher muss seine Massnahmen und Operationen die er zur Bestimmung von Ereignissen verwendet möglichst eindeutig angeben.

2.2.2 Skalenniveaus

Ein Merkmal kann verschiedene Ausprägungen annehmen. Wie leicht zu bemerken ist, sind die verschiedenen Ausprägungen, die für eine Eigenschaft zu definieren sind, von unterschiedlichem Charakter. Bleibt man bei dem oben genannten Beispiel der Studierendenbefragung, wird als zu erfassendes Merkmal das „monatlich zur Verfügung stehende Einkommen" der Studierenden definiert. Dieses Merkmal kann viele verschiedene Ausprägungen annehmen. Während ein Student vielleicht 900 Euro verdient, hat ein anderer nur 300. Diese Merkmalsausprägungen lassen sich auch auf verschiedenste Weise in Beziehung zueinander setzen. Nicht nur die Unterschiedlichkeit der beiden Beträge ist leicht zu verdeutlichen. Der Student mit 900 Euro verdient *mehr* als derjenige mit 300 Euro. Darüber hinaus ist festzustellen, dass 900 Euro drei Mal so viel sind wie 300 Euro. Der Unterschied lässt sich also auch quantitativ ausdrücken. Durch Umrechnung ließen sich die Beträge auch in DM beziffern, ohne dass der Wert sich dabei ändert, auch wenn die Ausprägungen andere sind.

Viele dieser Beziehungen lassen sich für andere Merkmale nicht aufstellen. Erfasst man beispielsweise das Merkmal „Abiturnote", ließe sich zwar sagen, Student A ist besser als Student B. Hat Student A eine 1 und Student B eine 2, lässt sich daraus nicht schließen, dass A doppelt so gut ist wie B. Noch weniger Informationen erhält man, wenn man das Merkmal „Haarfarbe der Befragten" erfasst. Dabei lassen sich nur noch die verschiedenen Farben voneinander unterscheiden. Eine Bewertung ist nicht mehr möglich.

Nominalskalen

Die verschiedenen Merkmale und Merkmalsausprägungen lassen sich somit kategorisieren und in ein System ordnen. Je nach Art des Merkmals und der möglichen Ausprägungen werden verschiedene Skalen benutzt. Mit der Erstellung und Normierung solcher Skalen befasst sich die Skalierung.[C] Wie bereits im obigen Beispiel erwähnt, haben unterschiedliche Merkmale ein unterschiedliches Informationsniveau. Daher ordnet man sie unterschiedlichen Skalenniveaus zu. Das geringste Skalenniveau wird auf der *Nominalskala* abgebildet. Die Nominalskala erlaubt einzig die Unterscheidung von Merkmalsausprägungen. Das oben erwähnte Merkmal „Haarfarbe" ist nominalskaliert. Variablen, die nominalskalierte Merkmale beinhalten, werden auch kategoriale oder qualitative Variablen genannt, da die unterschiedlichen Merkmalsausprägungen einzig eine Kategorisierung erlauben. In statistischen Softwareprogrammen werden den unterschiedlichen Kategorien oft verschiedene Zahlen zugeordnet, damit die Software die Kategorien intern verarbeiten kann. Die Nominalskala zeichnet aus, dass die Zuordnung von Zahlen zu Kategorien dabei keine Rolle spielt. Möchte man beispielsweise das Merkmal „Geschlecht" mit Zahlen kodieren, ist es egal, ob die Ausprägung "weiblich" die Zahl 1 erhält und "männlich" die Zahl 2 oder umgekehrt oder ob die beiden Ausprägungen gänzlich andere Zahlen bekommen. Wichtig ist nur die eindeutige Zuordnung von einer Zahl zu einer Ausprägung. In R ist es nicht

---

[C]Vgl. z.B. Staufenbiel und Borg (1997)

notwendig, kategoriale Variablen numerisch zu kodieren. Es ist möglich, die Merkmalsausprägungen direkt in einen Vektor zu speichern (z.B. "m" und "w"). R erkennt solche
Vektoren als *Faktoren* und behandelt sie entsprechend (vgl. auch S. 18).

Ordinalskalen

Gegenüber dieser Art von Variablen erhält man mehr Informationen, wenn die verschiedenen Merkmalsausprägungen sich zusätzlich in eine Rangfolge bringen lassen. Lassen sich
Aussagen treffen wie: „A hat mehr als B" oder „5 ist schlechter als 2", dann lassen sich die
Merkmalsausprägungen auf einer *Ordinalskala* abbilden. Zwar lassen sich für ordinalskalierte Variablen immer noch keine Verhältnisaussagen treffen („doppelt so viel" etc.) aber
eine eindeutige (monotone) Rangabfolge ist bereits festzulegen. Ein bekanntes Beispiel für
ein ordinalskaliertes Merkmal sind die Schulnoten.

In R können Werte ordinalskalierter Variablen als Faktoren oder numerisch gespeichert
werden. Sollen Berechnungen mit den Variablen durchgeführt werden (z.B. Berechnung
des Medians), müssen ordinalskalierte Variablen numerisch kodiert werden.

Sowohl die Nominalskala als auch die Ordinalskala gehören zu den *nicht metrischen Skalen*.
Da sie keiner Metrik[D] folgen, lassen sich nur nicht-metrische Operationen auf diese Skalen
anwenden.

Metrische Skalen

Erst der nächste Skalentyp gehört zu den metrischen Skalen: die *Intervallskala*. Während
bei der Ordinalskala der Abstand zwischen zwei Ausprägungen nicht quantifizierbar ist,
lassen sich bei intervallskalierten Merkmalen die Abstände zwischen den Ausprägungen
quantitativ interpretieren. So beträgt der Unterschied zwischen einem Zehnjährigen und
einem Zwanzigjährigen genau so viel wie der Unterschied zwischen einem Dreißig- und
einem Vierzigjährigen. Die Differenz ist quantitativ fassbar. Die Differenz zwischen einer
Schulnote Eins und einer Schulnote Zwei hingegen ist nicht fassbar und nicht vergleichbar mit dem Unterschied zwischen einer Schulnote Drei und einer Vier. Metrische Skalen
zeichnen sich daher dadurch aus, dass sich Differenzen sinnvoll vergleichen lassen. Die Temperatur gemessen in $°C$ ist ein Beispiel für eine Intervallskala. Hier lassen sich Aussagen
über die Differenzen treffen, nicht aber über Verhältnisse zwischen den Ausprägungen. So
stellt eine Erwärmung der Wassertemperatur von $10°C$ auf $20°C$ keine Verdoppelung der
Wärmemenge dar. Der Nullpunkt dieser Temperaturskala ist willkürlich[E] vom Physiker
A. Celsius gesetzt worden. Anders verhält es sich mit der Temperaturskala nach Kelvin.
Dort ist der Nullpunkt gleichzusetzen mit dem völligen fehlen von Wärme (Energie).

Erst die *Verhältnisskala* macht es möglich, nicht nur Abstände sondern auch Proportionen
quantitativ zu interpretieren. So ist ein Einkommen von 2000 € doppelt so hoch wie
eines von 1000 €. Entscheidend ist hier, dass ein absoluter Nullpunkt existiert. Wichtige
Beispiele für empirische Verhältnisskalen sind Währungen, Gewichtsmaße oder Längen.

[D]**metrisch:** auf den Meter als Maßeinheit bezogen
[E]Genau genommen sind die Celsius Grade aus der Differenz zwischen dem Schmelzpunkt und dem
  Siedepunkt des Wassers bei normalem Atmosphärendruck entwickelt worden.

Transformationen von Skalen

Ein weiteres Unterscheidungsmerkmal für die verschiedenen Skalentypen sind die erlaubten mathematischen Transformationen. Darunter versteht man, inwieweit ein Merkmal von der Maßeinheit in der es gemessen wurde in eine andere Maßeinheit umgewandelt (transformiert) werden kann. Misst man beispielsweise das Merkmal "Geschlecht" erhält man die gemessenen Ausprägungen *Frau* und *Mann*. Die Skala mit diesen beiden Ausprägungen ist nominalskaliert. Diese beiden Ausprägungen lassen sich auch durch andere Skalen ausdrücken, z.B. *weiblich* und *männlich* oder durch *w* und *m*. Letzendlich lassen sich die beiden Ausprägungen auch als Zahl darstellen, wobei es irrelevant ist, welche Zahl welcher Ausprägung zugeordnet ist, solange die Zuordnung eindeutig ist: *Frau=1* und *Mann=2*. Wichtig ist, dass die Umwandlung (Transformation) die Ausprägungen eindeutig zuordnet. Solche Transformationen nennen sich *eineindeutige Transformationen*. Diese Art der Transformation stellt die einzig zulässige für Nominalskalen dar. Der Informationswert der Skala bleibt dabei letzendlich erhalten.

Ordinalskalierte Merkmale lassen sich nur unter Erhalt der Rangfolge transformieren. Operationen, die diese Rangfolge nicht erhalten, sind daher nicht erlaubt. Daraus folgt, dass nur monoton wachsende Transformationen zulässig sind. Die Skala *sehr schlecht, schlecht, mittel, gut, sehr gut* kann in die Skala -2, -1, 0, 1, 2 transformiert werden. Die Quadrierung dieser Skala stellt keine monoton wachsende Transformation dar und wäre somit nicht zulässig.

Eine Intervallskala darf linear transformiert werden. Um die Messungen eines intervallskalierten Merkmals in andere Einheiten umzuwandeln, dürfen diese nach der Form $g(x) = \alpha + \beta x$ transformiert werden. Um beispielsweise eine Transformation des intervallskalierten Merkmals *Temperatur in °C* in das ebenfalls intervallskalierte Merkmal *Temperatur in °F* vorzunehmen, muss in die obige Formel für α der Wert $-\frac{160}{9}$ und für β der Wert $\frac{5}{9}$ eingesetzt werden. So kann dann für jede Ausprägung der Skala in Celsius der entsprechende Wert in Fahrenheit ermittelt werden.

Die Transformation einer Verhältnisskala beschäftigte im Jahr 2002 die ca. 290 Millionen Einwohner der am Euro beteiligten EU Mitgliedsstaaten. Durch die Einführung des Euros als Zahlungsmittel musste die bis dahin gültige nationale Währung in die Euro-Währung umgerechnet werden. Die notwendige Transformationsvorschrift lautete $g(x) = \beta x$ oder auf das Beispiel bezogen: € = $\beta \cdot$*Nationale Währung*. Für die DM lautete der Umrechnungsfaktor $\beta = 0.511$. Diese Art der Transformation $g(x) = \beta \cdot x$ ist die einzig zulässige Transformation für Verhältnisskalen.

In der Tabelle 2.2 sind die verschiedenen Skalentypen zu einer Übersicht zusammengefasst.

Diskrete und stetige Variablen

Neben der Unterscheidung von Variablen nach ihrem Skalenniveau, gibt es noch ein weiteres Attribut, um Variablen zu klassifizieren. Dabei geht es um das Merkmal der *Abzählbarkeit*.

Grob lässt sich feststellen, dass eine Variable als *diskret* bezeichnet werden kann, wenn ihre Merkmalsausprägungen konkret abzählbar sind. Das ist beispielsweise bei der Anzahl der Kinder, die in einem Haushalt leben möglich. Der Zahlenraum zwischen einem Kind und zwei Kindern ist leer. 1.5 Kinder gibt es nur in Statistiken. Weitere Beispiele für diskrete

Skalentyp	Informations-gehalt	zul. Transfor-mationen	Beispiele
Nominalskala	Unterscheidungen	eineindeutige	Telefonnummern, Kontonummern, Berufsbezeichnun-gen
Ordinalskala	zusätzlich: Bestimmung von Rangfolgen	monoton wachsende	Ratings, Richterskala, Zufriedenheitsbe-wertungen, Schulnoten
Intervallskala	zusätzlich: Abstände bzw. Differenzen	lineare $(g(x) = \alpha + \beta \cdot x)$	Temperatur in $°C$, Kalenderjahre
Verhältnisskala	zusätzlich: Proportionen	proportionale $(g(x) = \beta \cdot x)$	Längeneinheiten, Maßeinheiten, Währungen

Tabelle 2.2: Verschiedene Skalentypen in der Übersicht

Variablen sind die Augenzahl beim Würfeln, das Werfen einer Münze oder die Anzahl von Unglücken, die in einem bestimmten Zeitraum auftreten.

Eine stetige Variable ist dagegen unendlich. Sie ist in einem bestimmten Bereich kontinu-ierlich definiert. Die Zeit ist daher ein klassisches Beispiel einer stetigen Variable. Zwar lässt sich die Zeit diskretisieren, in dem nur ganze Minuten oder Stunden gezählt werden, theoretisch ist aber der Bereich von Minute 1 bis Minute 2 kontinuierlich definiert und mit Sekunden, Millisekunden etc. gefüllt. Ein konkreter einzelner Punkt lässt sich bei einer stetigen Variable nicht ausmachen, da die Anzahl der Nachkommastellen für diesen Punkt theoretisch unendlich wären. Eine stetige Variable lässt sich nur mit den Werkzeugen der Differentialrechnung genauer bestimmen.

2.3 Aufbereitung und Darstellung statistischer Daten in Tabellen

Nachdem Daten erfasst wurden, erfolgt die numerische Kodierung. Die Daten werden in Variablen umgewandelt, damit sie in einem statistischen EDV-System weiterverarbeitet werden können. Für die Eingabe in ein datenverarbeitendes System sind die folgenden Punkte zu klären:

1. Wie werden die erhobenen Merkmale (Fragen, Beobachtungen, etc.) in Variablen umgesetzt?

2. Wie werden die Ausprägungen numerisch kodiert?

3. Wie werden Ausfälle (Antwortverweigerung, Unklare Aussagen, etc.) behandelt?

Zu Punkt 1. ist zu beachten, dass ein Merkmal nicht immer sinnvoll in eine einzige Variable übersetzt werden kann. Es ist gut, wenn diese Übertragbarkeit bereits bei der Konstruktion der Erhebung berücksichtigt wurde. Dies ist allerdings nicht immer sinnvoll oder möglich. Fragen nach dem Alter, dem Geschlecht oder der Kinderzahl sind klar zu erfassen und leicht in entsprechende Variablen umzusetzen. Besonders problematisch hingegen sind so genannte Mehrfachantworten. Darunter sind Fragen zu verstehen für die dem Befragten mehrere Antwortmöglichkeiten angeboten werden. Hierzu ein Beispiel aus einem fiktiven Fragebogen:

Frage: *Welche der folgenden Tageszeitungen sind Ihnen dem Namen nach bekannt? (mehrere Antworten möglich)*

☐ Süddeutsche Zeitung

☐ Frankfurter Rundschau

☐ Westfälische Nachrichten

☐ Frankfurter Allgemeine Zeitung

☐ Die Welt

Hier wäre für jede Antwortmöglichkeit auf die Frage eine neue Variable zu bilden. Jede Variable besäße die Ausprägungen *bekannt, nicht bekannt*.

Die Antwortmöglichkeiten müssen zur Erfassung numerisch kodiert werden. Das bedeutet, dass jeder Antwort eine Zahl zugewiesen wird. In R ist es nicht notwendig, kategoriale Variablen numerisch zu kodieren. Die ordinalen Merkmale müssen aber auf jeden Fall numerisch erfasst werden. Ob allerdings z.B. eine Zufriedenheitsskala negative und positive Werte enthält oder nur aus positiven Werten besteht, spielt für die Erfassung keine Rolle. Bei der Präsentation der Daten sollte das allerdings berücksichtigt werden, da durch verschiedene Präsentationsarten unterschiedliche Effekte erreicht werden können.

Ist ein Merkmal für eine Beobachtungseinheit nicht erfasst worden, muss dies entsprechend gekennzeichnet werden. In R dient dazu der Wert NA (vgl. Abschnitt 1.5.2). Auch müssen bestimmte Antwortmöglichkeiten gesondert kodiert werden. So kann es von Interesse sein, dass Antwortverweigerungen ausgewertet werden sollen oder dass bestimmte Fragen für einige Personengruppen nicht zutreffen. Solche Antworten müssen mit einem Wert belegt werden, der sich von den üblichen Ausprägungen einer Variablen unterscheidet. Dazu eignen sich beispielsweise negative Zahlen. Wird beispielsweise das Einkommen von Personen abgefragt, kann der Wert -1 eingetragen werden, wenn die Personen eine Antwort verweigern. Möchte man später das Einkommen als Variable auswerten, ohne dabei die Antwortverweigerer in die Berechnung einzubeziehen, schließt man einfach Antworten mit einem Wert kleiner 0 aus.

Sind alle Daten erfasst, ist eine Matrix entstanden, bei der sich in den Zeilen in der Regel die Beobachtungsobjekte (z.B. Personen) und in den Spalten die Merkmale (Variablen) befinden. Diese Matrix (auch *Urliste* genannt) enthält die Rohdaten eines Datensatzes. Ziel der statistischen Deskription ist es nun, die Daten so aufzubereiten, dass die darin enthaltenen Informationen schnell und übersichtlich zugänglich werden. Die Darstellung sollte anschaulich und plausibel sein. Dazu können Daten zusammengefasst und in Tabellen dargestellt werden. Neben der einfachen Aggregation der Werte einer Variablen über ihre Ausprägungen[F] wird zumeist noch die anteilsmässige Verteilung der Merkmale am Gesamtdatenbestand ausgewiesen. Die folgende Tabelle repräsentiert Daten aus dem R-Beispieldatensatz UScereal (enthalten in der Bibliothek MASS). In diesem Datensatz sind verschiedene Merkmale zu 65 verschiedenen Cerealien enthalten. Die folgende Tabelle stellt das Merkmal *Hersteller* (Variable mfr) dar.

Hersteller von Cerealien auf dem amerikanischen Markt *1993*			
Item	Hersteller	Absolute Häufigkeiten h_i	Relative Häufigkeiten π_i
1	G=General Mills	22	0.3385
2	K=Kelloggs	21	0.3231
3	N=Nabisco	3	0.0462
4	P=Post	9	0.1385
5	Q=Quaker Oats	5	0.0769
6	R=Ralston Purina	5	0.0769
	Gesamt n	65	1

Sind in einer Tabelle wie dieser die Häufigkeiten von Beobachtungen dargestellt, spricht man von einer *empirischen Häufigkeitstabelle*. Der Tabelle ist zu entnehmen, dass die 65 verschiedenen Cerealien von sechs verschiedenen Herstellern produziert werden. Dabei sind die Firmen *General Mills* und *Kelloggs* mit den meisten Produkten vertreten. In der letzten Spalte sind die *relativen Häufigkeiten* abgebildet. Die relative Häufigkeit berechnet sich nach folgender Formel:

$$\pi_i = \frac{h_i}{n} \tag{2.1}$$

Die jeweiligen Absolutwerte werden durch die Summe aller Ausprägungen dividiert. Die Gesamtzahl n der Beobachtungen (hier: der Cerealien-Produkte) ergibt sich also aus $n = \sum_{i=1}^{n} h_i$. Die relativen Häufigkeiten können mit 100 multipliziert werden, so dass die Werte als Prozentzahlen interpretierbar sind. Aus der obigen Tabelle lässt sich dementsprechend ablesen, dass *General Mills* 33.85% der untersuchten Cerealien-Produkte produziert hat. Die relativen Häufigkeiten müssen sich innerhalb der Gesamtheit der Daten, auf die sie sich beziehen, zu 1 aufaddieren.

Wie leicht zu ersehen ist, macht eine solche Häufigkeitstabelle nur Sinn, wenn nicht allzu viele Ausprägungen dargestellt werden müssen. In der Regel werden Häufigkeitstabellen auch nur für nominal- und ordinalskalierte Variablen benutzt. Um metrische Variablen in Häufigkeitstabellen darzustellen, ist es notwendig, diese vorher zu *klassifizieren*. Bei der Klassifizierung wird ein metrisches Merkmal in Intervalle unterteilt. Die Intervalle sind in der Regel von gleicher Länge (*äquidistant*), können aber auch unterschiedlich lang sein. Dies macht vor allem dann Sinn, wenn an den äußeren Rändern einer Variablen wenige Ausprägungen weit verstreut vorkommen (z.B. beim Einkommen). Üblicherweise orientiert man sich bei der Einteilung einer Variablen in Klassen an dem Bereich, der die meisten Ausprägungen besitzt. Hier sollte eine äquidistante Einteilung gewählt werden,

---

[F]**Aggregation** bedeutet in diesem Zusammenhang die Zusammenfassung von Werten einer Variablen nach bestimmten Ausprägungen

so dass nicht allzu große Häufigkeiten sich auf sehr wenige Klassen konzentrieren. Durch eine Klassifizierung wird aus einem stetigem Merkmal ein diskretes Merkmal. Dies ist mit einem Informationsverlust verbunden, der allerdings der besseren Übersichtlichkeit wegen in Kauf genommen wird. Bei der Klassifizierung muss berücksichtigt werden, wie die Klassen gebildet werden: hier wird zwischen linksoffenen und rechtsoffenen Intervallen unterschieden. Der Unterschied besagt, ob der Wert an der Klassengrenze gerade noch im Intervall liegt oder ob nur Werte bis genau unter der Klassengrenze innerhalb der Klasse liegen. Am Beispiel des Kaloriengehalts der Cerealienprodukte aus dem Beispieldatensatz `UScereal` soll eine Klassifizierung vorgenommen werden:

über... bis einschl.	Kategorie	h_k	π_k
0...50	1:very.low	1	0.015
50...100	2:fairly.low	10	0.154
100...150	3:low	33	0.508
150...250	4:medium	18	0.277
250...400	5:high	2	0.031
400...Max.	6:very.high	1	0.015

Um das Merkmal `calories` deskriptiv darzustellen, wurde es zunächst in sechs verschiedene Klassen eingeteilt. Metrische Merkmale haben in der Regel viele Ausprägungen. Theoretisch sind es ja unendlich viele, wenn ein metrisches Merkmal stetig ist. Die Darstellungsmöglichkeiten nichtmetrischer Merkmale lassen sich daher nicht einfach übertragen. Im Beispiel wurde für die verschiedenen Klassen eine unterschiedliche Klassenbreite gewählt. So konnte der stark besetzte Wertebereich zwischen 50 und 250 Kalorien mit einer höheren Genauigkeit dargestellt werden als die weniger stark besetzten Bereiche.

Um in R eine Klassifizierung der Daten zu erreichen, ist es notwendig, die Bibliothek `car` (Companion to applied Regression) in das System zu laden. Sollte die Bibliothek nicht vorhanden sein, lässt sie sich aus dem Internet herunterladen (vgl. Abschnitt 1.8). Diese Bibliothek stellt einen Befehl zur Verfügung, der zur Klassifizierung von metrischen Daten genutzt werden kann: `recode`. Mit Hilfe dieser Funktion kann eine metrische Variable in eine kategoriale Variable umgewandelt und klassifiziert werden. Im Folgenden wird der Einsatz dieses Befehls am Beispiel der obigen Klassifizierung verdeutlicht:

Progammbeispiel 2.4

```
cal.kat <- recode(UScereal$calories, "0:50='1:very.low';
    50:100='2:fairly.low'; 100:150='3:low'; 150:250='4:medium';
    250:400='5:high'; 400:max(UScoroal$calorios)='6:very.high';
    else=NA",as.factor.result=TRUE)
```

Als erstes Argument wurde die metrische Variable übergeben, die klassifiziert werden soll (`UScereal$calories`). Anschließend werden die Klassfizierungen in Anführungszeichen eingeschlossen angegeben. Dabei ist die Form `von:bis='Kategorie'` zu verwenden. Die Reihenfolge, in der die Kategorisierungen angegeben werden ist dabei von Bedeutung. Im Beispiel werden zunächst alle Werte zwischen 0 und 50 der Kategorie `very.low` zugeordnet. Danach werden der zweiten Kategorie alle Werte von 50 bis 100 zugeordnet. Der Wert der Intervallgrenze (hier die 50) wurde bereits der ersten Kategorie zugeordnet und kommt daher nicht mehr vor. Die zweite Kategorie enthält nun demnach alle Werte von *über* 50 bis *einschließlich* 100. Möchte man eine Kategorisierung erreichen, bei der die zweite Kategorie alle Werte von *genau* 50 bis *unter* 100 enthält, muss diese Kategorie *vor* der ersten Kategorie definiert werden. Dieses Prinzip findet sich in vielen Softwarepaketen wieder.

Die einzelnen Kategorisierungen sind mit einem Semikolon (;) voneinander zu trennen. Um wirklich alle Werte abzufangen, lässt sich die Option `else` angeben, mit der alle Werte umkodiert werden, die nicht durch eine explizite Kategorisierung aufgefangen wurden.

Im Beispiel 2.4 ist eine Schwäche des Befehls `recode` zu erkennen: Als Ergebnis dieser Operation erhält man einen Vektor mit der gleichen Länge des ursprünglichen (metrischen) Vektors. Dieser Vektor ist vom Typ `factor`. Bei der Umwandlung in einen Faktor ordnet R dem neuen Faktor eine eigenen Sortierung zu. Gibt man als Kategorienamen Zahlen an, werden die einzelnen Kategorien entsprechend der Zahlenfolge aufsteigend geordnet. Gibt man einzelne Buchstaben an (Kategorie A, Kategorie B, etc.) werden die Kategorien alphabetisch geordnet. Diese Sortierung wird auch durchgeführt, wenn Bezeichnungen als Kategorienamen vergeben werden. Hätte man im Beispiel 2.4 demnach auf die Zahlen *vor* den Kategorienamen (`very.low`, etc.) verzichtet, währen die Kategorien alphabetisch geordnet worden (`fairly.low`, `high`, `low`, etc.). Um dies zu verhindern, wurde die Zahlen vor den Kategorienamen gesetzt. Die Punkte in den Kategorienamen sind notwendig, da Leerzeichen von R nicht akzeptiert werden.

Wer formatierte Ausgaben aktueller Statistik-Software (z.B. SPSS für Windows 7 aufwärts) gewohnt ist, wird hier von der reinen Textausgabe des R-Systems eventuell enttäuscht sein. Allerdings war eine grafisch hochwertig aufgearbeitete Ausgabe von Tabellen kein zentrales Anliegen bei der Entwicklung von R. Wer R im Zusammenhang mit HTML oder L^AT_EX nutzen möchte, wird sich schnell für die Manipulationsmöglichkeiten und das Zusammenspiel von R und solchen Markup Sprachen begeistern können. Allerdings muss man sich auf ein wenig Programmiertätigkeit einlassen, für die das Ergebnis reichlich entschädigt. Wer schnell einige formatierte Tabellen benötigt, an denen wenig weitere Formatierungen vorgenommen werden sollen, greift hier besser auf ein anderes Statistiksystem zurück. Ab der R Version 1.6.1 steht eine Schnittstelle zwischen R und Excel zur Verfügung (siehe Seite 41). Über diese Schnittstelle ist es möglich, Exceltabellen in R einzulesen und umgekehrt R-Code aus Excel heraus auszuführen. Somit könnte eine Tabelle auch mit Excel erstellt werden, obwohl die eigentliche Analyse in R stattfindet.

Nachdem die notwendige Software installiert wurde, steht in Excel der neue Menüpunkt `RExcel` zur Verfügung. Das Menü ist in Abbildung 2.1 zu sehen.

R wird nun innerhalb von Excel über dieses Menü gestartet. Dabei öffnet sich nicht etwa die R Konsole; vielmehr läuft R im Hintergrund als Prozess, ohne selber in Erscheinung zu treten. Mit den Menüeinträgen `Get` und `Put` können Variablen zwischen R und Excel hin- und herbewegt werden. Liegen beispielsweise Daten in einer Exceltabelle vor, so kann nun ein Bereich markiert und mit `Put` als Variable an R übergeben werden. Umgekehrt lässt sich eine Variable aus R mit `Get` in Excel übertragen. Dabei werden die einzelnen Ausprägungen der Variablen in einzelne Zellen von Excel geschrieben. Darüber hinaus kann R-Code in eine Excel Zelle geschrieben werden, der dann über das RExcel Menü ausgeführt wird.

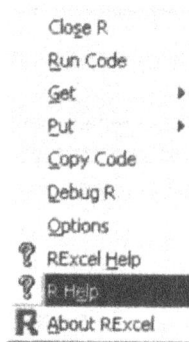

Abbildung 2.1: Das Add-In Menü der R zu Excel Schnittstelle in Excel

Die Ergebnisse lassen sich wiederum in Excel einlesen und können hier weiterverarbeitet werden.

Müssen viele umfangreiche Tabellen z.B. bei der Auswertung eines größeren Datensatzes erstellt werden, lohnt es sich wiederum, auf die Automatisierungsmöglichkeiten von R alleine zurückzugreifen.

Dazu wird hier eine Möglichkeit der Programmierung vorgestellt. Mit Hilfe des Befehls summary lässt sich zwar ein Überblick über eine Variable erstellen, für viele Zwecke ist diese Ausgabe jedoch nicht ausreichend. Die folgende Funktion übernimmt die Aufgabe, aus einem Vektor eine Matrix mit den absoluten und relativen Häufigkeiten zu erstellen. Der Vektor wird dabei in eine Variable vom Typ `factor` gewandelt. Sinnvoll ist diese Form der Tabelle somit nur für Variablen mit Nominal- oder Ordinalskalenniveau (Grundlegendes zur Erstellung von Funktionen in R vgl. Abschnitt 1.6).

Progammbeispiel 2.5

```
freq.table <- function(x,na.rm=F,digs=3){
    if(is.factor(x)==FALSE){
        x <- as.factor(x)
        }
    abs.H <- summary(x)
    rel.H <- round((summary(x)/length(x)),digs)
    if (na.rm) {
        abs.H <- summary(na.omit(x))
        rel.H <- round((summary(na.omit(x))/length(na.omit(x)))
        ,digs)
            }
    tab <- data.frame(abs.H,rel.H)
    return(tab)
}
```

Mit dem Programmbeispiel 2.5 wird die Funktion `freq.table()` zur Verfügung gestellt. Dieser Funktion können drei Parameter übergeben werden. Zwei davon besitzen bereits sinnvolle Voreinstellungen (Defaults) die optional verändert werden können. Obligatorisch muss ein Vektor an die Funktion übergeben werden. Dieser Vektor wird zunächst in einen

Vektor vom Typ `factor` umgewandelt, falls er nicht bereits als Faktorenvektor eingegeben wird (`if(is.factor(x)==FALSE)`). Im Wesentlichen wird dann auf die `summary` Funktion zurückgegriffen, die ja bereits die wichtigsten Statistiken erstellt. In der Rundungsfunktion `round` greift die Funktion auf den optionalen Parameter `digs` zu, in dem angegeben wird, wieviele Nachkommastellen ausgegeben werden sollen. In der fortgeschrittenen Programmierung ersetzt man diese Angabe durch einen Algorithmus, der eine sinnvolle Anzahl von Nachkommastellen aus dem Ergebnis berechnet (vgl. Thomson (1989)). Es kann vorkommen, dass ein Vektor fehlende Werte besitzt (`NA`, vgl. Abschnitt 1.5.2). Wird dieser Umstand außer Acht gelassen, werden die fehlenden Werte in die Berechnung der relativen Häufigkeiten mit einbezogen. Um dieses auszuschließen, lässt sich die Option `na.rm` (`na.rm` für `NA remove`) auf `TRUE` setzen. Dadurch werden fehlende Werte aus der Berechnung ausgeschlossen und die Berechnung der relativen Häufigkeiten bezieht sich nur auf die Anzahl der Beobachtungen, für die Angaben vorliegen.

Für viele tabellarische Ausgaben in R ist das Paket `xtable` gut zu verwenden. Mit Hilfe dieser Bibliothek können Tabellen im HTML Format oder als LaTeX-Tabellen ausgegeben werden. Lässt man sich das Ergebnis dann in eine Datei statt in die Konsole ausgeben (vgl. S. 40), können schnell HTML bzw. LaTeX Dokumente erstellt werden. Gemeinsam mit der Funktion `freq.table` aus Programmbeispiel 2.5 können bereits gute Tabellen erzeugt werden. Als Beispiel wird die Tabelle auf Seite 60 als HTML Tabelle mit Hilfe des Paketes `xtable` erzeugt. Um das Beispiel nachvollziehen zu können muss zum einen das Paket installiert sein, des Weiteren muss das Programmbeispiel 2.5 in R eingelesen worden sein. Die Variable `cal.kat` wurde im Programmbeispiel 2.4 erstellt.

Progammbeispiel 2.6

```
library(xtable)
# Einlesen des Programms freq.table
source("freq.table.R")
tab <- freq.table(cal.kat)
# Speichern der Ausgabe von xtable in eine Variable
xtable.obj <- xtable(tab,
        caption = "<b>Kaloriengehalt in Cerealien</b>",
        align = c("l","r","r","r"))
# Start der Ausgabe an eine Datei
sink("tabelle.html")
print(xtable.obj, type = "html")
sink()
```

Nachdem die Bibliothek `xtable` geladen wurde (`library(xtable)`), wird das Programm `freq.table` aus Programmbeispiel 2.5 mittels des `source`-Befehls eingelesen. Dazu wurde der Code für `freq.table` in die Datei `freq.table.R` geschrieben und in das Arbeitsverzeichnis[G] gespeichert. Die mit `freq.table` erzeugte Häufigkeitstabelle wurde als Variable im Objekt `tab` gespeichert. Dieses Objekt kann nun mit `xtable` in eine HTML-Tabelle umgewandelt werden. Dazu wird dem Befehl `xtable` die Option `type="html"` übergeben. Das Ergebnis wird in die Datei `tabelle.html` im Arbeitsverzeichnis gespeichert. Diese Datei lässt sich mit einem Internetbrowser öffnen. Das Ergebnis ist in Abbildung 2.2 zu sehen.

[G]Über `getwd()` zu ermitteln

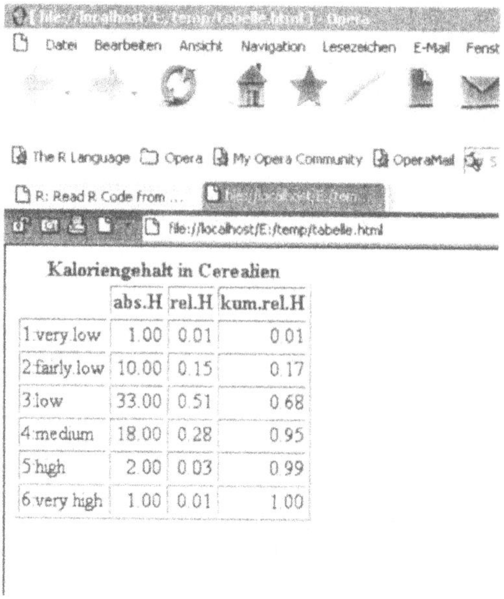

Kaloriengehalt in Cerealien

	abs.H	rel.H	kum.rel.H
1:very.low	1.00	0.01	0.01
2:fairly.low	10.00	0.15	0.17
3:low	33.00	0.51	0.68
4:medium	18.00	0.28	0.95
5:high	2.00	0.03	0.99
6:very.high	1.00	0.01	1.00

Abbildung 2.2: Ausgabe einer Tabelle als HTML-Datei mittels `xtable`

Für empirische Daten lässt sich die Tabelle um eine weitere Spalte erweitern (vgl. auch Abb. 2.2). In dieser Spalte werden die relativen Häufigkeiten aufkumuliert. Die aufkumulierten relativen Häufigkeiten von Beobachtungen werden *empirische Verteilungsfunktion* genannt. Mit Hilfe der in Programmbeispiel 2.5 erzeugten Tabelle lässt sich die Kumulation der relativen Häufigkeiten einfach erzeugen. Das Ergebnis der Funktion `freq.table` wird als `data.frame` ausgegeben und in einer Variablen gespeichert:

```
tab <- freq.table(cal.kat)
```

Die relativen Häufigkeiten können nun mit `tab$rel.H` als Vektor aufgerufen werden. Die R-Funktion `cumsum` erledigt die Kumulation:

```
> tab$rel.H
  1:very.low 2:fairly.low  3:low  4:medium  5:high  6:very.high
       0.015        0.154  0.508  0.277     0.031   0.015
> cumsum(tab$rel.H)
[1] 0.015 0.169 0.677 0.954 0.985 1.000
```

Relative Häufigkeiten kumulieren sich immer zum Wert 1 (entspricht 100% der Beobachtungen) auf. Mit Hilfe der empirischen Verteilungsfunktion lassen sich nun Aussagen treffen wie *„Fast 68 Prozent der Cerealienprodukte haben einen geringen Kaloriengehalt (bis Kategorie 3 "low")"* oder *„Nur ca. 5 Prozent der Produkte haben einen hohen Kaloriengehalt (Kategorien 5 und 6)"*.

2.4 Maßzahlen zur statistischen Deskription

Möchte man einen Datensatz über die einfache Verteilung von Anteilswerten hinaus beschreiben, werden Lagemaße genutzt. Lagemaße sind Werte, mit denen charakteristische Eigenschaften einer Verteilung summarisch wiedergegeben werden können. Dabei sind zwei Charaktereigenschaften von besonderem Interesse: die zentrale Tendenz einer Verteilung und die Streuung einer Verteilung.

2.4.1 Maße der zentralen Tendenz

Das konzeptuell einfachste Lagemaß der zentralen Tendenz ist der *Modalwert*, auch *Modus* genannt. Der Modus M ist die häufigste Merkmalsausprägung eines Datensatzes. Der Wert also, der die größte absolute Häufigkeit aufweist. Die formale Einfachheit dieser Maßzahl erlaubt es, dass der Modus für jedes Skalenniveau festgestellt werden kann. Zwar lässt sich für eine Nominalskala aus dem Modus keine zentrale Tendenz der Verteilung herleiten (Litz, 1997, S. 73), das Wissen um die häufigste Ausprägung kann dennoch als sinnvolle Information betrachtet werden. Für höhere Skalenniveaus ist der Modus als Angabe zur zentralen Tendenz interpretierbar, falls eine einigermaßen symmetrische Verteilung vorliegt.

Ein weiteres Lagemaß, mit dem die zentrale Tendenz einer Verteilung gekennzeichnet wird, ist der Median $\tilde{x}$. Der Median kennzeichnet den Wert einer Verteilung, bis zu dem 50% aller Beobachtungen vorliegen. Für unklassifizierte Daten wird der Median als mittlerer Wert der geordneten Beobachtungen bestimmt. Die Beobachtungen werden zunächst der Größe nach sortiert, anschließend wird der Wert in der Mitte aller Beobachtungen abgezählt. Bei einer geraden Anzahl von Beobachtungen ist der Wert „in der Mitte" über

$$\tilde{x} = 0.5 \cdot \left(X_{\frac{n}{2}} + X_{\frac{n}{2}+1} \right) \tag{2.2}$$

zu berechnen. Der Wert selber kommt demnach in den tatsächlichen Ausprägungen der Verteilung nicht unbedingt vor. Anders bei einer ungeraden Anzahl von Werten. Dort ist der Median der Wert an der Stelle

$$\tilde{x} = X_{\frac{n+1}{2}} \tag{2.3}$$

zu finden. Folgendes Beispiel veranschaulicht die Vorgehensweise:

Progammbeispiel 2.7

```
> x <- c(16,13,18,20,9,14,17)
> n <- length(x)
> matrix(c(sort(x),1:n),n,2)
```

Als Ausgabe erhält man die folgende Matrix:

x	n
9	1
13	2
14	3
16	4
17	5
18	6
20	7

Da die Anzahl der Beobachtungen n hier ungerade ist, wird nun entsprechend der Formel 2.3 der vierte Wert als Median ermittelt ($\tilde{x} = 16$). R liefert dieses Ergebnis durch die Eingabe von `median(x)`, da der Median als Funktion `median` entsprechend dieser Formeln implementiert ist.

Möchte man den Median für klassifizierte Daten ermitteln, muss innerhalb der *medialen Klasse* ein Wert interpoliert werden, der dem Median nahekommt. Demnach ist zunächst die mediale Klasse zu ermitteln. Dazu wird auf die empirische Verteilungsfunktion zurückgegriffen (siehe S. 64). Die mediale Klasse ist diejenige, in der die empirische Verteilungsfunktion (also die aufkumulierten relativen Häufigkeiten) den Wert 0.5 (entspricht 50% der Verteilung) überschreitet. Innerhalb dieser Klasse muss sich der tatsächliche Median befinden. Er kann linear interpoliert werden:

$$\tilde{x}_k = u_k + \frac{0.5 - F(X_{k-1})}{F(X_k) - F(X_{k-1})} \cdot c_k \tag{2.4}$$

Dabei ist $\tilde{x}_k$ der klassifizierte Median, u_k der untere Klassenrand in der medialen Klasse, $F(X_k)$ der Wert der empirischen Verteilungsfunktion für die mediale Klasse und $F(X_{k-1})$ der entsprechende Wert für die darunterliegende Klasse. Als praktisches Beispiel zur Berechnung des interpolierten Medians soll nochmal auf die Tabelle der klassifizierten Kalorienwerte zurückgegriffen werden (siehe S. 60). Die aufkumulierten relativen Häufigkeiten konnten mittels der Funktion `cumsum` ermittelt werden (vgl. S. 64). Der Wert 0.5 wird in der dritten Klasse (Ausprägung *low*) mit 0.677 überschritten. Die gegebenen Werte für Formel 2.4 lauten somit:

$u_3 = 100$

$o_3 = 150$

$c_3 = 50$

$F(X_{k-1}) = 0.169$

$F(X_k) = 0.677$

Eingesetzt ergibt sich nun:

```
> 100+((0.5-0.169)/(0.677-0.169)*50)
[1] 132.5787
```

Der interpolierte Median wurde hier als 132.5787 ermittelt.

Das bekannteste Maß der zentralen Tendenz ist das *arithmetische Mittel*, umgangssprachlich auch Durchschnittswert genannt. Das arithmetische Mittel oder auch Mittelwert kennzeichnet einen berechneten Wert, der in der Mitte aller Vorhandenen liegt. Der Mittelwert selber muss nicht in der tatsächlich vorhandenen Verteilung vorkommen. Er stellt nur eine gedachte (konstruierte) Mitte einer vorhandenen Verteilung dar. Berechnet wird das arithmetische Mittel über:

$$\bar{x} = \frac{1}{n} \sum_{i=1}^{n} x_i \tag{2.5}$$

Dabei steht x_i für die einzelnen Ausprägungen der Verteilung. Diese werden aufsummiert und anschließend wird die Summe dieser Werte durch die Anzahl aller vorhandenen Werte dividiert. Die meisten Leser werden diese Prozedur vom Zeugnistag her kennen. In R ist das arithmetische Mittel als Funktion implementiert. Übergibt man einen Vektor an die Funktion mean wird das arithmetische Mittel der Werte in diesem Vektor berechnet. Liegen Informationen tabelliert vor, lässt sich der Mittelwert über die absoluten und relativen Häufigkeiten ermitteln:

$$\bar{x} = \sum_{i=1}^{n} x_i \cdot \pi_i \tag{2.6}$$

Sind die Daten darüber hinaus klassifiziert, muss die Formel für das arithmetische Mittel entsprechend modifiziert werden:

$$\bar{x} = \sum_{k=1}^{K} m_k \cdot \pi_k \tag{2.7}$$

Dabei ist k die jeweilige Klasse und m_k die Mitte dieser Klasse. Daraus wird ersichtlich, dass das so berechnete arithmetische Mittel nur ein Näherungswert sein kann, da durch die Klassifizierung der Daten Informationen verloren gehen.

Als letztes Tendenzmaß soll das geometrische Mittel vorgestellt werden. Dieses spezielle Maß wird als zentrale Tendenz für Wachstumsprozesse eingesetzt. Liegen Beobachtungen über Wachstum in verschiedenen Jahren t vor (z.B. als Prozentangaben p_i), so lässt sich deren Mittel über

$$\bar{x}^g = \sqrt[t]{\prod_{i=1}^{n} w_i} \tag{2.8}$$

berechnen. Dabei ist zu beachten, dass bei der Angabe von Absolutwerten jeweils der Wachstumsfaktor w_i als Quotient aus zwei aufeinander folgenden Werten gebildet werden muss.

Es sei beispielsweise bekannt, dass eine Gemeinde zum Zeitpunkt t 100 000 Einwohner hat und die Einwohnerzahl fünf Jahre später auf 124 000 Einwohner gewachsen ist. Weitere fünf Jahre später ist die Bevölkerung auf 136 000 Einwohner gewachsen. Um nun festzustellen, wie groß dass durchschnittliche Wachstum in den vergangenen zehn Jahren war, müssen zunächst die Wachstumsfaktoren aus den Daten ermittelt werden:

$$w_t = \frac{x_t}{x_{t-1}}$$

Demnach erhält man als Wachstumsfaktoren $w_1 = 1.24$ und $w_2 = 1.0968$. Aus diesen Wachstumsfaktoren lässt sich nun das durchschnittliche Wachstum in den vergangenen zehn Jahren mittels des geometrischen Mittels berechnen:

$$\bar{x}^g = \sqrt[10]{1.24 \cdot 1.0968} = 1.031226$$

Der Wert 1.031226 ist nun der durchschnittliche Wachstumsfaktor für die vergangenen zehn Jahre. Subtrahiert man hiervon den Wert 1 erhält man die Wachstumsrate. Die Bevölkerung ist in diesem Beispiel demnach in den vergangenen zehn Jahren pro Jahr um 3.1226 Prozent gewachsen.

Der Einsatz verschiedener Lagemaße

Die verschiedenen Lagemaße sind für unterschiedliche Skalenniveaus unterschiedlich geeignet. Die folgende Tabelle liefert einen Überblick zu den verschiedenen Maßzahlen.

	Merkmal X ist ...		
	nominal- *skaliert*	*ordinal-* *skaliert*	*intervall-* *skaliert*
anwendbare Lagemaße	Modus	Modus	Modus
		Median	Median
			arith. Mittel

Neben der unterschiedlichen Anwendbarkeit für verschiedene Skalentypen ist auch das Kriterium der *Robustheit* ein wichtiges Entscheidungskriterium für den Einsatz von Mittelwerten. Die Bedeutung der Robustheit soll an folgendem Beispiel verdeutlicht werden:

Es wird von folgenden fünf Werten als Mittelwert jeweils der Median und das arithmetische Mittel bestimmt:

$$5, 7, 11, 12, 13$$

Der Median ist nach Formel 2.3 als $\tilde{x} = 11$ zu bestimmen. Das arithmetische Mittel wird nach Formel 2.5 mit $\bar{x} = 9.6$ berechnet. Angenommen, bei der Eingabe dieser fünf Werte in ein Datenverarbeitungsprogramm sei ein Fehler aufgetreten. Als Resultat erhält man diese fünf Werte:

$$5, 7, 11, 120, 13$$

Obwohl der vierte Wert jetzt 120 statt 12 beträgt, bleibt das Resultat für den Median gleich: $\tilde{x} = 11$. Das arithmetische Mittel hingegen wird durch den Fehler dramatisch beeinflusst: $\bar{x} = 31.2$.

Während der Median sich robust gegenüber Ausreißern verhält, wird das arithmetische Mittel durch Ausreißer stark beeinflusst. Wenn das Skalenniveau es erlaubt, sollten demnach möglichst Median und arithmetisches Mittel ausgewiesen werden. So können auch mögliche Fehler im Datensatz ggf. schneller aufgedeckt werden.

2.4.2 Streuungsmaße

Am einfachsten lässt sich die Streuung einer Verteilung durch das Minimum und das Maximum charakterisieren. In R werden diese Werte mittels **min** und **max** ermittelt. Auch der Befehl **range** liefert diese beiden Werte als Vektor. Um die Streuung einer Verteilung abschätzen zu können liefern die *Quantile* wertvolle Dienste. Mit dem n-ten Quantil werden $n\%$ der Verteilung abgedeckt. Ein bekanntes Quantil wurde bereits als Maß der zentralen Tendenz vorgestellt: der Median. Der Median teilt die der Größe nach geordneten Merkmalsausprägungen nach der Hälfte. Somit ist der Median gleichzeitig das 50%-Quantil oder $Q_{0.5}$. Spezielle Quantile sind die Quartile. Quartile teilen eine Verteilung in vier gleich große Bereiche auf: 0-25%, 25-50%, 50-75%, 75-100%. Quartile gehören in der Regel zur Standardausgabe einer deskriptiven Statistik. Angegeben werden jeweils die Merkmalsausprägungen an den Stellen $Q_{0.25}$, $Q_{0.5}$ und $Q_{0.75}$. In R werden die Quantile mit der Funktion `quantile` abgerufen. Die Voreinstellung liefert Quartile als Ausgabe. Diese Voreinstellung lässt sich allerdings auch ändern, wie im Folgenden anhand einer beliebigen Variable gezeigt wird:

Progammbeispiel 2.8

```
> quantile(x)
    0%    25%    50%    75%   100%
-19.00  -5.75  -4.00  -1.50  27.00
> quantile(x,probs=seq(0,1,0.1))
   0%   10%   20%   30%   40%   50%   60%   70%   80%   90%  100%
-19.0 -14.5  -7.6  -5.3  -4.4  -4.0  -3.6  -2.4   0.2   7.2  27.0
> summary(x)
   Min. 1st Qu.  Median    Mean 3rd Qu.    Max.
 -19.00   -5.75   -4.00   -2.40   -1.50   27.00
```

Im ersten Aufruf von `quantile` wurde die Standardeinstellung übernommen und die Quartile wurden ausgegeben. Im zweiten Aufruf wurde der Option `probs` mit Hilfe der Funktion `seq` (vgl. S. 49) ein Vektor mit den gewünschten Quantilen übergeben. So wurde in diesem Beispiel die Ausgabe von Dezilen erzeugt.[H]

Mit den bisherigen Angaben lässt sich bereits eine grundlegende deskriptive Statistik erstellen. In R werden Minimum, Maximum und die Quartile mittels der Funktion `summary` (vgl. S. 35) abgerufen. Das wurde im Beispiel 2.8 nochmals demonstriert.

Um die Streuung der Merkmalsausprägungen zu kennzeichnen, wird aus den Quartilen der *Interquartilsabstand* gebildet. Der Interquartilsabstand kennzeichnet die mittleren 50 Prozent einer Verteilung: $Q_{0.75} - Q_{0.25}$. Auch der *Range* wird gerne als eine Maßzahl angegeben, wobei das Minimum vom Maximum subtrahiert wird. Quantile, Minimum und Maximum sind Kennwerte, mit denen die Lage der Verteilung beschrieben werden kann. Sie werden insbesondere zur Beschreibung der Streuung eingesetzt. Das gebräuchlichste Maß zur Beschreibung der Streuung in der Statistik ist jedoch die *Varianz*. Die Varianz stellt ein größennormiertes Maß dar, mit dem die gesamte Variation eines Datensatzes summarisch wiedergegeben werden kann. Die Varianz bezieht sich auf den Mittelwert der Verteilung in dem sie die durchschnittliche quadrierte Abweichung vom Mittelwert berechnet:

$$\sigma^2 = \frac{\sum\limits_{i=1}^{n}(x_i - \bar{x})^2}{n} \tag{2.9}$$

Da die Summe der Einzelabstände vom Mittelwert $\sum_{i=1}^{n} x_i - \bar{x}$ gleich 0 ist, werden diese Abstände quadriert. Die Summe der quadrierten Abstände spielt in vielen Fällen eine weitere Rolle und wird daher als *Summe der Abstandsquadrate* oder englisch *Sum of Squared Deviations* bezeichnet. Durch die Quadrierung der Abstände wird auch die Varianz

---

[H]Während *Quantil* als Oberbegriff verstanden wird, werden bestimmte Einteilungen mit eigenen Namen versehen. So stellt ein *Dezil* ein Zehntel der Verteilung, ein *Quartil* ein Viertel der Verteilung und ein *Quintil* ein Fünftel der Verteilung dar. Üblich ist auch die Angabe in Prozentwerten. Diese werden als *Perzentile* bezeichnet.

in quadrierten Einheiten gegenüber den ursprünglichen Merkmalsausprägung angegeben. Um die Varianz in ein Maß zu transformieren, welches in den gleichen Einheiten wie die Ausgangsdaten gemessen wird, berechnet man die Quadratwurzel:

$$\sigma = \sqrt{\frac{1}{n}\sum_{i=1}^{n}(x_i - \bar{x})^2} \tag{2.10}$$

Das resultierende Maß wird *Standardabweichung* genannt und durch das griechische Sigma (σ) symbolisiert. In R lassen sich Varianz und Standardabweichung leicht berechnen. Für die Varianz steht die Funktion var zur Verfügung, für die Standardabweichung die Funktion sd (sd=*Standard Deviation*). Dabei ist zu beachten, dass es sich dabei jeweils um die *empirische Varianz* bzw. um die *empirische Standardabweichung* handelt. Diese Funktionen sind daher nur auf Stichproben anzuwenden. Im Unterschied zu den bisher vorgestellten Berechnungen für Varianz und Standardabweichung wird dabei im Nenner statt n, $n-1$ verwendet. Formel 2.9 muss demnach folgendermaßen modifiziert werden:

$$s^2 = \frac{\sum\limits_{i=1}^{n}(x_i - \bar{x})^2}{n-1} \tag{2.11}$$

Werden statistische Kennwerte für eine Stichprobe statt für eine Gesamterhebung berechnet, werden sie mit lateinischem statt mit griechischem Buchstaben bezeichnet. Die nach Formel 2.11 berechnet Varianz wird als *erwartungstreu* geschätzte Varianz bezeichnet. Die Bedeutung dieser Vorgehensweise wird im Abschnitt 6.1.1 erläutert.

Möchte man für eine Variable bzw. einen Vektor nicht die Stichprobenvarianz sondern die Varianz der Grundgesamtheit (n statt $n-1$ im Nenner) errechnen, muss diese selber programmiert werden. Zwar lässt sich Formel 2.9 einfach in R nachbilden, dennoch ist es an dieser Stelle sinnvoll, zunächst eine Umformung dieser Formel vorzunehmen:

$$\frac{1}{N}\sum(x_i - \bar{x})^2$$
$$= \frac{1}{N}\sum(x_i^2 - 2x_i\bar{x} + \bar{x}^2)$$
$$= \frac{1}{N}\sum x_i^2 - 2\bar{x}\frac{1}{N}\sum x_i + \bar{x}^2$$
$$= \frac{1}{N}\sum x_i^2 - 2\bar{x}\bar{x} + \bar{x}^2$$
$$= \frac{1}{N}\sum x_i^2 - 2\bar{x}^2 + \bar{x}^2$$
$$= \frac{1}{N}\sum x_i^2 - \bar{x}^2$$

Bei der Umformung sind die binomischen Lehrsätze zu beachten. Die Summenindizes wurden der Einfachheit halber weggelassen.

Liegen statt der Einzelwerte klassifizierte Daten vor, ist die folgende Formel zur Berechnung der Varianz anzuwenden:

$$\sigma^2 = \frac{1}{n}\sum_{i=1}^{k}(m_i - \bar{x})^2 \cdot h_i \tag{2.12}$$

Die Abstandsquadrate werden hier also über die Klassenmitten berechnet und anschließend mit der absoluten Häufigkeit der Klasse multipliziert. Ähnlich wird vorgegangen,
wenn die Daten gruppiert vorliegen, wenn also aus den Daten entnommen werden kann:
Wert i kommt h-mal vor.

$$\sigma^2 = \frac{1}{n} \sum_{i=1}^{n} (x_i - \bar{x})^2 \cdot h_i \qquad (2.13)$$

Für den Umgang mit klassifizierten Daten soll hier noch die entsprechende Formel in R angegeben werden. Diese Formel ist nicht implementiert. Falls man die Standardabweichung
für klassifizierte Daten berechnen möchte, ist Formel 2.12 entsprechend umzustellen, damit
sich die Varianz leicht errechnen lässt. Zur Demonstration wird auf Tabelle 2.3 (Seite 60)
zurück gegriffen. Diese Tabelle wird hier entsprechend um den Wert für die Klassenmitte
m_k erweitert:

über... bis einschl.	Kategorie	h_k	m_k
0...50	1:very.low	1	25
50...100	2:fairly.low	10	75
100...150	3:low	33	125
150...250	4:medium	18	175
250...400	5:high	2	325
400...Max.	6:very.high	1	420

Der Wert für die Klassenmitte der untersten Klasse (400 bis Max) muss in der Regel
geschätzt werden. Im vorliegenden Fall kann er leicht aus dem Originaldatenbestand ermittelt werden. Der Vektor mit den Klassenmitten muss nun in R eingelesen werden.
Anschließend können die jeweiligen Klassenhäufigkeiten und die Klassenmitten zur Berechnung des klassifizierten Mittelwertes und der klassifizierten Varianz verwendet werden:

Progammbeispiel 2.9

```
# Klassenmitten
m.k <- c(25,75,125,175,325,420)
# Haeufigkeiten
h.k <- c(1,10,33,18,2,1)
# Anzahl der Faelle
n <- sum(h.k)
# Berechnen des klassifizierten MW
mw.klass <- (1/n)*sum(m.k*h.k)
# Berechnen der klassifizierten Varianz
var.klass  <- (1/n)*sum(m.k^2*h.k)-mw.klass^2
```

Vergleicht man die klassifizierte Standardabweichung (Quadratwurzel aus `var.klass`) von
59.72 mit der Standardabweichung des Originalwertes (61.93), wird der Informationsverlust durch die Klassifizierung deutlich: Der klassifizierte Wert stellt lediglich eine Approximation des tatsächlichen Wertes dar.

2.5 Verteilungsformen

Anhand von Mittelwert und Streuung werden Maßzahlen zur Lage der Verteilung angegeben. Darüber hinaus gibt es Kennzahlen, mit denen die Form der Verteilung beschrieben werden kann. Dies sind im Wesentlichen die Schiefe und die Kurtosis (Wölbung) einer Verteilung. Eine Verteilung kann symmetrisch, links- oder rechtsschief sein. Die Begriffe Links- bzw. Rechtsschiefe werden oft als Begriffspaar mit den entsprechenden Analoga verwendet:

- Linksschief bzw. Rechtssteil

- Rechtsschief bzw. Linkssteil

Der Abbildung 2.3 sind pointierte Beispiele für links- bzw. rechtsschiefe Verteilungen zu entnehmen.

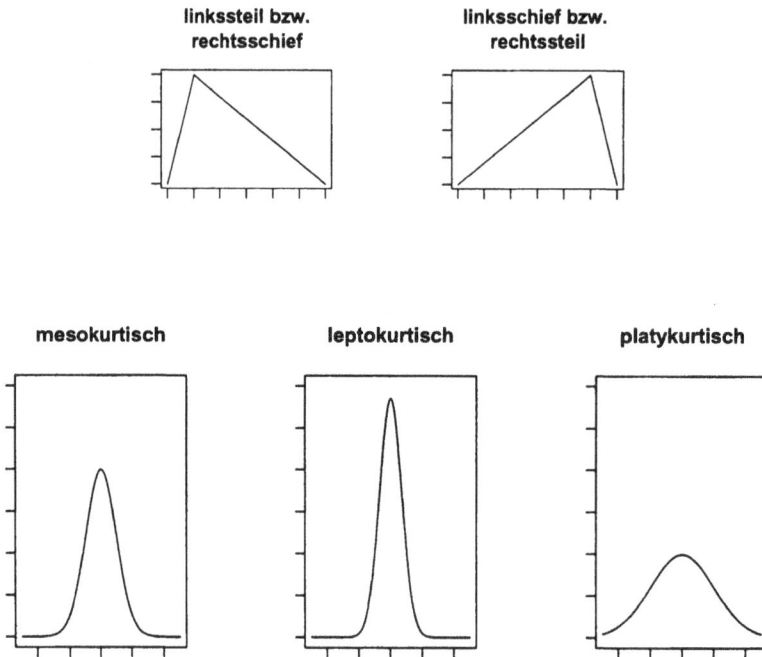

Abbildung 2.3: Formen der Schiefe und Wölbung einer Verteilung

Um nun beurteilen zu können, welcher Form eine Verteilung folgt, berechnet man die Schiefe. Nach Pearson lässt sich die Schiefe folgendermaßen bestimmen:

$$S = \frac{\bar{x} - \text{Modus}}{s} \qquad (2.14)$$

Für eingipfelige Verteilungen gilt somit allgemein, was in der *Fechnerschen Lageregel* zum Ausdruck gebracht wird:

- Ist eine Verteilung linksschief, so ist $\bar{x} < \tilde{x} <$ Modus.

- Ist eine Verteilung rechtsschief, so ist $\bar{x} > \tilde{x} >$ Modus.

Neben der Schiefe wird häufig die Wölbung als weitere Eigenschaft einer Verteilung beschrieben. Mittels der Wölbung kann beschrieben werden, wie flach eine Verteilung verläuft. Im Prinzip lassen sich drei Formen der Wölbung unterschieden. Sie sind in Abbildung 2.3 zu sehen.

2.6 Literatur und Befehlsregister

2.6.1 Literatur

Zur Vertiefung der Inhalte dieses Kapitels wird folgende Literatur empfohlen:

- Zur Einführung: Kann (1967)

- Methodenorientiert: Kreyszig (1988)

- Einführung in die Mathematik: Dörsam (2002)

- Mathematik zum nachschlagen: Gellert (1967)

- Deskriptive Statistik: Wehrt (1984)

- Praxisorientiert: Kröpfl (1994)

- Gut lesbare Einführung, die sich an der amtlichen Statistik orientiert: Wagenführ (1967)

  Matrizenrechnung:

- Einführend: Paul Horst (1963)

- Theoretisch: Shayle Searle (1982)

2.6.2 Kurzregister neuer Befehle

Funktion	Beschreibung	Seite
cumsum()	Kumulation der Werte	64
diag()	Zugriff auf Hauptdiagonale einer Matrix bzw. erstellen einer Identitätsmatrix	49
max()	Maximum eines Objektes	68
mean()	Arithmetisches Mittel eines Objektes	67
median()	Median eines Objektes	66
min()	Minimum eines Objektes	68
quantile()	Berechnet Quantile	69
range()	Berechnet die Spannweite	68
recode()	Kodiert Werte um (z.B. Klassifizierung)	60
rep()	Mehrmalige Wiederholung einer Zahl	48
sd()	Empirische Standardabweichung	70
seq()	Erzeugt eine Zahlensequenz	49
solve()	Berechnet die Inverse	52
source()	Liest R-Code aus einer Datei ein	63
t()	Transponiert eine Matrix	48
var()	Empirische Varianz	70

3 Grafiken mit R

3.1 Deskriptive Grafiken

In diesem Abschnitt werden einige Grafiktypen vorgestellt, die häufig zur Darstellung von Datenmaterial genutzt werden. Gleichzeitig wird erläutert, wie diese Grafiken mit R erzeugt werden können. Es ist unmöglich, die gesamte Bandbreite der in R zur Verfügung stehenden Gestaltungsmöglichkeiten zu besprechen. Tatsächlich stellt die professionelle Erstellung statistischer Grafiken einen der Schwerpunkte bei der Entwicklung von R dar. Neben den Standardgrafiken enthält das Programm die Bibliothek `lattice`, für die sehr weit gehende grafische Möglichkeiten entwickelt wurden. Diese Bibliothek wird im vorliegenden Text nicht besprochen. Besteht der Bedarf an hochwertigen evtl. auch mehrdimensionalen statistischen Grafiken, sei dem Anwender ein Beschäftigung mit dieser Bibliothek jedoch dringend angeraten.[A]

3.1.1 Grundlagen grafischer Darstellung von Daten

Statistische Grafiken haben die Aufgabe, dem Betrachter zentrale Informationen in komprimierter Art zur Verfügung zu stellen. Der Betrachter soll mit einem Blick die notwendigen Informationen erfassen können. Dabei kann eine Grafik selbstverständlich nicht die differenzierte numerische Aufbereitung des Datenmaterials ersetzen. Doch nicht immer ist für die Sichtung ausführlicher Tabellen und Statistiken Zeit oder Kompetenz vorhanden. Bei der Präsentation von statistischen Grafiken kann nur die Grundstruktur des Datenmaterials vermittelt werden. Es ist die Aufgabe des Präsentierenden, auf die Schwächen der Grafiken aufmerksam zu machen und so Lesefehler durch den Betrachter zu vermeiden. Daher ist es wichtig, sich bei der Auswahl von statistischen Grafiken zunächst darüber klar zu werden, was dargestellt werden soll. Dazu sind die folgenden Überlegungen sinnvoll:

- Beruht die Grafik auf der Darstellung *einer* Variablen oder soll die Beziehung zwischen *mehreren* Variablen beleuchtet werden?

- Welches *Skalenniveau* besitzt die darzustellende Variable?

- Sollen prozentuale Anteile oder absolute Werte dargestellt werden?

- In welchen Größenordnungen bewegt sich die Skala der darzustellenden Variablen?

- Welche Aussage soll mit Hilfe der Grafik fokussiert werden?

[A]Die Bibliothek `lattice` entspricht im Wesentlichen der Bibliothek `trellis` in S-Plus. Als Literatur sei Venables und Ripley (2002), Abschn. 4.5 empfohlen.

Über diese inhaltlichen Überlegungen hinaus sind auch rein technische Fragen relevant, die wesentlich zur Qualität einer statistischen Grafik beitragen.

- In welchem Kontext wird die Grafik dargestellt?

- Mit welchem Medium wird die Grafik dargestellt (Buch, Folie, Beamer, Internet)?

- Wie viel Raum nimmt die Grafik im Darstellungsmedium ein?

- Stehen dem Betrachter Farben zur Ansicht der Grafik zur Verfügung?

- Gewährt eine Reproduktion der Grafik den Erhalt aller notwendigen Informationen (Schriftgröße, Farbe, Effekte)?

Da die EDV inzwischen bei der Gestaltung von Grafiken keine Begrenzung mehr darstellt, entstehen nicht selten statistische Schau(er)bilder, die vorwiegend in der Freude an grafischer Gestaltung und weniger in der Verpflichtung zu sachlicher Information begründet sind.

3.1.2 Terminologie

Die Terminologie ist innerhalb der Nutzergemeinde statistischer Grafiken noch nicht vereinheitlicht. Es gibt allerdings Bemühungen in diese Richtung. Zur besseren Nachvollziehbarkeit folgt die in im vorliegenden Text benutze Terminologie weitgehend der in R genutzten Terminologie. Die englischen Begriffe wurden dabei sinngemäß ins Deutsche übertragen.
In Abbildung 3.1 auf Seite 77 sind die wichtigsten Bezeichnungen für Elemente einer Abbildung beschriftet. Die in `Courier` gesetzten Begriffe geben an, wie das jeweilige Element in der R-Plot Funktion angesprochen werden kann.
Die folgenden Abschnitte erläutern, wie einige wichtige statistische Grafiktypen konstruiert sind. Auch deren Anwendung wird kurz erklärt. Es kann im Einzelfall vorkommen, dass dabei Inhalte verwendet werden, die erst an späterer Stelle im Text erläutert werden. Das sollte den Leser jedoch nicht daran hindern, den Aufbau einer Grafik konzeptionell nachzuvollziehen.

3.1.3 Die Grafikgrundform `plot`

Alle Grafiken in R werden im Wesentlichen mit einem Grundbefehl erzeugt: `plot`. Dieser Befehl stellt gleichsam die *Engine* der Grafikerzeugung dar. Zwar stehen weitere Befehle zur Erzeugung spezieller Grafiken zur Verfügung, die auch in den nächsten Abschnitten vorgestellt werden. Im Grunde beruhen aber alle diese Grafiken auf Modifikationen des `plot`-Befehls. In der einfachsten Form stellt der Befehl `plot` die Werte eines Vektors als Punkte in einem Koordinatensystem dar. Die Werte (oder der Wert) des Vektors werden dabei auf der Y-Achse abgetragen, auf der X-Achse wird für jeden im Vektor vorhandenen Wert ein Index um einen Zähler hochgezählt. Um ein Gefühl für diese Grundform zu bekommen kann folgender Befehl an der Konsole eingegeben werden:

```
plot(1:10)
```

Haupttitel (main)

Anzahl der Telefone in verschiedenen Regionen

Label (labels)

Legende (legend)

Datensymbol (type)

Y-Achse (axes)

Anzahl der Telefone

Südamerika
Ozeanien

Tickmark (tcl)

Tickmarkbeschriftung (names.arg)

Achsenbeschriftung (xlab)

Jahre
Quelle: AT&T

X-Achse (axes)

Untertitel (sub)

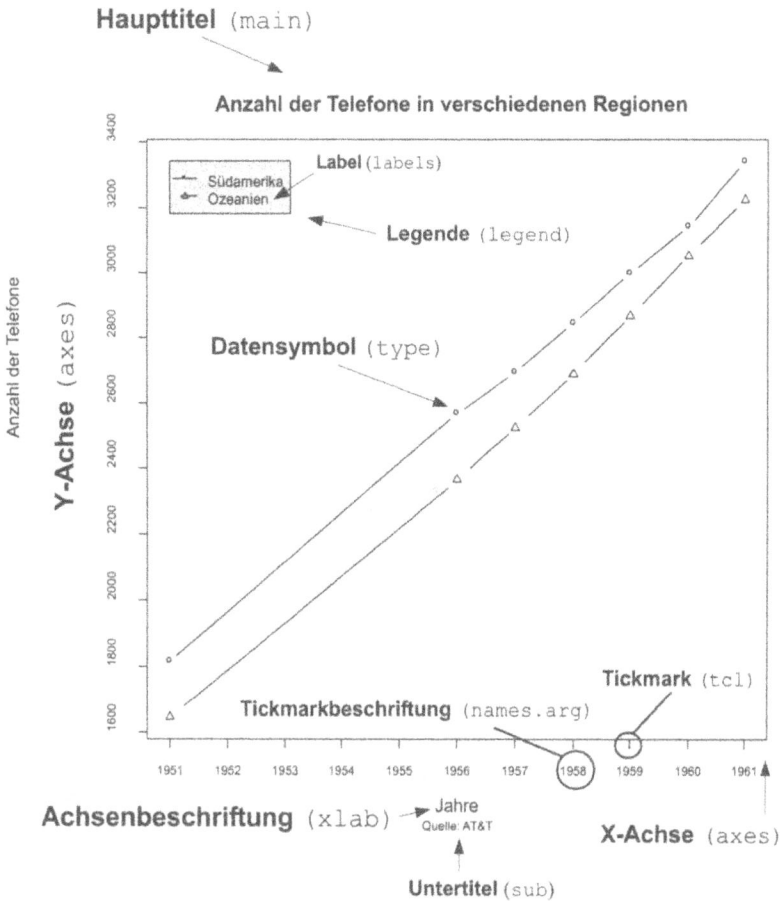

Abbildung 3.1: Verwendete Terminologie statistischer Grafiken

Eine Erweiterung des `plot` Befehls kann bereits zur Darstellung von *Streudiagrammen* genutzt werden. Ein Streudiagramm dient dazu, die Werte aus zwei Variablen gemeinsam darzustellen. Dabei wird deutlich, welchen Einfluss die eine Variable auf die andere hat. Ein Beispiel soll dies verdeutlichen:

Progammbeispiel 3.1

```
x <- 1:20
y <- log(x)
plot(x,y)
```

Das Ergebnis ist Abbildung 3.2 zu entnehmen.

Im Beispiel 3.1 wurde zunächst ein Vektor mit den Zahlen von 1 bis 20 erzeugt und in der Variablen x abgespeichert. Die Werte dieser Variablen wurden dann logarithmiert und in der Variablen y gespeichert. Nun kann man die Beziehung dieser beiden Variablen zueinander, wie sie in der Funktion $f(x) = \ln x$ zum Ausdruck gebracht wird, grafisch

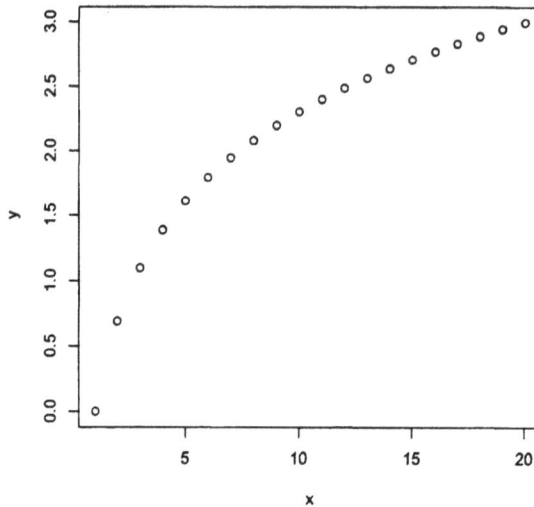

Abbildung 3.2: Grafische Ausgabe des Beispiels 3.1

darstellen. Die Funktion `plot(x,y)` erzeugt eine Grafik, in der die Werte der Variablen x auf der X-Achse und die Werte der Variablen y auf der Y-Achse abgetragen werden. Die Beschriftung für die beiden Achsen übernimmt die Funktion direkt aus den Variablennamen. Die Achsen X und Y werden dabei so skaliert, dass der gesamte Wertebereich der Variablen x und y abgedeckt wird.

In der Grundeinstellung des `plot`-Befehls werden die Werte der beiden Variablen als diskret angenommen und daher als einzelne Punkte dargestellt. Diese Voreinstellung kann mittels der Option **type** überschrieben werden. Um Beziehung zwischen den x- und den y-Werten im Beispiel 3.1 durch eine durchgezogene Linie darzustellen, muss der `plot`-Befehl um die Option **type** ergänzt werden:

```
plot(x,y, type = "l")
```

Außer "l" können folgende Linientypen erzeugt werden:

- "p" erzeugt Punkte (Voreinstellung),

- "l" erzeugt eine durchgezogene Linie,

- "b" erzeugt eine Linie mit Punkten bei den Werten,

- "c" erzeugt eine Linie mit Lücken bei den Werten,

- "o" erzeugt eine durchgezogene Linie mit Punkten bei den Werten,

- "h" erzeugt vertikale Linien, die von der X-Achse bis zum entsprechenden Wert reichen,

- "s" erzeugt eine gestufte Linie von Wert zu Wert (Treppenfunktion),

- "n" erzeugt nur das Koordinatensystem, ohne die Werte einzuzeichnen.

Im ersten Moment kann die letzte Option "n" etwas sinnlos erscheinen. Diese Option wird eingesetzt, wenn komplexere Beispiele erzeugt werden sollen. Wenn beispielsweise Variablen vorliegen, aus deren Werte zwar die Eckpunkte des Koordinatensystems bestimmt werden sollen, deren eigentliche Werte aber nicht als Datenpunkte in der Grafik erscheinen sollen, ist diese Option einzusetzen.

Punkte sollten immer verwendet werden, wenn diskrete Werte dargestellt werden (vgl. Seite 56). Stetige Variablen können mit durchgezogenen Linien dargestellt werden. Werden hinter empirisch erhobenen Daten kontinuierliche Zusammenhänge vermutet, empfiehlt sich eine Darstellungsform, in der die Kontinuität als auch die einzelnen Punkte sichtbar werden (z.B. type = "b"). Die Option type = "s" kann zur Darstellung diskreter Verteilungsfunktionen hergenommen werden (vgl. Seite 130).

Wird dem plot-Befehl eine ordinale oder nominale Variable übergeben, erstellt R automatisch ein Balkendiagramm als adäquate Grafik für Daten dieses Skalentyps.

Progammbeispiel 3.2

```
x <- factor(rbinom(20, 3, 0.7))
plot(x)
```

Im Beispiel 3.2 wurde eine Variable x erstellt, die aus 20 zufällig erzeugten Zahlen im Bereich 0 bis 3 besteht. Über den bereits bekannten factor Befehl ist die Variable als Faktorvariable definiert worden. Plottet man nun eine Variable vom Typ Faktor, wird automatisch ein Balkendiagramm erstellt. Auf diesen Grafiktyp wird weiter unten im Text noch ausführlicher eingegangen (siehe Seite 89).

Ein weiterer Grundtyp lässt sich mit dem plot-Befehl erstellen, wenn eine Variable relative Häufigkeiten enthält.

Progammbeispiel 3.3

```
rel.H <- table(x)/length(x)
plot(rel.H)
```

Die Variable x vom Typ Faktor aus Programmbeispiel 3.2 wurde im Programmbeispiel 3.3 weiterverwendet. Über die Funktion table wird eine Häufigkeitsauszählung der nominalskalierten Variablen x veranlasst. Die absoluten Häufigkeiten werden dann durch die Gesamtzahl aller Ausprägungen (length(x)) dividiert. Das Ergebnis wird im Objekt rel.H gespeichert welches dann über plot als Grafik ausgegeben werden kann. Die entstandene Grafik wird als *Stabdiagramm* bezeichnet. In einem Stabdiagramm wird die relative Häufigkeit der Ausprägungen einer ordinal- bzw. nominalskalierten Variablen als einzelner Stab wiedergegeben. Das Ergebnis des Programmbeispiels 3.3 ist in Abbildung 3.3 zu sehen.

Um Grafiken, die mit dem plot Befehl erstellt wurden zu erweitern, stehen viele Optionen zur Verfügung. Einige wichtige sind in folgender Übersicht zusammengefasst:

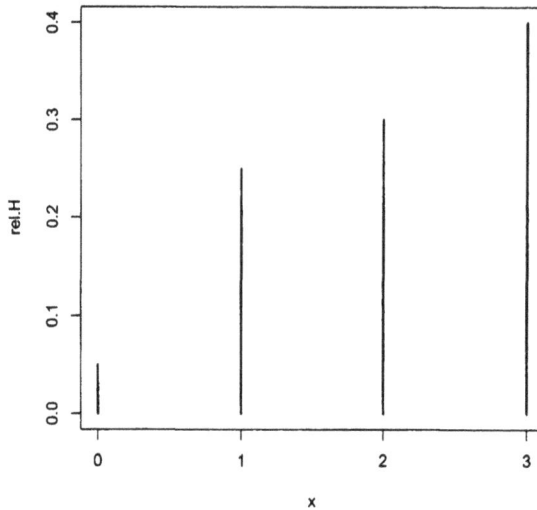

Abbildung 3.3: Stabdiagramm zur Darstellung relativer Häufigkeiten

Option	Beispiel	Inhalt
xlim, ylim	xlim = c(0,10)	Bewirkt eine Begrenzung der X- bzw. Y-Achse auf die angegebenen Werte
xlab, ylab	ylab = "Werte f(X)"	Beschriftung der X- bzw. der Y-Achse
main	main = "Beispielgrafik"	Gesamtüberschrift der Grafik

Außerdem können weitere grafische Parameter als Optionen notiert werden. Diese Parameter zur Gestaltung von Grafiken können auch unabhängig von einer Grafik mit der Funktion **par** eingegeben werden. Auf Seite 86 sind die wichtigsten Grafikoptionen in einer Box zusammengefasst worden.

In eine mit Hilfe von **plot** erstellte Grafik können nachträglich weitere Elemente eingezeichnet werden.

- **lines** zeichnet Linien in eine vorhandene Grafik

- **points** zeichnet Punkte in eine vorhandene Grafik

- **abline** zeichnet spezielle Linien in eine vorhandene Grafik

- **text** ergänzt Text an beliebigen Stellen in einer vorhandenen Grafik

Um Punkte bzw. Linien in eine bestehende Grafik einzubinden, werden die Funktionen **lines** und **points** genutzt. Auch bei diesen Funktionen werden die Linien- bzw. Punktpositionen anhand der xy-Koordinaten bestimmt. Die Funktionen `abline` und `text` sollen an einem Beispiel verdeutlicht werden.

Progammbeispiel 3.4

```
# Laden der Beispieldaten
data(cars)
# Umrechnung der Einheiten auf europaeische Groessen
c.speed <- cars$speed*1.609344
c.dist <- cars$dist*0.3048
# Erstellen der Grafik incl. Beschriftung
plot(c.speed, c.dist,
        xlab = "Geschwindigkeit (km/h)",
        ylab = "Bremsweg (m)",
        main = "Bremsweg in Abhaengigkeit von Geschwindigkeit")
# Nachtraegliche Ergaenzung der Grafik um Referenzlinien
abline(v = mean(c.speed))
abline(h = mean(c.dist))
abline(lm(c.dist ~ c.speed))
# Einfuegen einer Legende
text(10, 35, label = "Daten von 1920")
# Einfuegen berechneter Daten
text(mean(c.speed), 2,
    label = paste("MW (speed)= ",
    round(mean(c.speed),1)),
    pos = 4, cex = 0.7)
text(10, mean(c.dist),
    label = paste("MW (dist)= ",
    round(mean(c.dist),1)),
    pos = 3, cex = 0.7)
```

Im Beispiel wird zunächst der Beispieldatensatz `cars` geladen, in dem die Geschwindigkeiten und Bremswege von 50 Autos aus dem Jahre 1920 festgehalten sind. Da die Daten in britischen Einheiten (Miles per hour und Fuß) aufgezeichnet sind, werden sie zunächst in km/h und m umgerechnet.

Dann wird eine Grafik erstellt, in der auf der X-Achse die Geschwindigkeit und auf der Y-Achse der dazugehörige Bremsweg abgetragen wird. Damit die Grafik lesbar wird, werden mit `xlab`, `ylab` und `main` Beschriftungen hinzugefügt. Die Grafik ist nun im Wesentlichen fertig.

Wie der Abbildung 3.4 zu entnehmen ist, wurden noch einige Ergänzungen zur Grafik hinzugefügt. Diese sind mittels der Befehle `abline` und `text` erzeugt worden. Der Befehl `abline(v=mean(c.speed))` erzeugt eine vertikale durchgezogene Linie. Als X-Koordinate wurde das arithmetische Mittel der Variablen `c.speed` berechnet. Wird die Option `v` durch `h` ersetzt, wird eine horizontale Linie erzeugt. Im Befehl `abline(lm(c.dist ~ c.speed))` wurde eine spezielle Linie eingezeichnet. Sie stellt den Verlauf der Daten dar, der sich ergeben würde, wenn der Zusammenhang zwischen Geschwindigkeit und Bremsweg rein linear wäre. Diese Linie konnte erzeugt werden, in dem der Befehl `abline` die Ergebnisse einer linearen Regression als Argument erhielt. Das Kapitel 9 beschäftigt sich ausführlicher mit der linearen Regression.

Bremsweg in Abhängigkeit von Geschwindigkeit

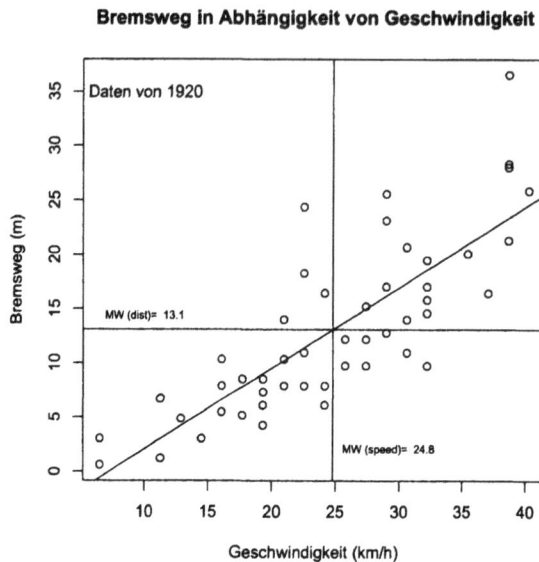

Abbildung 3.4: Ergebnis des Beispiels 3.4

Damit der Betrachter der Grafik nicht über die geringen Geschwindigkeiten der Autos staunt, wurde in der linken oberen Ecke die Information zugefügt, dass die Daten aus dem Jahr 1920 stammen. Das kann mit der Funktion `text` erreicht werden. Die Platzierung dieser Beschriftung erfolgte visuell, die Koordinaten für die Platzierung wurden mit der Funktion `locator` ermittelt (siehe Seite 107). Als Koordinaten wurden die Werte 10 auf der X-Achse und 35 auf der Y-Achse übergeben. Die Koordinaten des Befehls `text` richten sich also immer nach den Koordinaten in der aktuellen Grafik. So konnte auch die Beschriftung der beiden Linien, die den Mittelwert darstellen, erzeugt werden. Zunächst wurde der Mittelwert berechnet und als Koordinatenwert genutzt. Der zweite Koordinatenwert wurde visuell ermittelt. Die Beschriftung wurde dann mit Hilfe des `paste` Befehls erzeugt (vgl. Seite 17). So konnte neben dem Text der gerundete Mittelwert einfach von R berechnet und in die Beschriftung eingebunden werden. Die Option `pos` bestimmt die Positionierung des Textes im Verhältnis zu den Koordinaten (vgl. Onlinehilfe) und mit `cex` kann die Textgröße skaliert werden.

Die im Weiteren vorgestellten Grafiken beruhen im Wesentlichen auf dem `plot` Befehl. Da sie aber recht häufig benutzt werden, sind für diese Grafiktypen eigene Befehle implementiert.

3.1.4 Ausgabe von Grafiken

Die Steuerung der Grafikausgabe unter R kann beliebig komplex werden. Somit können viele verschiedene Zwecke bedient werden. Für den Anfänger reicht allerdings ein kleiner Satz an Standardbefehlen, der die allermeisten Aufgaben im Zusammenhang mit Grafikausgaben abdeckt.

Ausgabe von Grafiken am Bildschirm

Um Grafiken am Bildschirm des Computers auszugeben, werden die Befehle `windows()`, `x11()` und `win.graph()` benutzt. Sie dienen alle dem gleichen Zweck und öffnen ein leeres Grafikfenster. In den Klammern können als optionale Parameter Größenangaben (in Zoll, 1 Zoll=2.54cm) mit `height` und `width` definiert werden. Empfehlenswert (aber nicht unbedingt notwendig) ist es, das Bildschirmverhältnis vorzudefinieren, damit die gesamte Grafik gut sichtbar ist. Somit öffnet beispielsweise die Angabe `windows(height=6,width=8)` ein akzeptables Fenster. Möchte man hintereinander mehrere Grafiken produzieren und diese anschließend im Grafikfenster durchblättern, setzt man zusätzlich die Option `record=T`.

Speichern von Grafiken

Möchte man mit `R` erzeugte Grafiken in anderen Programmen weiterverwenden, so gibt es dazu viele Möglichkeiten. Am einfachsten – aber nicht unbedingt am besten – ist es, mit einem rechten Mausklick in das Grafikfenster auf die gewünschte Grafik zu klicken. Dadurch wird ein Kontextmenü aktiviert. Diese Kontextmenü bietet nun vier Möglichkeiten der Grafikportierung an:

- Die Grafik als Bitmap in die Zwischenablage kopieren (zur Weiterverwendung in Word oder Powerpoint),

- die Grafik als Metadatei in die Zwischenablage kopieren (ebenfalls zur Weiterverwendung in gängigen Office-Anwendungen),

- die Grafik als Metadatei speichern (Dateiendung WMF, eignet sich zur Weiterverwendung in Office-Anwendungen und die Grafik bleibt skalierbar) oder

- die Grafik als Encapsulated Postscript (Dateiendung EPS) speichern (eignet sich zur Weiterverarbeitung in LaTeX-Dokumenten).

Unter Windows lässt sich eine Grafik auch menügeführt speichern. Dazu kann im Grafik-fenster der Menüpunkt „File" ausgewählt werden. Mit Hilfe des Menüs lassen sich viele verschiedene Grafikformate speichern (vgl. Abbildung 3.5).

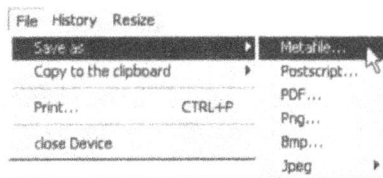

Abbildung 3.5: Das Grafikmenü im Grafikfenster

Der Weg über die Zwischenablage ist bequem aber nicht empfehlenswert, da die Grafiken anschließend zur Nachbearbeitung verloren sind. Möchte man etwas am Layout ändern, muss die Grafik komplett reproduziert werden, was oft mit Schwierigkeiten verbunden ist. Außerdem kann es oft vorkommen, dass mehrere Grafiken hintereinander automatisch mit Hilfe des Codes erzeugt und abgespeichert werden sollen.

Grafiken lassen sich mit Hilfe des Codes entweder im Postscript Format, im Vektorformat oder in verschiedenen Bitmapformaten abspeichern. Welchem Format im Einzelfall der Vorzug zu geben ist, hängt von der Art der Zielanwendung ab. Postscriptgrafiken sind sinnvoll, wenn die Grafik in LATEX eingebunden werden soll oder als Druckvorlage dient. Soll die Grafik in Windowsanwendungen eingebettet werden und dabei skalierbar bleiben, empfiehlt sich ein Vektorformat (Dateiendung `wmf` oder `emf`). Bei Verwendung der Grafik im Internet oder ähnlichen Medien ist ein Bitmapformat die richtige Wahl.

Postscript Grafiken

Um eine Grafik im Postscript Format zu speichern, wird die Grafik zunächst am Bildschirm fertiggestellt. Der Code sollte in einem Editor notiert werden (z.B. WinEdt, vgl. Abschn. 1.3.2). Zur Speicherung einer Grafik im Postscript Format, muss die Grafikausgabe vom Bildschirm umgeleitet werden. Standardmäßig wird die Grafik in einem eigenen Fenster unter Windows erzeugt. Bei der Ausgabe einer Grafik im Postscript Format ist auf dem Bildschirm nichts zu sehen. Daher ist es sinnvoll, den R-Code zunächst fertig zu stellen und die Grafik am Bildschirm zu betrachten. Anschließend wird *vor* der Ausführung des Codes zur Erstellung der Grafik eine Postscript-Ausgabe geöffnet. Dazu wird der Befehl `postscript` eingesetzt:

```
postscript("laufwerksname/dateiname.eps",
           paper="special",
           height=6,width=6,
           onefile=FALSE,horizontal=FALSE)
```

Das wesentliche Element des Befehls ist die Eingabe des Dateinamens der Postscript Datei. Die hier zusätzlich angegebenen Optionen stellen sicher, dass die erzeugte Postscript-Datei in LATEX-Dokumente eingebettet werden kann.[B]
Nachdem dieser Befehl ausgeführt wurde, kann der Code zur Erstellung der Grafik ausgeführt werden. Am Ende der Grafikerzeugung wird die Umleitung in die Postscriptdatei mit dem Befehl `dev.off` wieder aufgehoben. Zwischen `postscript` und `dev.off` erscheint – wie bereits erwähnt – kein eigenes Grafikfenster. Ob die Ausgabe der Grafik den Wünschen entspricht, wird erst deutlich, wenn die erzeugte Postscript-Datei geöffnet wird. Dies macht deutlich, warum hier der Einsatz eines Editors angebracht scheint.

Vektor- und Bitmapgrafiken

Für Windows-User ist die Speicherung von Vektor- und Bitmapgrafiken sicherlich vertrauter. Eine Grafik, die in einem dieser Formate gespeichert werden soll, kann zunächst ganz normal auf dem Bildschirm erzeugt werden. Ist das gewünschte Resultat erzielt, wird lediglich der folgende Befehl in die Konsole getippt:

```
savePlot(filename="laufwerk/dateiname",
         type=Dateiendung)
```

Neben der Angabe des Dateinamens erfolgt die Definition des Dateityps. Hier stehen die folgenden Dateitypen zur Verfügung:

[B]Die Optionen `paper`, `onefile`, `horizontal` stellen sicher, dass die entstehende Postscriptdatei den DSC Konventionen und den Anforderungen einer EPS-Datei entspricht.

- `wmf` Vektorgrafik

- `png` Bitmapgrafik (etwa dem GIF-Format entsprechend)

- `jpeg`, `jpg` komprimierte Bitmapgrafik

- `bmp` Windows Bitmagrafik

- `ps` PostScript Grafik

- `pdf` Adobe-PDF Grafik

Zwar lassen sich auch mittels `savePlot` Postscript-Grafiken erzeugen, von dieser Methode wird bei Verwendung der Grafiken in LaTeX allerdings abgeraten, da die bereits vorgestellte Methode EPS-konforme Dateien erstellt

3.1.5 Das Kreisdiagramm

Mit einem Kreisdiagramm lässt sich die Verteilung verschiedener Merkmale in einer Datengesamtheit darstellen. Optisch besonders ansprechend ist eine farbige Darstellung, die zusätzlich Raum für ergänzende numerische Informationen enthält. Das Kreisdiagramm – auch Tortengrafik genannt – eignet sich einzig zur Darstellung der Verteilung verschiedener Merkmalsausprägungen einer Erhebung. Die Anzahl verschiedener Ausprägungen darf der Übersichtlichkeit halber nicht sehr groß sein. Als Faustregel gilt, dass ein Kreisdiagramm für mehr als sieben Ausprägungen verwirrend wirkt (Kramar u. a. (2002)). Grundsätzlich sollten zugunsten der Übersichtlichkeit nur Variablen mit ordinalem bzw. nominalem Skalenniveau in einem Kreisdiagramm dargestellt werden.

Die Beliebtheit des Kreisdiagramms als statistische Grafik ist unter anderem auch auf die einfache Konstruktion zurückzuführen. Die Größe der Kreisstücke wird folgendermaßen berechnet:

$$\alpha_i = \frac{h_i}{N} \cdot 360° \tag{3.1}$$

Dabei kennzeichnet α_i den Winkel, der zur Häufigkeit h_i der Merkmalsausprägung i korrespondiert. Gibt es beispielsweise die beiden Merkmalsausprägungen „Männlich" und „Weiblich" des Merkmals „Geschlecht", dann kann der Zähler i die Werte 1 und 2 annehmen. Die 1 zählt dann die Ausprägung „Männlich" und die 2 die Ausprägung „Weiblich" (oder umgekehrt, je nach Konvention).

Entgegen der Popularität des Kreisdiagramms hat die Darstellung statistischer Daten mittels dieser Grafikform auch erhebliche Nachteile. So kann zum Beispiel durch eine ungeschickte Farbwahl bei einzelnen Segmenten ein Teil der Verteilung ungewollt betont werden. In den Augen des Betrachters wirkt ein farblich betontes Kreissegment überproportional groß. Auch ohne eine farbliche Verzerrung sind die Verhältnisse der Kreissegmente untereinander für die menschliche Wahrnehmung ungeeignet. Während kleinere Unterschiede in den Proportionen in einem Kreisdiagramm nur schwer identifiziert werden können, lässt ein Balkendiagramm diese Identifikation schnell zu. Konsequenterweise sollte ein Säulendiagramm zur Darstellung von Anteilen dem Kreisdiagramm immer vorgezogen werden. Auch können Werte von einem Säulendiagramm präziser abgelesen werden als von

Häufig verwendete Grafikparameter

Die folgenden Parameter werden in der Form `par(option=wert)` häufig zur Gestaltung von Grafiken benutzt. Oftmals können sie auch ohne die Angabe von `par` direkt in einem Grafikbefehl benutzt werden (z.B. `plot`, `pie`, etc.). Allerdings können nicht alle Parameter in jeder Form von Grafik sinnvoll eingesetzt werden. Mehr Informationen und weitere Grafikparameter sind in der Onlinehilfe zu finden.

`cex`	Skalierungsfaktor für die Beschriftung von Grafiken. Durch die Angabe `cex=X` wird die Schriftgröße relativ zur Grundschrift verändert. Werden für X Werte kleiner 1 eingesetzt, wird die Schrift verkleinert, sonst vergrößert.
`col`	Bestimmt die verwendeten Farben in der Grafik. Farben können entweder als `character` angegeben werden (z.B. `col="red"`) oder als Nummer, die für einen Farbcode steht. In der Standardpalette stehen die Nummern 1-4 für die Farben Schwarz, Rot, Grün und Blau.
`las`	Durch `las=X` wird die Ausrichtung der Achsenbeschriftung bestimmt. Dabei ist der Wert 0 für X die Voreinstellung und bewirkt, dass die Achsenbeschriftung parallel zur Achse erfolgt. Der Wert 1 erzeugt horizontale Achsenbeschriftungen. Der Wert 2 erzeugt eine senkrechte und der Wert 3 eine vertikale Achsenbeschriftung. Andere Werte werden ignoriert.
`lty`	Linientyp. Es wird eingestellt, welcher Art eine zu zeichnende Linie ist. Folgende Möglichkeiten sind implementiert: 0: keine, 1: durchgezogen, 2: gestrichelt, 3: gepunktet, 4: Strichpunkte, 5: lange Striche, 6: lange und kurze Striche.
`mfrow`	Teilt die Grafikausgabe in mehrere Bereiche auf. Die Wirkung entspricht der Aufteilung des sichtbaren Grafikfensters mittels einer unsichtbaren Tabelle in einzelne Zellen. In jede dieser Zellen kann eine neue Grafik abgebildet werden. Als Argument wird ein Vektor mit zwei Elementen übergeben: `mfrow(par=c(zeilen, spalten))`.
`tcl`	Bestimmt die Länge der Tickmarks. Negative Werte verlängern die Tickmarks nach unten (von der Achse weg), positive Werte verlängern die Tickmarks nach oben (über der Achse in die Grafik hinein). Der voreingestellte Wert beträgt -0.5.
`xpd`	Bekommt als Argument einen Wahrheitswert (T oder F). Bei `xpd=T` können Texte und Beschriftungen auch außerhalb des eigentlichen Koordinatensystems platziert werden.

einem Kreisdiagramm (Cleveland, 1985, S. 86). Weiter unten wird im Vergleich zwischen Kreis- und Säulendiagramm eine alternative Darstellungsart vorgestellt (Abschnitt 3.1.7). Möchte man auf das Kreisdiagramm dennoch nicht verzichten, sollte es mit Bedacht eingesetzt werden. Vor allem als Vergleich zwischen zwei Verteilungen, bei denen starke Unterschiede deutlich werden, kann es ohne allzu große Verzerrung eingesetzt werden. Gänzlich verzichtet werden sollte jedoch auf die Darstellung einer Verteilung mittels eines dreidimensionalen Kreisdiagramms. Die optische Verzerrung der Grafik und damit auch der Wahrnehmung der Daten ist hier unausweichlich.

Erstellen einer Kreisgrafik in R

Im Folgenden soll eine Kreisgrafik in R erstellt werden. Dazu werden Daten aus dem Statistischen Jahrbuch 2002 als Beispiel benutzt (Statistisches Bundesamt, 2002, Tab. 6.8). Sie sind in Tabelle 3.1 wiedergegeben.

Erwerbstätige in den Bundesländern Berlin und Bayern nach Wirtschaftszweigen in 1000	
Bayern	
Wirtschaftszweig	Jahr 2000
Land- und Forstwirtschaft, Fischerei	231
Produzierendes Gewerbe	1972
Dienstleistungsbereiche	4040
Zusammen	6242
Berlin	
Land- und Forstwirtschaft, Fischerei	8
Produzierendes Gewerbe	287
Dienstleistungsbereiche	1243
Zusammen	1538

Tabelle 3.1: Arbeitstabelle für Beispiele im Kapitel 3

Mit Hilfe der nun zu produzierenden Kreisgrafik sollen die Anteile der verschiedenen Wirtschaftszweige in den beiden Bundesländern Berlin und Bayern verglichen werden. Dazu muss zunächst der Inhalt der Tabelle 3.1 in R eingelesen werden. Am einfachsten ist dies mittels einer Matrix zu erreichen:

Progammbeispiel 3.5

```
erwerb <- matrix(c(231,1972,4040,8,287,1243),3)
colnames(erwerb)<- c("Bayern","Berlin")
rownames(erwerb) <- c("Land- und Forstwirtschaft, Fischerei",
                "Produzierendes Gewerbe",
                "Dienstleistungsbereiche")
> erwerb
                                      Bayern Berlin
Land- und Forstwirtschaft, Fischerei    231      8
Produzierendes Gewerbe                 1972    287
Dienstleistungsbereiche                4040   1243
```

Bayern **Berlin**

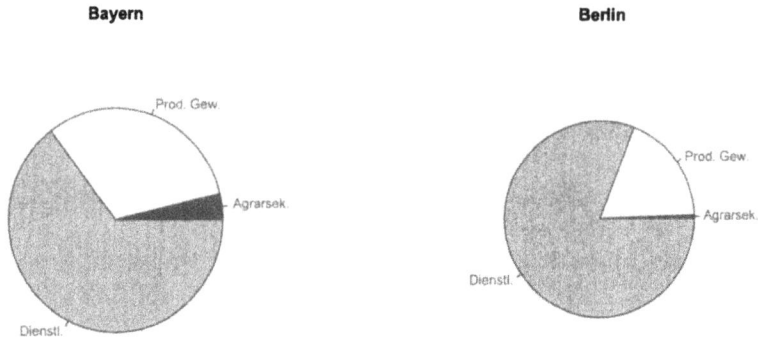

Abbildung 3.6: Zwei Beispiele für Kreisdiagramme

Bei der Eingabe ist darauf zu achten, dass die Tabellenangabe aus den Zeilen *Zusammen* nicht eingegeben werden muss, da die Spaltensummen in R automatisch berechnet werden können. Alternativ hätte man auch zunächst zwei Vektoren (Bayern und Berlin) definieren können, die anschließend zu einer Matrix zusammengefasst worden wären. Anzumerken ist weiterhin, dass mit den Befehlen colnames und rownames weitere Funktionen zur Bearbeitung von Matrizen und Data-Frames eingesetzt wurden. Die Wirkung dieser beiden Funktionen ist offensichtlich. Zu Beachten ist, dass sie etwas anders eingesetzt werden, als die bisher vorgestellten R-Befehle. Auf der *linken* Seite des Zuweisungspfeils <- erscheint der Befehl und auf der rechten Seite wird angegeben, welche Namen die Spalten bzw. Zeilen tragen sollen.

Ein Kreisdiagramm ist nun sehr einfach zu erstellen. Dazu wird eine der beiden Spalten des Objektes erwerb an den Befehl pie übergeben. Die Segmentfarben und die Beschriftungen mittels Zeilenspaltenlabels sind bereits voreingestellt. Möchte man die beiden Bundesländer miteinander vergleichen, lässt sich ein weiteres Grafikfenster öffnen, in welchem dann das zweite Kreisdiagramm abgebildet wird. Das Öffnen eines Grafikfensters erfolgt unter Windows durch die Eingabe von windows und unter Linux durch die Eingabe von x11.[C] Die Befehle werden jeweils ohne Argumente oder weitere Optionen eingegeben.

Progammbeispiel 3.6

```
pie(erwerb[,1],main=colnames(erwerb)[1])
windows()
pie(erwerb[,2],main=colnames(erwerb)[2])
```

Das Ergebnis dieser Eingabe ist (in Schwarzweiß) in Abbildung 3.6 zu sehen. Um die Grafikfenster einzeln zu schließen, wird der Befehl dev.off() benutzt. Möchte man sämtliche derzeit aktiven Grafiken gleichzeitig schließen, wird auf die Eingabe graphics.off() zurückgegriffen.

[C]x11() funktioniert auch unter Windows.

Den Kreisdiagrammen in Abbildung 3.6 ist zu entnehmen, dass der Anteil des Wirtschaftszweiges „Land- und Forstwirtschaft" in Bayern deutlich größer ist als in Berlin. In Berlin wiederum ist der Dienstleistungsbereich deutlich größer als in Bayern und nimmt auch sehr deutlich innerhalb Berlins die absolute Mehrheit ein.

3.1.6 Das Säulendiagramm

Das Säulendiagramm steht in seiner Popularität dem Kreisdiagramm um nichts nach. Es ist dem Kreisdiagramm allerdings in vielen Situationen vorzuziehen. Neben der Darstellung von Proportionen können auch absolute Werte in einem Säulendiagramm miteinander verglichen werden. Säulendiagramme können auf unterschiedliche Art eingesetzt werden und eignen sich von daher auch für unterschiedliche Skalentypen. Neben der Visualisierung von Verteilungen von Merkmalsausprägungen können mit Säulendiagrammen auch Schaubilder zur Verdeutlichung von möglichen Zusammenhängen zwischen verschiedenen Variablen erstellt werden.

Zunächst soll ein einfaches Säulendiagramm analog zu den Kreisdiagrammen in Programmbeispiel 3.6 erstellt werden. Als Daten dienen wiederum die Werte aus Tabelle 3.1. Die grundlegende Funktion lautet `barplot`. Die Funktion `barplot` bekommt wieder (wie auch bei `pie`) einen Vektor mit den darzustellenden Daten übergeben. Erzeugt man nun mit `barplot(erwerb[,1])` ein Säulendiagramm für die Tabellenwerte in der Spalte „Bayern" erhält man ein buntes Diagramm mit drei Säulen, deren Höhe den Absolutwerten in der Tabelle entspricht. Um zu einem den Kreisdiagrammen in Abbildung 3.6 analogen Bild zu gelangen, sind einige Grafikmanipulationen mittels der Grafikparameter notwendig (vgl. Box auf Seite 86). Zunächst ist wiederum ein Grafikfenster zu öffnen, in das die Säulendiagramme abgebildet werden können. Dieses Grafikfenster muss in zwei Bereiche aufgeteilt werden (Option `mfrow`). Danach können die Säulendiagramme aus der Matrix `erwerb` erstellt werden. In diesem Fall sollen die einzelnen Säulen alle die gleiche Farbe besitzen.

Progammbeispiel 3.7

```
windows()
oldpar <- par
par(mfrow=c(2,1))
barplot(erwerb[,1],main=colnames(erwerb)[1],col="red")
barplot(erwerb[,2],main=colnames(erwerb)[2],col="red")
```

Die so erzeugten Säulendiagramme sind noch nicht zufriedenstellend. Auch sind sie noch nicht analog zu den Kreisdiagrammen in Abbildung 3.6, da hier noch Absolutwerte dargestellt werden. Bei einem Vergleich der beiden Bundesländer mittels der in Beispiel 3.7 erzeugten Säulendiagramme muss auch noch beachtet werden, dass die Y-Achsen der beiden Diagramme unterschiedlich sind. Die Höhe der Säulen kann also nur innerhalb eines Diagramms verglichen werden. Es ist allerdings möglich, die Y-Achsen so zu skalieren, dass die beiden Diagramme vergleichbar werden. Dazu muss das Programmbeispiel 3.7 um die Option `ylim` ergänzt werden. Die Option `ylim` bekommt einen Vektor übergeben, der zwei Werte enthält: die untere und die obere Grenze der Y-Achse. Schreibt man also in den `barplot`-Befehl die Option `ylim=c(0,10)`, so wird die Y-Achse dieses Säulendiagramms bei 0 beginnen und bei 10 enden. Was ist nun eine sinnvolle Angabe für die vorliegenden

Säulendiagramme? Da die beiden Diagramme miteinander verglichen werden sollen, ist es wünschenswert, dass beide Achsen den höchsten Wert in der gesamten Tabelle enthalten. So werden beide Diagramme die notwendige Säulenhöhe erreichen. Der Maximalwert in der Tabelle 3.1 ist der Wert 4040 (Dienstleistungsbereich in Bayern). Also ließe sich nun die Option für beide Säulendiagramme folgendermaßen angeben: `ylim=c(0,4040)`. Es ist allerdings zweckmäßig, den Maximalwert nicht manuell zu bestimmen, sondern die Bestimmung des Maximalwertes gleich in die Grafikfunktion mit einzubauen. Außerdem sind die Beschriftungen sehr groß. Die Beschriftungen sollten daher skaliert werden:

Progammbeispiel 3.8

```
max.erwerb <- max(erwerb)
barplot(erwerb[,1],main=colnames(erwerb)[1],
                col="red",ylim=c(0,max.erwerb),
                cex.names=0.7,cex.axis=0.7)
barplot(erwerb[,2],main=colnames(erwerb)[2],
                col="red",ylim=c(0,max.erwerb),
                cex.names=0.7,cex.axis=0.7)
```

Die Skalierungsoptionen `cex` könnten auch global mittels der `par`-Funktion gesetzt werden, wenn die Verkleinerung der Schrift für alle Beschriftungen gelten soll.

Nun lassen sich die beiden Säulendiagramme bereits vergleichen, denn die Y-Achsen sind in beiden Grafiken gleich hoch. Ein Vergleich der absoluten Zahlen wird somit möglich. Die Beschriftung kann auch nach Erstellen der Grafik erfolgen. Dazu dient der Befehl `title`. Mit dieser Funktion lassen sich Titel für bereits in der Grafikausgabe bestehende Grafiken erzeugen. Die Funktion besitzt Optionen zum Positionieren des gewünschten Titels. Die Bezeichnung „Titel" bezieht sich dabei nicht nur auf einen Titel für die gesamte Grafik. Mit Hilfe der verschiedenen Optionen der Funktion lassen sich auch Beschriftungen der X- und Y-Achse sowie Untertitel der Grafik steuern. Um beispielsweise einen Gesamttitel für die Grafik zu erstellen, muss die Option `main` gesetzt werden (`title(main="Gesamttitel")`). Um dann den Titel an eine bestimmte Stelle innerhalb der Grafikausgabe zu positionieren, stehen die Optionen `line` und `outer` zur Verfügung. Im vorliegenden Fall soll die Gesamtüberschrift über beiden Säulendiagrammen gemeinsam erscheinen. Gibt man einfach nur die Option `title` an, ohne die gewünschte Überschrift zu positionieren, wird sie über das zuletzt erzeugte Diagramm gesetzt. Um den Titel über die gesamte Grafik zu positionieren, wird die Option `outer` auf `TRUE` gesetzt (`outer=TRUE`, weitere Erläuterungen zu dieser Option befinden sich in der Onlinehilfe unter dem Stichwort `title`). Jetzt muss die Überschrift noch näher an die beiden Säulendiagramme herangerückt werden. Dazu gibt man an, wieviele Linien Abstand zwischen Diagramm und Überschrift bestehen sollen. Ein Abstand von 0 Linien bedeutet, dass die Überschrift genau auf den Rand der Grafikausgabe gesetzt wird. Im vorliegenden Fall muss die Überschrift also durch Verwendung von negativen Linienwerten an die Diagramme herangerückt werden. Im Zweifelsfall sind die optimalen Werte für die Option `line` durch ausprobieren herauszufinden. Für die hier zu erzeugende Grafik wird mit der folgenden Zeile eine passend formatierte Überschrift erreicht:

```
title("Erwerbstätigkeit nach Wirtschaftszweigen\n(Jahr 2000)",
        outer=TRUE,line=0)
```

Wer sich in der Linux-Welt auskennt, dem ist das \n nicht fremd. Es ist als Steuerzeichen zu verstehen. Eingesetzt werden darf es innerhalb von R nur als `character`. Es muss also immer von Anführungszeichen umschlossen sein ("). Als Steuerzeichen bewirkt es einen Zeilenumbruch.

Die bisher erstellte Grafik mit den beiden Säulendiagrammen lässt zwar einen Vergleich der absoluten Werte zu. Da in Berlin und Bayern aber unterschiedlich viele Erwerbstätige beschäftigt sind, lassen sich die Wirtschaftsbereiche nicht zwischen den Ländern vergleichen. Dazu müssen die Zahlen zunächst normiert werden. Normieren heißt in diesem Fall, dass die Prozentwerte oder Anteilswerte der einzelnen Wirtschaftsbereiche an der Gesamtzahl der Erwerbstätigen berechnet werden. Der Wert für jeden einzelnen Wirtschaftsbereich muss also durch die Summe aller Erwerbstätigen im jeweiligen Bundesland geteilt werden:

```
p.bayern <- erwerb[,1]/sum(erwerb[,1])
p.berlin <- erwerb[,2]/sum(erwerb[,2])
```

Die beiden Vektoren `p.bayern` und `p.berlin` enthalten nun die Werte für den Anteil der jeweiligen Wirtschaftsbereiche an allen Erwerbstätigen in den entsprechenden Bundesländern. Möchte man die Zahlen gerne als Prozentwerte erhalten, ist eine Multiplikation der Vektoren mit 100 notwendig. Es lassen sich nun direkt aus den beiden Vektoren Grafiken erstellen, bei denen ein Vergleich zwischen den beiden Bundesländern möglich ist. Im vorliegenden Fall ist es empfehlenswert, wenn die Y-Achsen die gesamte Skala von 0 bis 1 (bzw. bis 100 bei Prozentangaben) abdecken. Dafür ist die Option `ylim=c(0,1)` (bzw. `ylim=c(0,100)`) zu setzen.

Progammbeispiel 3.9

```
p.bayern <- erwerb[,1]/sum(erwerb[,1])
p.berlin <- erwerb[,2]/sum(erwerb[,2])
barplot(p.bayern,xlab=colnames(erwerb)[1],
                col="red",ylim=c(0,1),
                cex.names=0.7,cex.axis=0.7)
barplot(p.berlin,xlab=colnames(erwerb)[2],
                col="red",ylim=c(0,1),
                cex.names=0.7,cex.axis=0.7)
```

Die Grafik ist bis hierher bereits relativ vollständig und gut zu interpretieren. Dennoch wären noch einige Ergänzungen wünschenswert. So würden Labels in denen die Prozentwerte genau angegeben werden helfen, die Höhe der Säulen genauer interpretieren zu können. Es würde neben der visuellen Information zusätzlich eine numerische Information zur Verfügung gestellt, die aber den grafischen Eindruck dennoch nicht überfrachtet. Um den einzelnen Säulen Labels zuzuweisen sind zwei weitere Zeilen notwendig. Im Prinzip wird die Beschriftung der Grafik über die Funktion `text` geregelt. Diese Funktion enthält Informationen über die X- und Y-Koordinaten der gewünschten Labels und den Text der Labels selber. In der Regel ist es ausreichend, wenn der Funktion die X-Koordinaten als Argument übergeben werden. Besäße ein Säulendiagramm beispielsweise vier Balken, die für die Werte 0, 1, 2 und 3 stünden (z.B. als Ergebnis einer Werteskala in einem Fragebogen), dann würde der Befehl

```
text(c(0,1,2,3), c("gar nicht", "wenig", "mehr", "viel"))
```

die vier Bezeichnungen entlang der X-Achse der Grafik platzieren. Im vorliegenden Fall stellen die drei Säulen aber keine Werte 0, 1, 2, 3 dar. Vielmehr steht jede Säule für einen anderen Wirtschaftszweig. Um nun aber die Beschriftung richtig zu platzieren, ist es notwendig, die Lage der Säulen auf der X-Achse der Grafik zu bestimmen. Da die X-Achse überhaupt keine Zahlwerte enthält, wirkt diese Aufgabe zunächst schwierig. Dennoch gibt es eine einfache Möglichkeit. Die Position der Säulen wurde innerhalb der Funktion `barplot` bereits ermittelt und steht dort zur Verfügung. Diese Tatsache lässt sich nun ausnutzen. Der Grafikbefehl `barplot` ist eine Funktion, die ein Ergebnis produziert und dieses Ergebnis gleich an das Grafikfenster weitergibt. Speichert man das Ergebnis dieser Funktion nun in eine Variable, so lässt sich darauf anschließend bequem zugreifen. Durch die Eingabe `variable <- barplot(Säule)` wird zum einen ein Säulendiagramm erzeugt. Zum anderen werden in der Variablen `variable` die Positionen für die Säulen auf der X-Achse gespeichert. Speichert man beispielsweise die Ergebnisse der `barplot`-Funktion aus dem obigen Beispiel in einer Variablen, so erhält man als X-Achsen Positionen für die drei Säulen die Werte

```
        [,1]
[1,]   0.7
[2,]   1.9
[3,]   3.1
```

Diese drei Werte können so als Argument an die Funktion `text` übergeben werden. Die gewünschten Beschriftungen erscheinen dann jeweils an genau der Stelle, wo auch die jeweiligen Säulen positioniert sind. Zusammenfassend muss die Grafik mit folgendem Programm erstellt werden:

Progammbeispiel 3.10

```
oldpar <- par # Speichern der Voreinstellung
par(mfrow=c(2,1)) # Aufteilen des Fensters in 2 Bereiche
# Absolutwerte in Anteile umrechnen
p.bayern <- erwerb[,1]/sum(erwerb[,1])
p.berlin <- erwerb[,2]/sum(erwerb[,2])
# Erstellen des ersten Diagramms und speichern der Werte in tmp
tmp <- barplot(p.bayern,xlab=colnames(erwerb)[1],
               col="red",ylim=c(0,1),
               cex.names=0.7,cex.axis=0.7)
# Platzieren des Textes im ersten Diagramm
text(tmp,p.bayern+0.1,round(p.bayern,2),cex=0.7)
# Erstellen des zweiten Diagramms und tmp ueberschreiben
tmp <- barplot(p.berlin,xlab=colnames(erwerb)[2],
               col="red",ylim=c(0,1),
               cex.names=0.7,cex.axis=0.7)
# Platzieren des Textes im zweiten Diagramm
text(tmp,p.berlin+0.1,round(p.berlin,2),cex=0.7)
# Haupttitel
title("Erwerbstätigkeit nach Wirtschaftszweigen\n(Jahr 2000)",
               outer=TRUE,line=-2)
```

Das Ergebnis dieses Programmbeispiels ist der linken Abbildung 3.7 auf Seite 94 zu entnehmen.

Über das bisher Gesagte hinaus gibt es eine weitere Möglichkeit, die in Abbildung 3.7 enthaltenen Informationen darzustellen. Diese Methode ist einfacher in der Handhabung und wird auch häufiger angewandt, da die Informationen noch übersichtlicher dargestellt werden. Es handelt sich dabei um das *gestapelte Säulendiagramm*. Im gestapelten Säulendiagramm werden zwei Variablen gemeinsam abgebildet. Das gestapelte Säulendiagramm gibt visuell Auskunft über die Beziehung dieser zwei Variablen zueinander. Es sollte sich bei den beiden Variablen um nominal- oder ordinalskalierte Variablen mit nicht allzu vielen Ausprägungen handeln. Auf der X-Achse befindet sich überlicherweise immer eine nominalskalierte Variable. Sinnvollerweise ist dies auch die unabhängige Variable. Im vorliegenden Beispiel ist das Bundesland die unabhängige Variable, wenn man "Bundesland" als Variable mit den Ausprägungen `Berlin` und `Bayern` definiert. Da die Merkmalsausprägungen Berlin und Bayern nicht von den Wirtschaftszweigen beeinflusst werden, sondern der Zusammenhang umgekehrt ist, muss die Variable "Bundesland" die unabhängige Variable sein.

Ein gestapeltes Säulendiagramm kann am einfachsten aus einer Matrix heraus erstellt werden. Da zwei Variablen mit mehreren Ausprägungen bereits eine Matrix darstellen, kann die Funktion `barplot` diese gleich zu einem gestapelten Säulendiagramm verarbeiten:

Progammbeispiel 3.11

```
barplot(erwerb)
```

Diese Verwendung der Funktion erstellt aus der Matrix `erwerb` ein gestapeltes Säulendiagramm. In der Matrix waren die Absolutwerte für die Erwerbstätigkeit in den beiden Bundesländern gespeichert. Daher sind in den beiden Säulen für Berlin und Bayern auch jeweils die absoluten Werte wiedergegeben, ein Vergleich der beiden Säulen ist nicht unmittelbar möglich. Im Programmbeispiel 3.9 wurden aber bereits zwei Vektoren berechnet, in denen die Absolutwerte als Anteile gespeichert wurden. Aus diesen beiden Vektoren (`p.bayern` und `p.berlin`) kann nun eine Matrix als Grundlage für die gewünschten Diagramme erstellt werden:

Progammbeispiel 3.12

```
p.erwerb <- matrix(c(p.bayern,p.berlin),3)
colnames(p.erwerb) <- c("Bayern","Berlin")
rownames(p.erwerb) <- c("Land- und Forstwirtschaft, Fischerei",
                        "Produzierendes Gewerbe",
                        "Dienstleistungsbereiche")
```

Da beim Erstellen der Matrix die Zeilen- und Spaltenbeschriftungen verloren gehen, müssen diese anschließend erneut zugewiesen werden. Aus der so entstandenen Matrix `p.erwerb` lässt sich nun ein gestapeltes Säulendiagramm erstellen:

```
barplot(p.erwerb,col=c("red","blue","green"),legend.text=TRUE)
```

Neben der einfachen Erzeugung der beiden Säulen wurde hier auch noch die Farbe der einzelnen Abschnitte bestimmt. Außerdem wurde die Funktion `barplot` angewiesen, mittels der Option `legend.text=TRUE` aus den Zeilen und Spaltenbeschriftungen der Matrix eine Legende zu erstellen. Ein Beispiel für ein gestapeltes Säulendiagramm ist auf Seite 94 abgebildet. Der Code für dieses Diagramm befindet sich im Anhang A.2.

**Erwerbstätigkeit nach Wirtschaftszweigen
(Jahr 2000)**

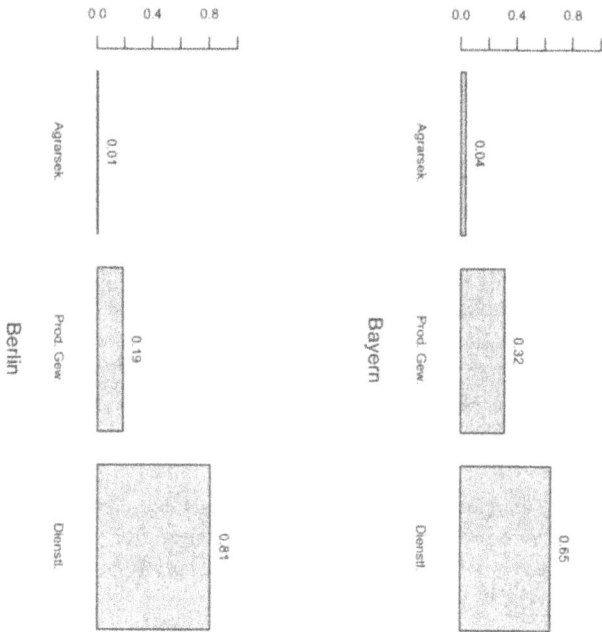

**Vergleich der Erwerbstätigkeit nach Wirtschaftszweigen
(Jahr 2000)**

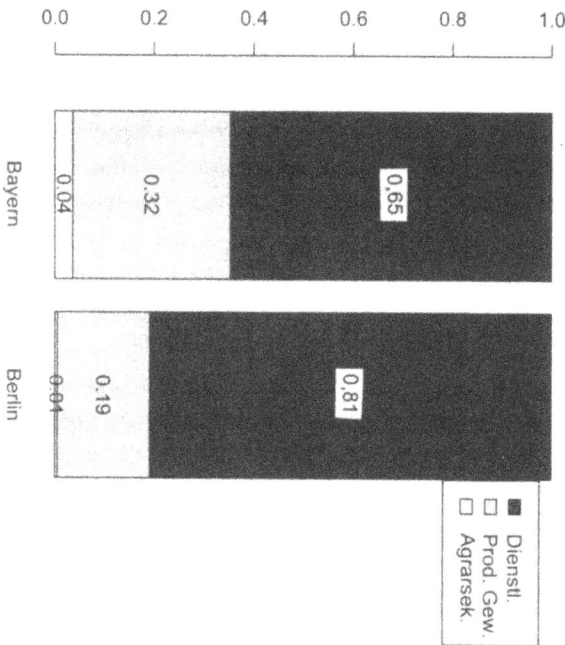

Abbildung 3.7: Beispiele für ein Säulendiagramm und ein gestapeltes Säulendiagramm

3.1.7 Das Punktediagramm (Dotchart)

Das Punktediagramm bzw. *Dotchart* stellt eine relativ neue und daher noch nicht weit verbreitete Art der statistischen Grafik dar. Entwickelt wurde es von William S. Cleveland. Das Punktediagramm ist als Alternative zum Kreis- und Säulendiagramm entwickelt worden (Cleveland, 1985, S. 152). Es dient vorwiegend zur Darstellung von metrischen Variablen, die für verschiedene Gruppen miteinander vergleichen werden sollen. Neben einfachen bivariaten Punktediagrammen lassen sich in multivariaten Punktediagrammen auch Vergleiche über verschiedene Gruppierungen grafisch darstellen. Die metrische Variable wird dann in zwei nominale oder klassifizierte Variablen aufgeteilt und anschließend verglichen. In einem Punktediagramm werden die Kategorien üblicherweise der Größe nach geordnet und dann untereinander angeordnet. So lässt sich schnell ein Vergleich innerhalb einer Variablen ziehen. Während ein Säulendiagramm bei steigender Anzahl von Kategorien schnell unübersichtlich wird, bleibt ein Punktediagramm weiterhin gut strukturiert (siehe Abbildung 3.8[D]).

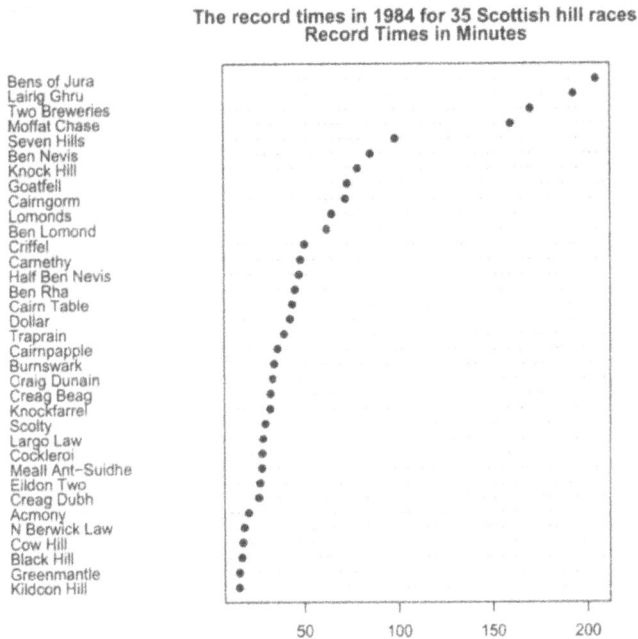

Abbildung 3.8: Beispiel für ein Punktediagramm

Wichtig ist es, bei der Erstellung eines Punktediagramms die Sortierreihefolge der Daten zu beachten. Möchte man eine metrische Variable bezüglich einer kategorialen Variable vergleichen, ist es sinnvoll, die metrische Variable der Größe nach anzuordnen. So lässt sich dem Punktediagramm schnell ein visueller Vergleich aller Kategorien entnehmen.

[D]Der Code befindet sich im Anhang A

Vergleicht man mehrere metrische Variablen bezüglich der selben kategorialen Variablen, ist es sinnvoll, die vorgefundene Sortierreihenfolge beizubehalten. Der Befehl zum Erstellen eines Punktediagramms lautet `dotchart`. Ein Punktediagramm zum Vergleich der Daten aus Tabelle 3.1 wird mit dem einfachen Befehl `dotchart(erwerb)` erzeugt. Die Abbildung 3.9 zeigt ein Punktediagramm im Vergleich mit einem gestapelten Säulendiagramm. Den Untersuchungen Clevelands zufolge entnimmt ein Beobachter Daten schneller aus einem Punktediagramm als aus einem gestapelten Säulendiagramm (Cleveland, 1985, S. 262ff.).

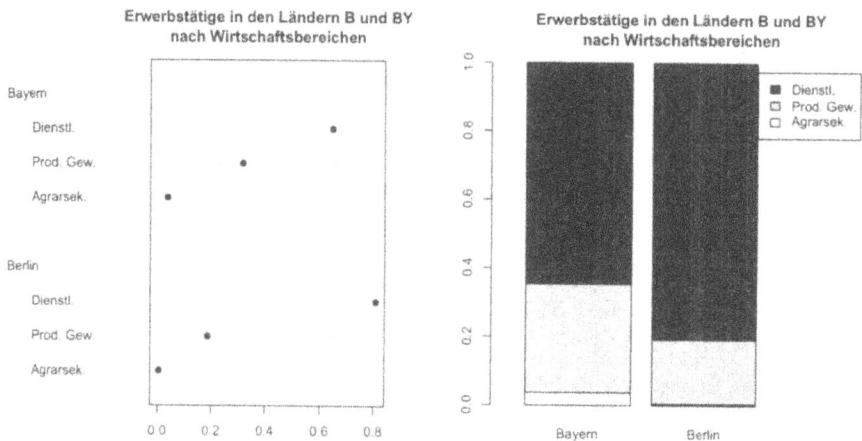

Abbildung 3.9: Punkte- und Säulendiagramm im Vergleich

3.1.8 Das Histogramm

Das *Histogramm* ist eine frühe Form der statistischen Grafik. Bereits im 18. Jahrhundert wurden intervallskalierte Daten mittels Histogrammen dargestellt. Mit dieser Form der statistischen Grafik lässt sich ein schneller Überblick über die Verteilung von Daten gewinnen.

Zur Konstruktion eines Histogramms wird der gesamte Wertebereich der Variablen in mehrere Abschnitte (*Intervalle* oder *Klassen*) unterteilt, die anschließend als Säulen dargestellt werden. Die Einteilung der Variablen in verschiedene Klassen oder Intervalle ist für die Konstruktion eines Histogramms von zentraler Bedeutung und wird daher auf S. 98 ausführlicher behandelt.

Da es sich bei einem Histogramm um die Darstellung einer metrischen Variable handelt, die in der Regel viele verschiedene Ausprägungen enthält, werden die Säulen direkt aneinander gelegt, da zwischen einer und der nächsten Säule theoretisch keine Lücke besteht. Dies ist auch der entscheidende Unterschied zum Säulendiagramm, mit dem hauptsächlich Nominal- bzw. Ordinalvariablen dargestellt werden.

Der kritische Punkt bei der Konstruktion eines Histogramms ist die Wahl der Unterteilung des Wertebereiches der Daten. Diese Unterteilung bestimmt die Breite der Säulen und damit die Darstellungsart. Je nachdem, in wie viele Abschnitte der Wertebereich des Datensatzes unterteilt wurde, führt dies zu sehr unterschiedlichen Ergebnissen.

Histogramm über
Windgeschwindigkeit (mph)

40 Unterteilungen

Histogramm über
Windgeschwindigkeit (mph)

8 Unterteilungen

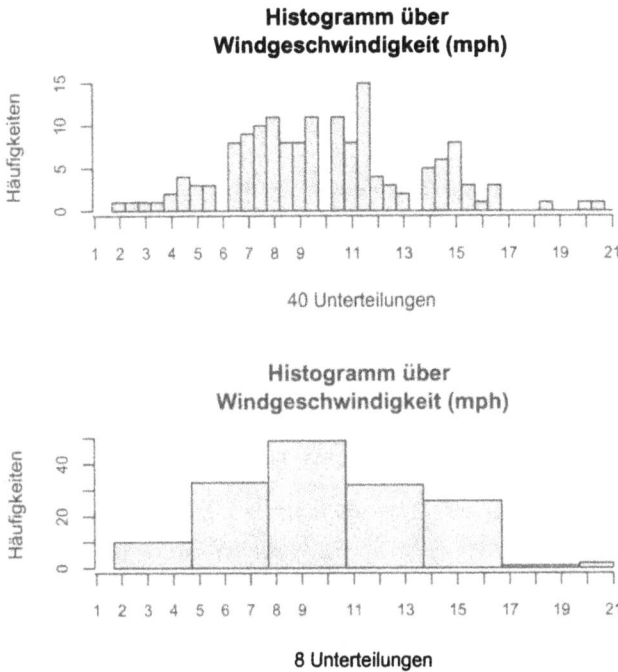

Abbildung 3.10: Auswirkungen unterschiedlicher Intervalllängen bei der Konstruktion eines Histogramms

Die Abbildung 3.10 zeigt zweimal die selbe Variable. Für das obere Histogramm wurde die
Variable in 40 Teilstücke unterteilt. Für das untere Histogramm wurde der Wertebereich
der Variablen in nur acht Teilstücke unterteilt. Eine einzelne Säule im Histogramm zeigt
jetzt, wie viele Ausprägungen die Variable im Wertebereich der Säule besitzt. So enthält
die zweite Säule im unteren Histogramm ca. 40 Werte aus dem Wertebereich zwischen 5
und 8.
Es ist demnach bei der Konstruktion eines Histogramms zu beachten, dass eine kleinere Unterteilung der einzelnen Säulen zwar die Genauigkeit und die Informationsmenge
erhöht, ab einer bestimmten Menge von Unterteilungsschritten allerdings der Sinn der
grafischen Information verfehlt wird, da die Informationen nicht mehr zusammengefasst
werden. Auf der anderen Seite darf die Unterteilung nicht zu grob sein, da sonst wichtige
Informationen über einzelne Ausreißer oder Datenlücken „verschluckt" werden. In dieser
Zwickmühle muss im Zweifelsfall der Anwender entscheiden, welche der beiden Optionen
(Datenreduktion vs. Genauigkeit) dem Vorrang zu geben ist. In R kann zwar Einfluss
auf die Unterteilung der Säulen genommen werden, für den Großteil der zu erstellenden
Histogramme werden die Voreinstellungen mit denen R arbeitet jedoch ausreichen.
In einem Histogramm können auf der Y-Achse sowohl die absoluten Häufigkeiten als auch
die relative Häufigkeit für jede Säule abgetragen werden. Wird in der Darstellung die relative Häufigkeit als Einheit für die Y-Achse gewählt, lassen sich die Proportionen der Säulen
miteinander vergleichen. In R ist die Wahl zwischen relativen und absoluten Häufigkei-

ten abhängig von der Unterteilung der X-Achse. Ist diese in gleiche Abschnitte aufgeteilt (*äquidistant*), werden die absoluten Häufigkeiten dargestellt. Bei unterschiedlichen Intervalllängen werden auf der Y-Achse die relativen Häufigkeiten abgetragen.

Die Funktion `hist` hat bereits sinnvolle Voreinstellungen bezüglich der Achsen und der Achseneinteilungen. So ist es selten notwendig die Unterteilungen der Variable (in R `breaks` genannt) selber zu konstruieren. Lediglich die Beschriftung des Histogramms liefert nicht immer zufriedenstellende Ergebnisse. Als Beispiel soll ein Histogramm für die Variable `Temp` (Temperatur in $°F$) aus dem Beispieldatensatz `airquality` erstellt werden. Dazu muss zunächst der Datensatz in R geladen werden (siehe Seite 7). Anschließend ist es möglich die Variablen dieses Datensatzes über die übliche Refrenzierungsweise für Variablen anzusprechen (vgl. Seite 36). Mit `airquality$Temp` hat man also Zugriff auf den Inhalt der Variablen `Temp`. Ein einfaches Histogramm ist nun schnell erzeugt:

Progammbeispiel 3.13

```
hist(airquality$Temp)
```

Das Ergebnis ist bereits vorzeigbar, auch wenn einige Verbesserungen möglich sind. Eine kontrastreichere Grafik ist für den Betrachter visuell einfacher erfassbar. Mittels der Option `col` lässt sich die Farbe der Säulen verändern. Im Histogramm sind Einzelbeschriftungen über den Säulen auch wesentlich einfacher zu erreichen als im Säulendiagramm (vgl. Programmbeispiel 3.8). Hierzu fügt man lediglich die Option `labels` an und setzt diese auf TRUE. Titel und Beschriftungen können auf die gleiche Art geändert werden, wie dies bereits bei den Säulendiagrammen auf Seite 92 erfolgte.

Progammbeispiel 3.14

```
hist(airquality$Temp,
        col="red",
        labels=TRUE,
        main="Histogramm der Temperaturdaten
            der Stadt New York\n03/1973-09/1973",
        xlab="Temperatur in Fahrenheit",
        ylab="Häufigkeiten")
```

Bisher ist noch nichts zur Einteilung der Variablen in einzelne Intervalle gesagt worden. Für die bisherigen Beispiele wurde davon ausgegangen, dass die Einteilung des Wertebereiches der Variablen in gleich große Klassen erfolgte. Die grafische Repräsentation der Variablenabschnitte durch die Säulen entsprach daher der tatsächlichen Proportion der einzelnen Abschnitte. Stellt man in einem Histogramm absolute Werte dar und wählt eine äquidistante Klasseneinteilung (d.h., dass jede Säule des Histogramms ein gleich langes Intervall der Variablen repräsentiert), so kann mit dem bisher Gesagten weiter gearbeitet werden. Um aber eine flächenproportionale Darstellung in einem Histogramm bei nicht-äquidistanter Klasseneinteilung zu gewährleisten, ist es notwendig, die Höhe der Säulen zu korrigieren. Hier gibt es verschiedene Möglichkeiten. Eine einfache Korrektur besteht darin, die absolute Häufigkeit durch die Klassenbreite zu dividieren. Auf der Y-Achse wird dann die sogenannte *Häufigkeitsdichte* dargestellt:

$$d_i = \frac{h_i}{c_i} \tag{3.2}$$

Dabei steht d_i für die Häufigkeitsdichte der einzelnen Säule i, h_i für die absolute Häufigkeit der Werte im Intervall, welches die Säule i repräsentiert und c_i für die Klassen- bzw. Intervallbreite.

In R wird eine andere Korrektur gewählt. Dort wird die relative Häufigkeit durch die Klassenbreite dividiert:

$$\hat{f}_i = \frac{\pi_i}{c_i} \tag{3.3}$$

Die Ordinate wird mit $\hat{f}_i$ bezeichnet. Der Buchstabe π_i bezeichnet die relative Häufigkeit $\frac{h_i}{n}$ im Intervall i.

Erstellt man in R nun ein Histogramm mit der Option `freq=FALSE`, erhält man ein Histogramm mit korrigierten Abszissenwerten:

```
hist(airquality$Temp,
        col="red",
        labels=TRUE,
        freq=FALSE)
```

Der Wert über der höchsten Säulen beträgt hier 0.044. Berechnet man diesen Wert nach Formel 3.3, so erhält man:

$$\pi_i = \frac{34}{154} = 0.2208$$

$$\hat{f}_i = \frac{0.2208}{5} = 0.0442.$$

Die in R implementierte Funktion „merkt" automatisch, wann es sinnvoller ist, korrigierte Ordinaten statt der Absolutwerte zu benutzen. Zwar lässt sich diese Entscheidung auch umgehen, dies quittiert das Programm jedoch mit einer Warnung.

Eine variierende Klasseneinteilung kann sinnvoll sein, wenn die Ausprägungen in den verschiedenen Klassen sehr stark voneinander abweichen. Stellt man beispielsweise eine Einkommensverteilung dar, ist dies in der Regel der Fall. Während die unteren und mittleren Einkommensklassen relativ gut durch gemeinsame Klassenbreiten darstellbar sind, ist die Streuung in den oberen Einkommensklassen meist sehr groß bei sehr geringer Fallbesetzung. In R kann man in diesem Fall die Klasseneinteilung manuell erstellen. Dazu nutzt man die Option `breaks`. Üblicherweise wird `breaks` aus den Variablen nach bestimmten Algorithmen erstellt.[E] Es lässt sich aber auch ein Vektor als Argument an diese Option übergeben. R versucht dann, die Klasseneinteilung nach diesem Vektor vorzunehmen. Ein kurzes Beispiel soll diese Vorgehensweise demonstrieren:

```
hist(airquality$Ozone,
     breaks=c(seq(0,100,20),170),
     col="red",labels=TRUE)
```

In diesem Beispiel wird mit der `breaks`-Option eine Klasseneinteilung vorgegeben. Der Vektor enthält zunächst alle Werte von 0 bis 100 in Zwanzigerschritten (`seq(0,100,20)`). Als letzter Wert wurde die 170 an den Vektor angehängt. Die letzte Klasse reicht also von

---

[E]Die Voreinstellung berechnet die Klasseneinteilung nach der Faustregel von Sturges (vgl. Wagenführ (1967), S. 63). Weitere Einstellungen und ausführlichere Erläuterungen dazu vgl. Venables und Ripley (2002), S. 112.

100 bis 170[F]. Da die letzte Klasse breiter ist als die ersten fünf, wählt R automatisch die Ausgabe des Histogramms mittels Häufigkeitsdichten.

3.1.9 Das Box-and-Whiskers-Plot

Das Box-and-Whiskers-Plot oder kurz: *Boxplot* eignet sich sehr gut, um Verteilungen bei denen Stetigkeit der Daten unterstellt werden kann, übersichtlich darzustellen. Die wahre Stärke dieser Grafik liegt darin, Verteilungen im Vergleich darzustellen. Im einfachsten Fall wird die darzustellende Verteilung mit einem "Fünf-Werte-Summary" charakterisiert. Es gibt verschiedene Varianten des Boxplots. Im Folgenden sollen drei gebräuchliche Versionen erläutert werden.

Das einfache Boxplot

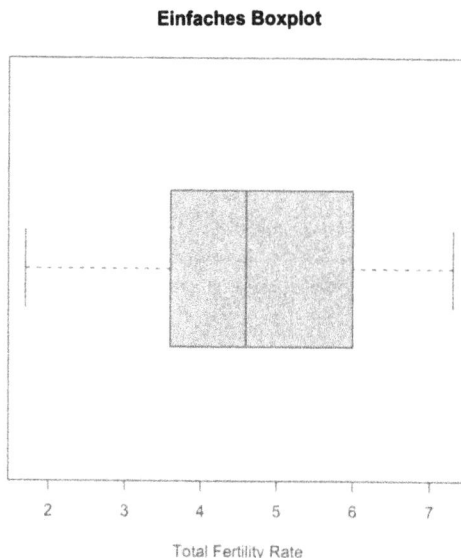

Einfaches Boxplot

Total Fertility Rate

Abbildung 3.11: Beispiel für ein einfaches Boxplot

Im einfachen Fall wird die gesamte Breite der Verteilung – der Range – grafisch abgebildet, wobei der Interquartilsabstand (vgl. Seite 69) besonders hervorgehoben wird. In Abbildung 3.11 wurde die Variable `tfr` aus dem Datensatz `Robey` in der `car` Bibliothek mit Hilfe eines einfachen Boxplots dargestellt. Diese Variable enthält die Totale Fertilitätsrate[G] für ausgewählte Regionen der Welt aus dem Jahr 1990. Das Boxplot selber kann in R mit der Grafikfunktion `boxplot` erzeugt werden. Diese Funktion kann für alle Formen von

---

[F]Der Wert 170 schließt das Maximum der Variablen `Ozone` ein. Da diese Variable NA-Werte enthält, wurde hier der Einfachheit halber der Maximalwert manuell eingetragen

[G]Kinder pro Frau im gebärfähigen Alter. Zur genauen Definition der TFR, vgl. Müller (2000), S. 66f. und Fox (1997), S. 24.

Boxplots genutzt werden. Mit Hilfe der verschiedenen Optionen (siehe auch Onlinehilfe) kann das Boxplot nach Bedarf angepasst werden.

In Abbildung 3.11 auf Seite 100 ist ein einfaches Boxplot abgebildet. Der graue Kasten – die Box – beschreibt den Interquartilsabstand dieser Variablen. Der linke Rand der Box entspricht dem ersten Quartil (25% der Beobachtungen = 3.6), der rechte Rand der Box wird durch das dritte Quartil (75% der Beobachtungen = 5.975) begrenzt. Der Strich in der Box repräsentiert den Median (50% der Beobachtungen = 4.6). Im einfachen Boxplot reichen die *Whiskers* – also die Striche rechts und links der Box – vom Minimum zum Maximum der Verteilung. Somit gibt das einfache Boxplot ein schnellen grafischen Überblick über die Form der Verteilung. Das einfache Boxplot enthält ein so genanntes *Five-Value-Summary* zur Beschreibung der Verteilung einer metrischen Variablen, welches von Tukey (1977) im Rahmen der *Explorativen Datenanalyse* entwickelt wurde. Dieses Summary besteht aus den fünf Maßzahlen

- Minimum

- Unteres Quantil

- Median

- Oberes Quantil

- Maximum

Innerhalb von R kann das Summary mittels des Befehls `fivenum` erzeugt werden.

Das erweiterte Boxplot

In einer weiteren Form des Boxplots werden zusätzlich *Ausreißer* visualisiert. Diese Form ist die voreingestellte Standardausgabe für die von R erzeugten Boxplots. Die Whiskers reichen in dieser Darstellung nur um das 1.5-fache des Interquartilsabstandes über die Box hinaus, reichen aber maximal bis zum äußersten Punkt des Wertebereiches. Reichen hingegen Datenpunkte über das 1.5-fache des Interquartilsabstandes hinaus (sog. *Ausreißer*), werden sie als einzelne Punkte dargestellt. Die einzelnen Elemente sind der Abbildung 3.12 auf Seite 102 zu entnehmen.

Mehrdimensionale Boxplots

Neben der Darstellung einzelner Variablen lassen sich mit Hilfe des Boxplots sehr gut metrische Variablen für verschiedene Gruppen vergleichen. Diese Gruppen werden in der Regel durch kategoriale Variablen gebildet. So lässt sich zum Beispiel mittels des Beispieldatensatzes `cats` (`data(cats,package=boot)`) das Körpergewicht von 144 Katzen nach Geschlecht vergleichen. Dazu wird dem `boxplot`-Befehl eine Formel übergeben. Wenn in R Formeln an Funktionen übergeben werden, handelt es sich dabei in der Regel um die Formulierung einer Abhängigkeit. Diese wird durch die Tilde ~ verdeutlicht. So bedeutet `Bwt` ~ `Sex` im Datensatz `cats`: *Körpergewicht in Abhängigkeit vom Geschlecht*. Dieser zusammenhang soll nun mittels eines Boxplots grafisch verdeutlicht werden. Nachdem der Datensatz `cats` geladen wurde, wird die Grafik mit folgendem Befehl erzeugt:

Elemente eines Boxplots

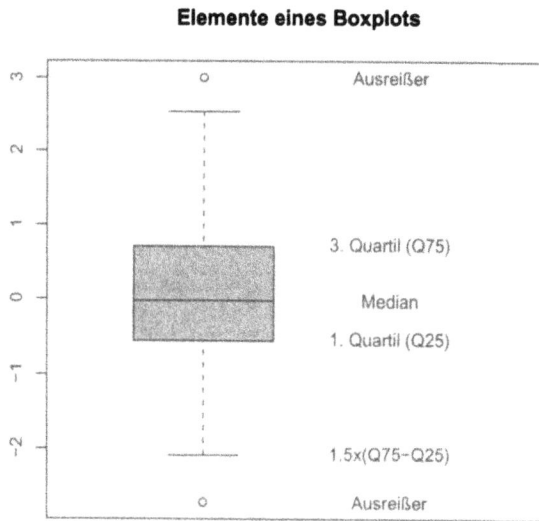

Abbildung 3.12: Elemente eines Boxplots

```
boxplot(Bwt ~ Sex, data=cats,
    main = "Körpergewicht von 144 Katzen nach Geschlecht",
    col = "grey", xlab = "Geschlecht", ylab = "Gewicht (kg)")
```

Titelei und Farbgebung sind hier der Ordnung halber wiedergegeben. Zentral ist die Formulierung der Abhängigkeit der metrischen Variable von der Gruppenvariable.

Der Grafik 3.13 ist auf einem Blick zu entnehmen, dass Kater schwerer sind als ihre weiblichen Artgenossinnen. Zwischen der Gewichtsverteilung der beiden Geschlechter ist ein deutlicher Schnitt: das obere Quantil des Gewichts der Weibchen liegt unter dem unteren Quantil des Gewichtes der Männchen. Außerdem ist die Streuung des Gewichtes bei den männlichen Tieren weitaus stärker als bei den Katzen. Beide Gewichtsverteilungen sind relativ symmetrisch. Bei den Katern neigt sich die Verteilung eher ein wenig nach links (weniger Gewicht), bei den Katzen neigt sich die Verteilung eher ein wenig nach rechts (mehr Gewicht).

Beherrscht man diese Form der Darstellung, lassen sich bereits recht komplexe Aussagen grafisch untermauern. Zwar werden statistische Testverfahren hierdurch nicht überflüssig, wichtige Kernaussagen und Tendenzen können mittels eines Boxplots aber bereits erfasst werden.

Körpergewicht von 144 Katzen nach Geschlecht

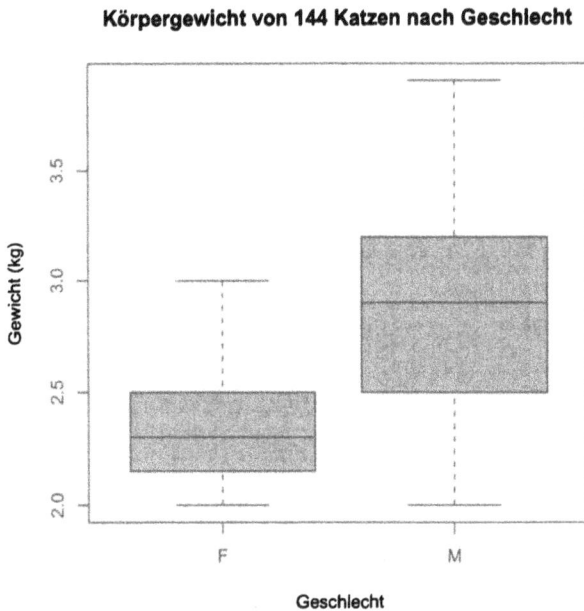

Abbildung 3.13: Boxplot für abhängige Variablen

3.2 Logarithmierung von Skalen in grafischen Darstellungen

Vergleicht man verschiedene Gruppen, die bezüglich der metrischen Variablen sehr unterschiedliche Ausprägungen aufweisen, ist es unter Umständen sinnvoll, die metrische Variable zu logarithmieren. Als Beispiel dient der Datensatz **phones**. In diesem Datensatz der Firma *AT&T* sind die Anzahl der Telefonanschlüsse für sieben Jahre zwischen 1951 und 1961 für verschiedene Regionen der Welt ausgewiesen. Die folgenden zwei Grafiken zeigen die drei Regionen "Nordamerika", "Mittelamerika" und "Afrika" im Vergleich. Die linke Grafik zeigt den Vergleich mittels Absolutzahlen. In der rechten Grafik wurden die Werte zunächst logarithmiert.

Während die linke Grafik den Eindruck erweckt, dass in Nordamerika ein rasanter Zuwachs stattgefunden hat, wird in der Grafik mit den logarithmierten Daten deutlich, dass der Zuwachs in Mittel- und Nordamerika etwa gleich stark ist während in Afrika bis 1956 ein extrem starker Zuwachs stattfindet, der dann plötzlich einbricht. Durch die Logarithmierung werden Daten mit sehr unterschiedlichen Skalen so transformiert, dass sich die Skalen vergleichen lassen. In dem vorliegenden Beispiel wurde die Transformation mittels des natürlichen Logarithmus ln vorgenommen. Diese Transformation hat zur Folge, dass ein Zuwachs auf der Y-Skala um eine Einheit einem Zuwachs um den Faktor 2.718 in der Originalskala entspricht. Es kann unter Umständen hilfreicher sein, wenn eine Logarithmierung mittels des Logarithmus zur Basis 2 erfolgt. In diesem Fall würde die Zunahme um eine Einheit auf der logarithmierten Skala einer Verdoppelung auf der ursprünglichen

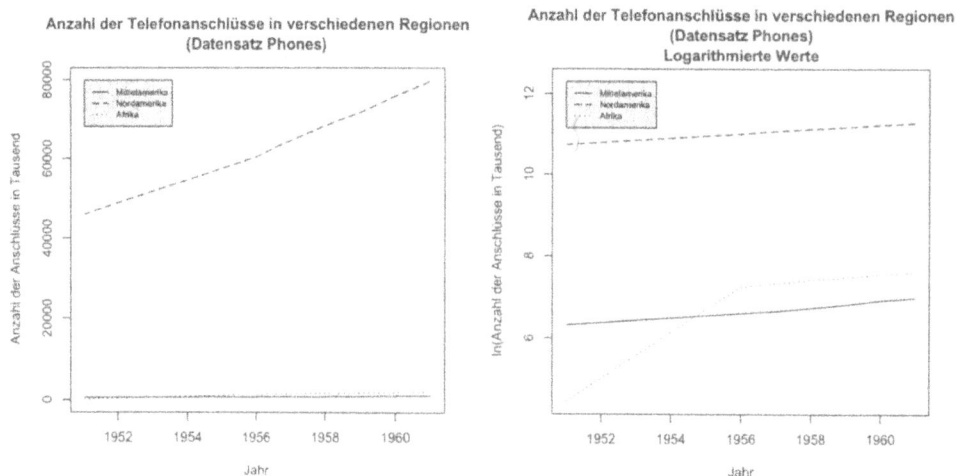

Abbildung 3.14: Beispiel für die Auswirkung der Logarithmierung von Daten

Skala entsprechen.

Die Logarithmierung von Daten kann in verschiedenen Situationen notwendig und sinnvoll sein. Ausführliche Informationen zur Transformation durch Logarithmierung finden sich in Cleveland (1993) ab Seite 48.

Bei der Logarithmierung sind mögliche Fehlerquellen in der Programmierung zu berücksichtigen. Dies betrifft im Wesentlichen den Umgang mit fehlenden und Nullwerten. Bei den fehlenden Werten kommt es im wesentlichen auf die jeweilige Grafik an. Da die Logarithmierung eines fehlenden Wertes wiederum einen fehlenden Wert erzeugt (`log(NA)` ergibt `NA`), kommt es darauf an, ob der gewählte Grafiktyp einen solchen fehlenden Wert verarbeiten kann (Details hierzu sind in der Online Hilfe zu den verschiedenen Grafiktypen zu finden). Anders verhält es sich mit Nullwerten. Wird ein Vektor logarithmiert, der den Wert 0 enthält, ist das Ergebnis ein `Inf` (siehe Seite 25). Da der Wert *unendlich* in einer Grafik nicht sinnvoll eingearbeitet werden kann, sollten Nullwerte vor der Logarithmierung aus dem Vektor eliminiert werden. Die kann z.B. mittels einer logischen Abfrage erfolgen:

```
vector <- vector[vector>0]
```

Dabei ist zu berücksichtigen, dass der resultierende Vektor kürzer ist als der ursprüngliche Vektor. Das ausführliche Programm, mit dem die rechte Grafik in Abbildung 3.14 hergestellt wurde, ist im Anhang A wiedergegeben.

3.3 Exkurs: Darstellung mehrerer Variablen in einer Grafik

Oft kommt es vor, dass in einem Fragebogen verschiedene Dimensionen zu einem Thema abgefragt werden. Die Befragten werden dann gebeten, zu einem Themenkomplex mehrere Bewertungen auf einer gleichförmigen Skala abzugeben. Das kann bedeuten, dass z.B.

- mehrere Fragen zu einer ähnlichen Thematik mit Schulnoten bewertet werden sollen

- zu mehreren ähnlichen Aussagen Zustimmung auf einer gleichartigen Skala gegeben werden sollen

- eine Position zwischen mehreren gegesätzlichen Adjektivpaaren angegeben werden soll.

Im Folgenden soll ein Beispiel aus einem Projekt am Lehrstuhl Kulturgeografie der Universität Eichstätt-Ingolstadt gegeben werden. In diesem Projekt wurden verschiedene Personen zum Thema „Kultur als Faktor im Tourismus" befragt. Die befragten Personen sollten in einem Punkt gegensätzliche Adjektivpaare einer Frage zuordnen. Die Frage lautete:

„Inwieweit treffen folgende gegensätzlichen Adjektivpaare auf Ingolstadt als Kulturstadt zu?"

	++	+	∘	+	++	
aktiv	□	□	□	□	□	passiv
international	□	□	□	□	□	provinziell
fortschrittlich	□	□	□	□	□	rückschrittlich
elitär	□	□	□	□	□	trivial
interessant	□	□	□	□	□	langweilig
vielseitig	□	□	□	□	□	einseitig

Der Datensatz mit den Daten aus diesem Beispiel ist auf der Internetseite des Autors erhältlich (vgl. Abschnitt 1.1).

Es ist erstrebenswert alle Dimensionen in einer Grafik darzustellen. Pro Dimension – also pro Adjektivpaar – wurde im Datensatz je eine Variable angelegt. Zur Auswertung ist es sinnvoll, wenn die Dimensionen jeweils als numerische Werte vorliegen. Daher sollten die einzelnen Variablen kodiert werden. Es ist zwar auch möglich, pro Dimension eine Variable vom Typ `character` einzugeben, bei der die jeweiligen Ausprägungen `sehr aktiv` bis `sehr passiv` etc. direkt erfasst werden. Bei dieser Art der Eingabe wäre eine Auswertung in der gewünschten Form allerdings nicht möglich. Gibt man die Variablen statt dessen als Zahlenwerte an, lassen sich die in Abbildung 3.15 zu sehenden Grafiken erstellen.

In der linken Grafik wurde über jede Variable der Mittelwert über alle befragten Personen gebildet. Darüber hinaus ist die Standardabweichung wiedergegeben. Außerdem wurde eine Linie eingezogen, mit der die Veränderung im Mittelwert von Dimension zu Dimension verdeutlicht wird. So lassen sich die Mittelwerte pro Dimension gleich im Kontext der Dimensionen ablesen. Es wird deutlich, ob eher die positiven Adjektive oder eher die negativen Adjektive genannt wurden. Damit dies in der Grafik deutlich werden kann, müssen die Daten im Datensatz richtig organisiert sein. Hier kommt es darauf an, die Variablen schon bei der Datenerhebung richtig zu organisieren. Im vorliegenden Fall wurde für alle betroffenen Variablen jeweils vom Positiven ins Negative kodiert. Das bedeutet, dass die positiven Eigenschaften („aktiv", „interessant", etc.) jeweils mit niedrigen Werten belegt wurden.

Streng genommen wird das arithmetische Mittel hier unkorrekterweise auf eine Variable mit ordinalem Skalenniveau angewandt. Daher wurde die gleiche Grafik nochmals mit den Medianen und den Quantilen abgebildet. In der rechten Grafik ist besser zu erkennen, in welchem Bereich der Hauptteil der Antworten liegt. Während die Standardabweichungen

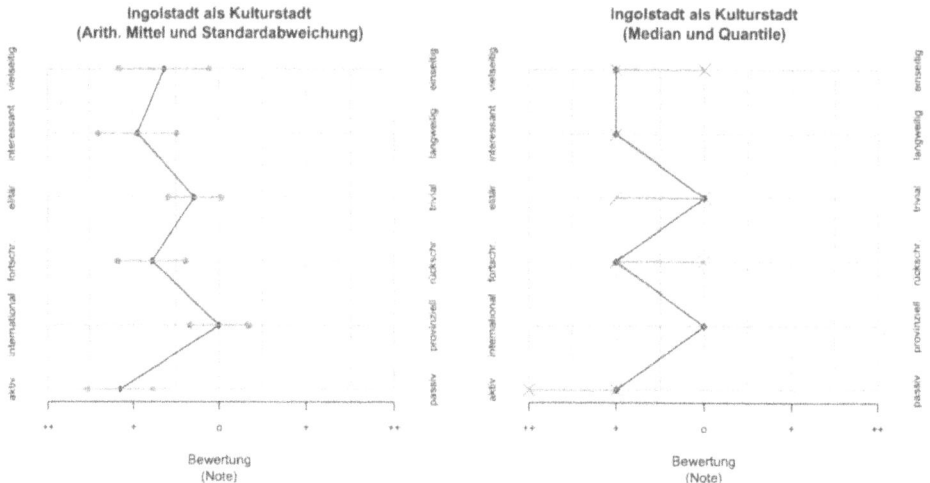

Abbildung 3.15: Auswertung mehrerer Dimensionen

eine gleichmäßige Abweichung vom Mittelwert nach rechts und nach links suggerieren, wird bei der Betrachtung der Quantile deutlich, dass die Antworten stark in eine Richtung tendieren oder sich sogar um den Mittelwert herum konzentrieren (z.B. "interessant" vs. "langweilig"). In solchen Fällen fallen Median und unteres bzw. oberes Quartil zusammen.

Zur Erzeugung dieser Grafik sollen im Folgenden nur einige Codehinweise gegeben werden, die dabei helfen können, für die eigene Situation ein entsprechendes Programm zu erstellen. Der komplette R-Code befindet sich wieder im Anhang A.

Im Prinzip müssen zunächst zwei Vektoren vom Typ **character** erstellt werden, in denen die Dimensionsnamen enthalten sind. Dabei ist auf die Reihenfolge der Namen zu achten. Die Namen müssen in beiden Vektoren in der gleichen Reihenfolge angeordnet werden. Die Reihenfolge muss der Reihenfolge der Variablen im Datensatz entsprechen. Für die obige Grafik wurden die Dimensionsnamen durch folgende Vektoren erzeugt:

```
dim1 <- c("aktiv","international","fortschrittlich",
          "elitär","interessant","vielseitig")
dim2 <- c("passiv","provinziell","rückschrittlich",
          "trivial","langweilig","einseitig")
```

Nun müssen die Variablen in eine gemeinsame Struktur eingebunden werden. Das kann z.B. über cbind erfolgen:

```
tmp <- cbind(data.frame[c("ad.paar1","ad.paar2",
             "ad.paar3","ad.paar4","ad.paar5","ad.paar6")])
```

ad.paar1 bis ad.paar6 sind die Variablennamen für die jeweilige Dimensionen. Der obige Befehl filtert die Werte dieser Variablen aus dem gesamten Data-Frame heraus. Mit dem so enstandenen Objekt können nun Mittelwert und Standardabweichung für alle Variablen der Grafik berechnet werden. Anschließend wird mittels der Option `type="n"` des `plot`-Befehls eine "blinde" Grafik aufgerufen, in der dann die einzelnen Achsen nacheinander eingezeichnet werden.

Die Größe der Grafik wird durch zwei Dimensionen bestimmt: einmal über die Anzahl der abgefragten Adjektivpaare (`ylim=c(1,6)`) und einmal über die Anzahl der Einstufungsmöglichkeiten (z.B. *sehr aktiv* bis *sehr passiv*, also `xlim=c(1,5)`). Über den Befehl zur Erzeugung der Achsen werden diese dann beschriftet (`axis`). Anschließend muss eine `for`-Schleife geschrieben werden, mittels derer die Mittelwerte pro Variable durch eine Linie (`lines`) verbunden werden. Eine weitere Schleife zeichnet die Standardabweichungen ein.

Sicherlich ist diese Grafik schon ein komplexeres Beispiel. Sie lässt aber erahnen, welche Möglichkeiten dem Anwender offen stehen, wenn die Optionen von `R` voll ausgeschöpft werden.

3.4 Interaktive Möglichkeiten der Grafikgestaltung

Bisher wurden nur Grafiken erläutert, die durch ein Skript erstellt wurden und mit dem Erscheinen auf Papier oder Bildschirm ihren eigentlichen Zweck erfüllt hatten. In `R` ist allerdings noch weitaus mehr möglich.

Das folgende Beispiel greift inhaltlich ein wenig vor, demonstriert dafür aber die interaktiven Grafikmöglichkeiten sehr gut. Zunächst wird eine leere Grafik aufgerufen. Die Programmausführung wird dann angehalten und der Anwender hat die Möglichkeit, Punkte in das Diagramm einzufügen. Dazu wird die linke Maustaste benutzt. Sind genügend Punkte im Diagramm, wird der Vorgang mit einem Klick auf die rechte Maustaste gestoppt. In der R-Konsole wird der Korrelationskoeffizient (vgl. S. 205) ausgegeben. Durch den Befehl `identify` kann nun der umgekehrte Weg demonstriert werden. Klickt man mit der Maus auf einen Punkt, wird dieser identifiziert und seine Koordinaten werden in die Grafik geschrieben.[H]

Progammbeispiel 3.15

```
plot(c(0,1),c(0,1),type="n")
xy <- locator(type="p")
cor(xy$x,xy$y)
identify(xy,labels=paste("x=",round(xy$x,2),
    "y=",round(xy$y,2),sep=""))
```

Die beiden interaktiven Befehle lauten `locator` und `identify`. Mit `locator` wird die Mausposition innerhalb der Grafik abgefragt und dann als Position an `R` übergeben. Die Mausposition an der ein Klick erfolgte wird dann jeweils mit `x` und `y` referenziert. Die Skala der Koordinaten hängt von der Skala der Grafik ab. Mit Hilfe des `locator`-Befehls können Elemente manuell in eine Grafik platziert werden. Gibt man beispielsweise zur Platzierung einer Legende statt der Koordinaten für `x` und `y` den Befehl `locator(1)` an, kann der Anwender einmal in die Grafik klicken. An dieser Stelle wird dann die Legende platziert.

[H]Beispiel 3.15 in Anlehnung an Venables und Ripley (2002), S. 8.

Die Funktion `identify` hat genau die umgekehrte Aufgabe. Mit Hilfe dieser Funktion können bereits vorhandene Punkte aus einer Grafik herausgelesen werden. Auch hier werden die Koordinaten dieser Punkte an R übergeben. Allerdings gelingt dies nur, wenn der Funktion `identify` ein Argument übergeben wurde. Dies Argument sollte ein Vektor `x` sein, in dem die Skala der Grafik enthalten ist. Durch einen Mausklick auf einen Punkt in einer Grafik wird R dazu veranlasst, nach einem Punkt zu suchen, der in der Grafik und im Vektor `x` vorkommt. Dessen Koordinaten werden dann als Argument an der Konsole ausgegeben.

3.5 Erweiterte Grafiknutzung

Die hier vorgestellten Grafiken sind nur die „Spitze des Eisbergs", wenn man den gesamten Umfang der in R vorhandenen Möglichkeiten betrachtet. Möchte man weiter in die grafische Gestaltung einsteigen, ist zunächst auf das Paket `lattice` hinzuweisen. Dies eignet sich vor allem zur Darstellung multivariater Zusammenhänge. Nachdem das Paket über `library(lattice)` geladen wurde, lässt sich durch Aufruf einer Demonstration `demo(lattice)` ein erster Eindruck über die Fähigkeiten dieser Bibliothek gewinnen.

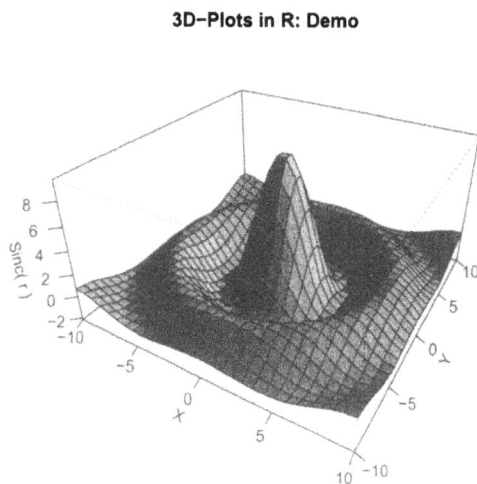

Abbildung 3.16: Demonstration einer dreidimensionalen Grafik in R

Zur Beschriftung von Abbildungen stehen viele Befehle zur Verfügung. Ein kleiner Eindruck der Verwendung des `expression` Befehls wurde in diesem Kapitel bereits gegeben. Insgesamt stellt diese Funktion aber so viele Beschriftungsmöglichkeiten zur Verfügung, dass zur Verwendung die Onlinehilfe konsultiert werden sollte.

Nicht zuletzt können mit R auch dreidimensionale Grafiken erzeugt werden. Dazu steht die Funktion persp zur Verfügung. Auch hier kann demo(persp) einen ersten Eindruck vermitteln. Die Grafik in Abbildung 3.16 ist ein Beispiel aus der Online-Hilfe zum persp-Befehl. Wer also hochwertige Grafiken erzeugen möchte, dem sind mit R keine Grenzen gesetzt. Mit den Grundlagen, die in diesem Kapitel behandelt wurden, fällt die Einarbeitung in weiterführende Gestaltungsmöglichkeiten entsprechend leichter.

3.6 Literatur und Befehlsregister

3.6.1 Literatur

Zur Vertiefung der Inhalte dieses Kapitels wird folgende Literatur empfohlen:

- Standardwerk zum Arbeiten mit Grafiken in R: Venables und Ripley (2002), Kapitel 4

- Zentrale Werke zur Konstruktion statistischer Grafiken: Cleveland (1985) und Cleveland (1993)

- Sehr lesbare Einführung die sich ausführlich mit der Konstruktion deskriptiver Statistiken beschäftigt: Wagenführ (1967)

- Klassiker über falsche und ungeeignete Statistiken: Krämer (1998)

3.7 Kurzregister neuer Befehle

Funktion	Beschreibung	Seite
barplot()	Erzeugt ein Säulendiagramm	89
boxplot()	Erzeugt ein Boxplot	100
dev.off()	Schließt eine aktive Grafikausgabe	88
fivenum()	Erstellt ein Fünf-Werte-Summary nach Tukey	101
graphics.off()	Schließt alle offenen Grafikausgaben	88
hist()	Erzeugt ein Histogramm	98
identify()	Ermöglicht die Identifizierung bestimmter XY-Koordinaten in einer bestehenden Grafik	107
locator()	Ermöglicht die Lokalisierung der Mausposition in einer bestehenden Grafik	107
par()	Setzen der umfangreichen Grafikoptionen	80
persp()	Dreidimensionale Abbildungen	109
pie()	Erzeugt ein Kreisdiagramm	88
plot()	Grundbefehl zur Erstellung von Grafiken	76
postscript()	Leitet die Grafikausgabe in eine Postscriptdatei um	84
savePlot()	Speichert eine Grafik unter Windows	84
text()	Schreibt Text in eine vorhandene Grafik	91
title()	Erzeugt einen Titel für eine vorhandene Grafik	90
windows()	Öffnet ein Grafikfenster, in das eine Grafik abgebildet werden kann	88
x11()	Öffnet ein Grafikfenster, in das eine Grafik abgebildet werden kann	88

4 Wahrscheinlichkeitstheorie

Da der vorliegende Text im Wesentlichen eine Einführung in die Software R darstellt, wird eine tiefergreifende Einführung in die Wahrscheinlichkeitsrechnung an dieser Stelle nicht geleistet. Dennoch ist für ein Verständnis der schließenden Statistik die Beschäftigung mit Grundlagen der Wahrscheinlichkeitsrechnung unvermeidbar. Daher werden einige einführende Begriffe hier wiederholt. Selbstverständlich lässt sich R auch hier wieder gezielt einsetzen. Zum einen sollen Regeln numerisch nachvollzogen werden, zum anderen sind in R einige Funktionen aus den Bereichen Mengenlehre und Kombinatorik implementiert.

Für eine ausführliche Darstellung der Wahrscheinlichkeitstheorie sei auf die Standardliteratur verwiesen. Einige Literaturempfehlungen befinden sich wie immer am Ende des Kapitels.

4.1 Grundbegriffe der Wahrscheinlichkeitsrechnung

Der Begriff der Wahrscheinlichkeit hat in der modernen Gesellschaft eine zentrale Rolle eingenommen. Die Auflösung herkömmlicher Sicherheiten scheint allenthalben graifbar zu sein und hat dazu geführt, dass Wahrscheinlichkeitsangaben einen festen Platz im Alltagsleben eingenommen haben. Ein Blick in die Tageszeitung genügt, um sich diese Entwicklung zu verdeutlichen: nicht die kleinste Zeitung verzichtet mehr auf Meldungen über neueste Forschungsergebnisse aus allen Bereichen des Lebens. Immer häufiger werden dabei Wahrscheinlichkeiten angegeben, mit denen ein Sachverhalt zutrifft oder nicht. *Wahrscheinlich* lösen Pommes Krebs aus, *Wahrscheinlich* hat der Mensch einen globalen Klimawandel erzeugt, Kinder aus sozial benachteiligten Familien bekommen *wahrscheinlich* in der Schule schlechtere Noten. Die Aufzählung ließe sich beliebig fortsetzen. Über die Analyse von Wahrscheinlichkeiten wird versucht die erzeugte Unsicherheit der Moderne zu reduzieren.[A]

Was genau *Wahrscheinlichkeit* ist, lässt sich schwer bestimmen. Daher wird Wahrscheinlichkeit auch verschieden definiert. Um eine mathematische Definition von Wahrscheinlichkeit hat sich der russische Mathematiker A. N. Kolmogoroff bemüht. In der schließenden Statistik wird sich der Wahrscheinlichkeitstheorie bedient, um Schlüsse über Annahmen ziehen zu können. Die Annahmen beziehen sich dabei auf Prozesse zufälliger Natur, wie sie im sozialen Handeln vorkommen. Dem zufälligen Prozess kann als methodisches Äquivalent das Zufallsexperiment anbei gestellt werden.

[A]Um sich diesem Problemkreis zu nähern, bietet Beck (1986) mit seiner Analyse der *Risikogesellschaft* einen guten Einstieg.

4.1.1 Zufallsexperimente

Unter einem *Zufallsexperiment* versteht man einen nach einer festen Vorschrift ausgeführten Vorgang, der beliebig oft wiederholt werden kann und dessen Ausgang vom Zufall abhängt. „Vom Zufall abhängen" soll hier heißen, dass die Ergebnisse dieses Vorgangs nicht vorhersagbar sind.[B] Ob ein Zufallsexperiment vorliegt, liegt somit auch an der Definition des Betrachters dieses Vorgangs. Ein Würfelwurf als Beispiel für ein klassisches Zufallsexperiment, ist als Experiment leicht nachvollziehbar. Der Vorgang ist fest definiert: ein Würfel soll einmal geworfen werden. Der Würfelwurf kann beliebig oft wiederholt werden und die möglichen Ergebnisse – eine von sechs möglichen Augenzahlen – sind nicht vorhersagbar.

Ein weiteres Zufallsexperiment lässt sich folgendermaßen definieren: Ein Fußgänger geht durch die Stadt und beobachtet, welche Farbe die Fußgängerampeln auf die er stößt, anzeigen. Zwar folgen die Ampeln, denen er begegnen wird einer festen (und hoffentlich nicht zufälligen) Schaltung. Wenn der Fußgänger aber einen zufälligen Weg durch die Stadt nimmt, – wohl möglich durch eine ihm unbekannte Stadt – ist das Ergebnis für ihn nicht vorhersagbar. Auch die anderen Bedingungen – fest definierter Vorgang und beliebige Wiederholbarkeit sind gegeben.

Die Ergebnisse eines Zufallsexperimentes werden als *Elementarereignisse* bezeichnet, die Menge aller möglichen Elementarereignisse eines Zufallsexperimentes werden als *Ereignisraum* (mathematisches Symbol Ω) bezeichnet. Bei einer gängigen Fußgängerampel besteht der Ereignisraum aus den beiden Elementarereignissen rot und grün:

$$\Omega = \{\text{rot}, \text{grün}\}$$

4.1.2 Zufallszahlen

In R lassen sich *Zufallszahlen* simulieren. Bei diesen simulierten Zahlen handelt es sich nicht um echte Zufallszahlen, also um Zahlen, die völlig zufällig entstanden sind. Vielmehr werden mit Hilfe eines mathematischen Algorithmus Zahlen erzeugt, die sich wie echte Zufallszahlen verhalten, so genannte *Pseudozufallszahlen* (vgl. auch Exkurs im nächsten Abschnitt). Auf die Erzeugung von Zufallszahlen wird später nochmals einzugehen sein, wenn die verschiedenen Verteilungsfunktionen vorgestellt werden (vgl. Kapitel 5). R erzeugt nicht einfach „nur" Zufallszahlen. Vielmehr werden Zufallszahlen für verschiedene Verteilungen erzeugt. Damit aber an dieser Stelle bereits mit einfachen Zufallsereignissen gearbeitet werden kann, soll eine Möglichkeit der Erzeugung von Zufallszahlen hier vorgestellt werden.

Um das Ampelbeispiel zu simulieren, wird eine Variable erzeugt die zwei Zustände kennt (rot und grün). Diese Zustände sollten zufällig erzeugt werden. Um die beiden Zustände simulieren zu können, müssen sie durch zwei Zahlwerte repräsentiert werden, z.B. rot=0 und grün=1. Nun müssen also die Zahlen 0 und 1 zufällig erzeugt werden, wobei beide Werte mit der gleichen Wahrscheinlichkeit von $p = 0.5$ auftreten können (die tatsächlichen Ampelschaltungszeiten sind ja unbekannt). Der entsprechende Befehl zur Erzeugung von gleichverteilten Zufallszahlen lautet runif. Diese Funktion besitzt die drei Argumente (n,min,max). Sie haben folgende Funktion: n gibt an, wie viele Zufallszahlen erzeugt werden sollen und min und max geben die Intervallgrenzen an, in denen die erzeugten Zufallszahlen liegen (weitere Ausführungen zur Funktion vgl. Abschnitt 5.2). Gibt man nun

---

[B]Vgl. z.B. Kreyszig (1988), S. 50 und Litz (1997), S. 198.

`runif(5,0,1)` in die Konsole ein, werden fünf Zufallszahlen im Intervall zwischen 0 und 1 erzeugt. Die Werte 0 und 1 werden recht selten dabei sein, da die Funktion Dezimalwerte erzeugt. Um einen Vektor zu erhalten, in dem nur Nullen und Einsen enthalten sind, ist es notwendig, die Dezimalzahlen auf- oder abzurunden. Dazu kann auf die Funktion `round` zurückgegriffen werden (vgl. S. 27). Mit `round(runif(5,0,1),0)` werden also fünf Nullen oder Einsen zufällig erzeugt. Die fünf Zahlen entsprächen im Ampelbeispiel also fünf Fußgängerampeln, die entweder auf **rot** oder auf **grün** zeigen. Alternativ wäre es möglich gewesen, die Funktion `rbinom` einzusetzen, da es sich im vorliegenden Beispiel um eine Binomialverteilung handelt (vgl. Seite 138). Der entsprechende Zufallsvektor wäre dann durch die Eingabe `rbinom(5,1,0.5)` zu erzeugen.

Exkurs: Zufall?

Es ist bemerkenswert, dass eine Wissenschaft die mit der Betrachtung von Glücksspielen begann, heute das wichtigste Objekt menschlichen Wissens darstellt.

Pierre Simon Marquis de Laplace

Die Tatsache, dass zahlreiche mathematische Bücher vom Zufall handeln, ohne dass das Wesen des Zufalls bis heute mathematisch erfasst wurde, liegt genau dort begründet: im Wesen des Zufalls. In dem Moment, wo eine exakte Beschreibung des Zufalls – oder besser eines zufälligen Prozesses – vorläge, wäre der Prozess nicht mehr zufällig. Seine Entstehung wäre vorhersagbar.[C]

Angenommen, es wird diese Zahlenfolge aus den Ziffern 0 bis 9 produziert:

$$31415926535897932384626433832795028841971\ldots$$

Sie ist anscheinend zufällig. Die „Zufälligkeit" dieser Zahlensequenz könnte mit verschiedenen Tests überprüft werden. So ist z.B. die Wahrscheinlichkeit für das Auftreten einer bestimmten Ziffer ca. $\frac{1}{10}$. Auch verschiedene andere Tests könnten die Zufälligkeit dieser Zahlenreihe nicht widerlegen. Dennoch kann letztendlich nicht endgültig festgestellt werden, ob diese Zahlensequenz nicht doch durch eine Regel beschrieben werden kann: wodurch das Prinzip der Zufälligkeit grundlegend verletzt würde.

Eine Zahlenfolge ist Kolmogoroff zufolge dann zufällig, wenn die Regel zur Formung der Zahlensequenz genau so lang ist, wie die Zahlensequenz selber. Das Problem besteht darin, dass nicht zu ergründen ist, ob eine Zahlensequenz nicht doch durch eine Regel zu beschreiben ist. Der Mathematiker Kurt Gödel lieferte 1931 den Beweis, dass nicht alles bewiesen werden kann. So lässt sich auch nicht der Beweis führen, dass eine vermeintlich zufällige Zahl nicht doch durch eine Regel zu beschreiben ist. Selbst wenn alle bekannten Regeln zur Überprüfung auf Zufälligkeit angewandt werden, kann eine neue Regel gefunden werden, an der die Zahlensequenz scheitert.

In der Mathematik (und somit auch in der Statistik) wird dieses Problem umgangen, in dem das Wesen der Zufälligkeit als gegeben postuliert wird. Erst die Ergebnisse des Zufalls werden logischen Regeln unterworfen. So sind Kolmogoroffs Axiome operationale Werkzeuge, mit denen Elementarereignisse auf Zufälligkeit untersucht werden können,

---

[C]Dieser Abschnitt lehnt sich an das Kapitel über den Zufall aus dem sehr lesenswerten Buch des Quantenphysikers Heinz Pagels (1982) an.

nachdem sie aufgetreten sind. Entsprechend werden *Pseudo-Zufallszahlen* mit dem Computer nach festgelegten Algorithmen konstruiert. Sie sind daher alles andere als *zufällig* entstanden. Die Ergebnisse dieser Konstruktion halten hingegen den Testverfahren stand, die notwendigerweise eine „echte" Zufallszahl auszeichnen würden.

Die Regel, nach der die obige Zahlensequenz erzeugt wurde, ist übrigens sehr einfach: es handelt sich lediglich um die dezimale Erweiterung der Kreiszahl π.

4.1.3 Mengenoperationen

Zu Beginn dieses Kapitels wurde auf Seite 112 der Begriff des Elementarereignisses als Ausgang eines Zufallsexperimentes eingeführt. Das Element ist die mathematische Entsprechung des statistischen Merkmals. Werden mehrere voneinander unterscheidbare Elemente strukturiert zusammengefasst, so wird das Ergebnis als *Menge* bezeichnet. In der Mathematik gibt es spezielle Operationen, die auf Mengen und deren Elemente angewandt werden können. Einige relevante Operationen werden nun vorgestellt.

Es sei A eine Menge bestehend aus den Elementen:

$$A = \{a_1, a_2, a_3\}$$

und B eine Menge bestehend aus den Elementen:

$$B = \{b_1, b_2, b_3, b_4\}.$$

Der Ereignisraum sein nun die Menge aller Elemente in A und in B.

Die Zugehörigkeit eines Elementes zu einer Menge wird ausgedrückt durch

$$a_1 \in A$$

Sollen alle Ereignisse des Ereignisraumes bezeichnet werden, außer jene, die in A enthalten sind, wird dies mit

$$\overline{A}$$

bezeichnet. $\overline{A}$ stellt das *Gegenereignis* bzw. die Negation zu A dar.

Gibt es nun eine Menge C mit den Elementen $\{a_1, a_2\}$, dann ist C eine *Teilmenge* von A

$$C \subset A$$

Die Mengen A und B enthalten keine gemeinsamen Elemente, d.h. A und B sind *disjunkte* (einander ausschließende) Ereignisse. Disjunkte Ereignisse liegen dann vor, wenn die Schnittmenge, also die Menge der in A und B gemeinsam enthaltenen Elemente, leer ist. Man spricht von der *leeren Menge*. Die leere Menge wird mit $\emptyset$ bezeichnet. In R wird die leere Menge durch ein `numeric(0)` bzw. `character(0)` symbolisiert.

Die Ereignisse in den Mengen A und B können auf verschiedene Art miteinander verknüpft werden.

Sei C die Menge aller Ereignisse in A und B

$$C = \{a_1, a_2, a_3, b_1, b_2, b_3, b_4\},$$

dann ist

$$C = A \cup B,$$

also C ist die *Vereinigungsmenge* von A und B. Das $\cup$ Zeichen für die Vereinigung von Elementen entspricht der logischen **oder**-Operation: Das Element ist entweder in Menge A *oder* in Menge B vorhanden (vgl. S. 24 in der Einführung). Rechnerisch ist diese Operation äquivalent zur Addition.

Sei C der Durchschnitt oder die Schnittmenge der Ereignisse in A und B,

$$C = \emptyset,$$

dann ist

$$C = A \cap B,$$

also C ist die *Schnittmenge* von A und B. Das $\cap$ Zeichen für den Durchschnitt von Ereignissen entspricht der logischen **und**-Operation: Das Element ist in Menge A *und* in Menge B. Im vorliegenden Beispiel trifft das auf keines der Elemente zu, daher ist das Ergebnis eine leere Menge. Rechnerisch ist diese Operation äquivalent zur Multiplikation.

Sei C die Differenz der Ereignisse in A und B,

$$C = \{a_1, a_2, a_3\},$$

dann ist

$$C = A - B$$

als C ist die Differenz der Ereignisse in A und B. Diese Operation entspricht der logischen Negation: Die Elemente in A *ohne* B (vgl. S. 24 in der Einführung).

Mengeoperationen in R

Die vorgestellten Operationen sind in R als sogenannte *Set Operations* enthalten.
Soll überprüft werden, ob ein Element in einem Vektor enthalten ist, kann dies mittels der Funktion %in% erfolgen:

```
> 1:5 %in% c(1,3,5)
[1]  TRUE FALSE  TRUE FALSE  TRUE
> char <- c("Alle","meine","Entchen")
> "meine" %in% char
[1] TRUE
```

Die Vereinigungsmenge wird über den Befehl union erzeugt:

```
> A <- c("a1","a2","a3")
> B <- c("b1","b2","b3","b4")
> union(A,B)
[1] "a1" "a2" "a3" "b1" "b2" "b3" "b4"
```

Die Schnittmenge erhält man mittels **intersect** (im Beispiel die leere Menge):

```
> intersect(A,B)
character(0)
```

Die Differenz erzeugt der Befehl `setdiff`:

```
> setdiff(A,B)
[1] "a1" "a2" "a3"
```

4.2 Wahrscheinlichkeitsrechnung

Eine Möglichkeit, die Wahrscheinlichkeit des Eintretens eines Ereignisses zu berechnen, besteht darin, die Anzahl der für das Ereignis günstigen Ausgänge durch die Anzahl aller möglichen Ausgänge zu dividieren:

$$p(A) = \frac{\text{Anzahl der günstigen Ausgänge}}{\text{Anzahl aller möglichen Ausgänge}}$$

Diese Wahrscheinlichkeitsdefinition folgt der *klassischen Wahrscheinlichkeit*, wie sie von *Pierre Simon de Laplace* definiert wurde.

Ein Beispiel: In einem Labor wird eine Maus vor drei gleich aussehende Türen gesetzt. Wie groß ist die Wahrscheinlichkeit, dass die Maus zufällig eine der Türen auswählt?

$$p(\text{Wahl einer Tür}) = \frac{\text{Anzahl der gewählten Türen}}{\text{Anzahl aller möglichen Türen}}$$

$$p(\text{Wahl einer Tür}) = \frac{1}{3} = 0.33 = 33\%$$

Wahrscheinlichkeiten werden oft auch in Prozentwerten angegeben.

Laplace konstruierte zur Begründung seiner Wahrscheinlichkeitsdefinition den so genannten *idealen Würfel*, auch *Laplace'scher Würfel* genannt. Bei diesem Würfel ist das Eintreten der sechs möglichen Ereignisse (*„Augenzahl"*) absolut gleichwahrscheinlich. Möchte man auf diese Weise die Wahrscheinlichkeit des Eintretens kombinierter Ereignisse berechnen, ist zunächst die Anzahl der möglichen Ereignisse zu bestimmen.

4.2.1 Kombinatorik

Um die Wahrscheinlichkeit zu bestimmen, ist es also notwendig, die Anzahl möglicher Ereignisse zu kennen. Zur Berechnung aller möglichen Ereignisse sind einige Grundbegriffe aus der Kombinatorik zu beachten. Liegen mehrere Elemente vor, ist zunächst die Frage zu klären, auf wie viele Arten diese Elemente angeordnet werden können. Angenommen, ein Student bekommt Besuch von seinen Eltern. Er geht zu den Nachbarn und leiht sich zwei Stühle, damit seine Eltern mit ihm gemeinsam im Zimmer sitzen können. Nun gibt es genau zwei Möglichkeiten die Sitzreihenfolge der Eltern auf diesen beiden Stühlen anzuordnen:

Sitzanordnung 1: *Vater, Mutter* oder

Sitzanordnung 2: *Mutter, Vater*.

Angenommen, die Eltern bringen die Oma mit. Nun muss der Student sich einen dritten Stuhl ausleihen. Er hat jetzt drei Möglichkeiten, die Oma in das Arrangement einzuordnen: rechts der Eltern, links der Eltern oder zwischen den Eltern. Die Anordnung der Eltern konnte ja bereits zweimal variiert werden und so kann die Anordnung der Oma einmal auf die Sitzanordnung 1 und einmal auf die Sitzanordnung 2 angewendet werden:

Sitzanordnung 1: *Oma, Vater, Mutter*

Sitzanordnung 2: *Vater, Mutter, Oma*

Sitzanordnung 3: *Oma, Mutter, Vater*

Sitzanordnung 4: *Mutter, Vater, Oma*

Sitzanordnung 5: *Mutter, Oma, Vater*

Sitzanordnung 6: *Vater, Oma, Mutter*

Die drei Anordnungsmöglichkeiten der Oma lassen sich mit den beiden Anordnungsmöglichkeiten der Eltern kombinieren, so dass sich insgesamt $2 \cdot 3 = 6$ Anordnungsmöglichkeiten ergeben. Dieses Prinzip kann derart erweitert werden, dass sich folgende allgemeine Regel aufstellen lässt: Unter Berücksichtigung der Reihenfolge gibt es $1 \cdot 2 \cdot \ldots \cdot n = n!$ Möglichkeiten, n Elemente anzuordnen. Der Ausdruck $n!$ wird als *Fakultät* von n bezeichnet. Die Fakultät von n ist die Anzahl der *Permutationen* der n Elemente.

Die Fakultät ist in R nicht als eigenständige Funktion eingebaut. Das stellt in sofern kein Problem dar, als dass sie bei Bedarf schnell erzeugt werden kann. Die einfachste Möglichkeit besteht darin, das Produkt einer Sequenz von 1 bis n zu bilden. Es soll die Anzahl der Anordnungen für 6 Elemente berechnet werden:

```
> prod(1:6)
[1] 720
> cumprod(1:6)
[1]   1   2   6  24 120 720
```

Der Befehl `prod` ist die multiplikative Version von `sum`. Mit `prod` kann das Produkt der Elemente eines Vektors berechnet werden. Der Befehl `cumprod` berechnet das Produkt seiner Elemente kumulativ. Hier bekommt man als Ausgabe neben der Fakultät von n auch die Fakultäten der Werten von 1 bis n.[D]

Für das Beispiel der Sitzanordnungen soll berechnet werden, wie wahrscheinlich es ist, dass *Mutter* (M) neben *Oma* (O) sitzt, wenn sich die Besucher völlig zufällig auf die drei Stühle verteilen.

$$P(MO) = \frac{\text{günstige Sitzanordnungen}}{\text{mögliche Sitzanordnungen}} = \frac{4}{6} = \frac{2}{3}$$

Unter den drei Stühlen aus dem obigen Beispiel befindet sich ein unbequemer Stuhl. Bevor der Besuch eintrifft, möchte der Student diesen Stuhl per Losentscheid vergeben. Dazu schreibt er die drei Namen *Mutter, Vater* und *Oma* auf verschiedene Lose. Jetzt zieht er

---

[D]Dabei ist zu berücksichtigen, dass per Definition gilt $0! = 1$, was bei der Verwendung von `prod` und `cumprod` nicht berücksichtigt wird.

zweimal ein Los, wobei jedes Los nach dem Ziehen zurückgelegt wird. Derjenige soll nun auf dem unbequemen Stuhl zu sitzen kommen, dessen Los zweimal hintereinander gezogen wird. Zieht er zwei verschiedene Personen, will er selber auf dem unbequemen Stuhl zu sitzen kommen. Wie viele Variationsmöglichkeiten gibt es für diesen Fall?

Vater	*Mutter*
Mutter	*Vater*
Vater	*Oma*
Oma	*Vater*
Mutter	*Oma*
Oma	*Mutter*
Mutter	*Mutter*
Vater	*Vater*
Oma	*Oma*

Es gibt also neun Möglichkeiten, die zwei Lose zu ziehen. Allgemein werden solche Konstruktionen als *Variationen* bezeichnet: Auswahl von k aus n Elementen unter Beachtung der Reihenfolge mit Wiederholungsmöglichkeit der Elemente. Im vorliegenden Beispiel wurden zwei der drei Elemente *Mutter*, *Vater* und *Oma* ausgewählt. Da die Lose zurückgelegt wurden, konnten die Elemente mehrmals vorkommen. Die Anzahl der Variationen von k aus n Elementen mit Wiederholung und Beachtung der Reihenfolge wird mittels n^k berechnet.

Wie groß ist die Wahrscheinlichkeit, dass eine der drei Personen auf dem unbequemen Stuhl (uS) zu sitzen kommt?

$$P(uS) = \frac{\text{günstige Ereignisse}}{\text{mögliche Ereignisse}} = \frac{3}{9} = \frac{1}{3}$$

Die Chancen stehen also 1:3, dass der Student selber auf den betroffenen Stuhl sitzen muss.

Für das Beispiel der Sitzanordnungen sei nun angenommen, dass der Student im Wohnheim wohnt und statt der benötigten drei nur zwei Stühle leihen kann von denen einer auch noch zusammenzubrechen droht. Nun sind in der Studentenwohnung also vier Personen (*Mutter*, *Vater*, *Oma* und *Student*), die auf drei Stühle verteilt werden müssen. Da ein Stuhl defekt ist, spielt die Reihenfolge der Verteilung natürlich eine Rolle bei der Aufteilung. Es kann aber keine Wiederholung der Elemente vorkommen, da jede Person nur einmal auf einem Stuhl sitzen kann. Von den Variationsmöglichkeiten die oben ausgezählt wurden fallen also jene fort, in denen eine Person zweimal vorkommt. Statt n^k ist die Anzahl der Möglichkeiten jetzt als $n \cdot (n-1) \cdot (n-2) \cdot \ldots (n-k+1)$ zu berechnen. Fasst man diesen Ausdruck zusammen ergibt sich $\frac{n!}{(n-k)!}$. Damit kann die Anzahl der Variationen von k aus n Elementen ohne Wiederholung unter Beachtung der Reihenfolge berechnet werden.

Wie groß ist nun die Wahrscheinlichkeit, dass der *Vater* keinen Stuhl bekommt (VoS)? Er kommt in den sechs Sitzvarianten zwei Mal nicht vor, also ist die Wahrscheinlichkeit

$$P(VoS) = \frac{\text{Günstige}}{\text{Mögliche}} = \frac{2}{6} = \frac{1}{3}.$$

Nun wird angenommen, der Student hat zwar noch einen funktionsfähigen aber dennoch nur zwei Stühle für die drei Besucher aufgetrieben. In diesem Fall ist es egal, welche Person auf welchem Stuhl sitzt. Im Gegensatz zur vorherigen Situation ändert sich nur, dass die Reihenfolge nicht mehr berücksichtigt werden muss. Die Frage lautet demnach: Wie viele Variationsmöglichkeiten gibt es, drei Leute auf zwei Stühle zu verteilen, ohne dass die Reihenfolge beachtet wird und ohne, dass das Auftreten der Personen sich wiederholen kann. Da die Reihenfolge nun nicht mehr beachtet werden muss, wird zwischen der Möglichkeit *Vater, Mutter* und der Möglichkeit *Mutter, Vater* nicht mehr unterschieden. Die sechs verbliebenen Möglichkeiten reduzieren sich also nochmals um drei Möglichkeiten. Es bleiben damit noch drei Möglichkeiten die drei Personen auf zwei Stühle zu verteilen:

Vater	*Mutter*
Vater	*Oma*
Mutter	*Oma*

Allgemein wird diese Konstruktion folgendermaßen berechnet:

$$\frac{n!}{k!(n-k)!} = \binom{n}{k} \tag{4.1}$$

Diese Berechnung wird als *Binomialkoeffizient* bezeichnet und wird noch an anderen Stellen in der Statistik eingesetzt. An dieser Stelle dient er zur Berechnung der Möglichkeiten, eine Teilauswahl k aus n Elementen ohne Wiederholung und Beachtung der Reihenfolge zu ziehen.

Da der Binomialkoeffizient häufiger benötigt wird, ist er in R implementiert. Zur Demonstration soll ein Klassiker der Kombinatorik berechnet werden.

In einer Urne befinden sich 49 Kugel. Sechs davon sollen in einem unabhängigen Verfahren gezogen werden. Die Reihenfolge, in der die Kugeln gezogen werden wird nicht beachtet und eine bereits gezogene Kugel wird nicht in die Urne zurückgegeben. Wie viele Kombinationsmöglichkeiten gibt für die sechs gezogenen Kugeln? Es sind genau $\binom{49}{6}$ Möglichkeiten. Zur Berechnung dieses Wertes kann in R der Befehl choose eingesetzt werden:

```
> choose(49,6)
[1] 13983816
```

Es gibt also 13 983 816 Möglichkeiten, mit einem Lottoschein einen „Sechser" zu gewinnen. Die in diesem Abschnitt besprochenen Formeln sind hier nochmal in tabellarischer Form zusammengefasst:

	Alle n Elemente	Teilauswahl von k aus n Elementen	
		mit Wiederholungsmöglichkeit	ohne Wiederholungsmöglichkeit
mit Beachtung der Reihenfolge	$n!$	n^k	$\frac{n!}{(n-k)!}$
ohne Beachtung der Reihenfolge	1	$\binom{n+k-1}{k}$	$\binom{n}{k}$

Das Geburtstagsproblem

Ein weiterer Klassiker, der mittels Kombinatorik zu lösen ist, kann mit R veranschaulicht werden. Dabei geht es um die folgende Fragestellung:

> Auf einer Geburtstagsfeier sind 30 Personen eingeladen. Wie groß ist die Wahrscheinlichkeit, dass von den 30 Gästen zwei am selben Tag Geburtstag haben?

Eine Annäherung kann durch Umformulierung des Problems erfolgen:

> **Problem:** k Objekte müssen auf 365 Schubladen aufgeteilt werden.

> **Frage:** Wie groß ist die Wahrscheinlichkeit, dass zwei Objekte gemeinsam in einem Kästchen liegen?

Ein Lösungsansatz lautet dann:

> **Ansatz:** Eine Person kann an 365 Tagen Geburtstag haben,

> Zwei Personen können an $365 \cdot 365$ also 365^2 Tagen Geburtstag haben,

> k Personen können an 365^k Tagen Geburtstag haben.

Die Wahrscheinlichkeit, dass eine Person an einem bestimmten Tag Geburtstag hat, ist dementsprechend $\frac{1}{365}$. Das dazu komplementäre Ereignis lautet: *Keine zwei Personen haben am gleichen Tag Geburtstag*. Für zwei Personen lautet die Wahrscheinlichkeit für dieses Ereignis:

$$\frac{\text{Günstige}}{\text{Mögliche}} = \frac{365 \cdot 364}{365^2} = 0.9973$$

Dabei ist die 364 im Zähler die Anzahl der Möglichkeiten für Person 2, nicht am gleichen Tag Geburtstag zu haben wie Person 1. Allgemein lässt sich die Berechnung erweitern zu

$$\frac{365 \cdot 364 \cdot \ldots \cdot (365 - k + 1)}{365^k}$$

Von dieser Wahrscheinlichkeit ist die Gegenwahrscheinlichkeit gesucht, die dem Ereignis *Zwei von n Personen haben am gleichen Tag Geburtstag* entspricht.
In R lässt sich eine Tabelle mit den Wahrscheinlichkeiten für n erstellen und die resultierende Funktion grafisch darstellen. Dazu wird diese Funktion programmiert:

Progammbeispiel 4.1

```
geb <- function(k, tage = 365){
   k.tmp <- tage-k+1
   p.a <- cumprod(tage:k.tmp)/tage^(1:k)
   p.a <- 1-p.a
   erg <- matrix(c(1:k,p.a),k)
   plot(erg, type = "l",
           main = "Das Geburtstagsproblem",
           ylab = "f(x)",
           xlab = "Anzahl der Feiernden")
   return(erg)
   }
```

Durch den Aufruf von `geb(k)`, wobei das k durch die Anzahl der Personen ersetzt wird, die auf der Feier anwesend sind, erhält man eine Tabelle und eine Grafik mit den entsprechenden Werten.

Selbstverständlich ist in einem guten Statistikprogramm wie R das *Geburtstagsparadoxon* als Funktion vorhanden. Es stehen sogar zwei Funktionen zur Verfügung, die sich mit diesem Problem beschäftigen: `pbirthday` und `qbirthday`. Die Funktion `pbirthday` berechnet die Wahrscheinlichkeit, dass unter n Leuten zwei am gleichen Tag Geburtstag haben. Zwar kann dieser Funktion keine Sequenz übergeben werden, so dass immer nur einzelne Wahrscheinlichkeiten berechnet werden können. Dafür kann aber der Parameter `coincident` gesetzt werden. Damit können auch Wahrscheinlichkeiten berechnet werden, dass unter n Leuten mehr als zwei an einem Tag Geburtstag haben:

```
> pbirthday(n = 170, coincident = 4)
[1] 0.5115706
```

Damit also die Wahrscheinlichkeit, dass vier Leute an einem Tag Geburtstag haben über 50 Prozent liegt, muss schon eine große Hochzeit mit ca. 170 Gästen gefeiert werden.

4.2.2 Axiome der Wahrscheinlichkeitsrechnung

Kolmogoroff hat 1933 die Wahrscheinlichkeitsrechnung axiomatisch begründet. Axiomatisch bedeutet, dass er einige Grundsätze festgelegt hat, aus denen sich die Regeln der Wahrscheinlichkeitsrechnung widerspruchsfrei ableiten lassen.

Das *erste Axiom* besagt, dass jedem Ereignis aus einem Ereignisraum eine Zahl $P(A)$ zugeordnet wird, mit der die Wahrscheinlichkeit dieses Ereignisses beschrieben wird. Dabei muss die Zahl $P(A)$ die Bedingung erfüllen:

$$0 \leq P(A) \leq 1. \tag{4.2}$$

Das *zweite Axiom* stellt eine Normierung der Wahrscheinlichkeit dar. Es besagt, dass das sichere Ereignis eine Wahrscheinlichkeit vom Wert Eins besitzt:

$$P(E) = 1. \tag{4.3}$$

Hätte die Maus aus dem Beispiel auf Seite 116 nur eine Tür zur Auswahl, dann wäre die Wahrscheinlichkeit der Wahl dieser Tür gleich Eins. Es sei an dieser Stelle darauf hingewiesen, dass der Umkehrschluss *nicht* gilt. D.h. eine Wahrscheinlichkeit von 1 bedeutet nicht das sichere Ereignis.[E]

Im *dritten Axiom* wird festgestellt: Für paarweise disjunkte Ereignisse ($A_1 \cap A_2 = \emptyset$) gilt, dass die Wahrscheinlichkeit ihrer Vereinigungsmenge der Summe der Einzelwahrscheinlichkeiten ist:

$$P(A_1 \cup A_2 \cup \ldots \cup A_n) = \sum_{i=1}^{n} P(A_i). \tag{4.4}$$

[E]Vgl. Menges (1972), S. 190

Aus diesen drei Axiomen ergeben sich nun verschiedene Rechenoperationen für Wahrscheinlichkeiten. Möchte man beispielsweise die Wahrscheinlichkeit für die Vereinigung beliebiger Ereignisse berechnen, so ist auf den *Additionssatz für beliebige Ereignisse* zurückzugreifen:

$$P(A \cup B) = P(A) + P(B) - P(A \cap B) \tag{4.5}$$

Im *Venn-Diagramm* (Abb. 4.1) ist die Gültigkeit dieser Operation leicht nachzuvollziehen. Es ist zu beachten, dass die Schnittmenge $A \cap B$ bei der Summation zweimal in die Operation einbezogen wird und von daher einmal wieder abgezogen werden muss.

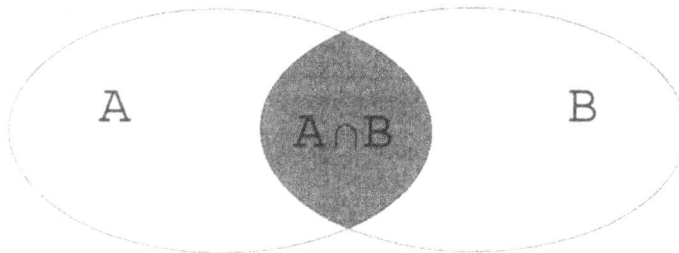

Abbildung 4.1: Venndiagramm zum Additionstheorem

4.2.3 Bedingte und Unabhängige Ereignisse

Wird eine Münze mehrmals hintereinander geworfen, so sind die Ereignisse *Kopf* und *Zahl* voneinander unabhängig. Das bedeutet, dass das Ergebnis eines Münzwurfs den Ausgang des nachfolgenden Münzwurfs nicht beeinträchtigt. Die Wahrscheinlichkeit bleibt immer 0.5. Zwar ist bei einer Laplace'schen Münze zu erwarten, dass nachdem 1000 Mal *Kopf* eintrat, auch irgendwann einmal *Zahl* eintritt. Doch auch beim 1001 Wurf ist die Wahrscheinlichkeit für *Zahl* die gleiche wie beim ersten Wurf.

Ereignisse, die sich nicht gegenseitig beeinflussen, werden als *unabhängige Ereignisse* bezeichnet. Die Wahrscheinlichkeit, dass zwei unabhängige Ereignisse gemeinsam auftreten ist gleich dem Produkt ihrer Einzelwahrscheinlichkeiten:

$$P(A \cap B) = P(A) \cdot P(B) \tag{4.6}$$

Ein Beispiel: Zwei Schüler werfen gleichzeitig mit je einer Münze. Da die beiden Ereignisse voneinander unabhängig sind, ist die Wahrscheinlichkeit, dass beide gleichzeitig *Kopf* werfen $P(0.5) \cdot P(0.5) = 0.25$.

Wenn die Wahrscheinlichkeit des Eintretens eines Ereignisses dadurch beeinflusst wird, dass ein anderes Ereignis bereits eingetreten ist, dann sind diese Ereignisse voneinander abhängig. So ist z.B. beim Lottospiel die Wahrscheinlichkeit, dass die Kugel mit der Nummer 1 gezogen wird, im ersten Zug $\frac{1}{49}$. Nachdem eine Kugel gezogen wurde, diese aber nicht die Nummer 1 trug, ist die Wahrscheinlichkeit, die Nummer 1 im zweiten Zug zu ziehen nur noch $\frac{1}{48}$, da ja bereits eine Kugel fehlt. Das Ziehen der Kugel mit der Nummer 1 im zweiten Zug ist daher ein abhängiges Ereignis. Ein abhängiges Ereignis wird mit

$P(B|A)$ bezeichnet. Das bedeutet: die Wahrscheinlichkeit für das Ereignis B unter der Bedingung, dass A bereits eingetreten ist (oder: B gegeben A).

Für die Berechnung der Wahrscheinlichkeit des gemeinsamen Eintretens abhängiger Ereignisse gilt der *Multiplikationssatz für abhängige Ereignisse*:

$$P(A \cap B) = P(A) \cdot P(B|A)$$

Zur Erläuterung dieses Satzes soll auf die Erklärung des Wissenschaftsjournalisten Gero von Randow (1992) zurückgegriffen werden:[F]

Wenn [...] in einer Keksdose drei Kekse liegen, ein Schokokeks, ein Zuckerkeks und ein Öko-Dinkelkeks, dann sind die beiden aufeinanderfolgenden Ereignisse »blindes Herausfischen eines Schokokekses« und »blindes Herausfischen eines Öko-Kekses« keineswegs unabhängig voneinander: bekomme ich erst den Schokokeks in die Finger, bleiben nur noch zwei Kekse drin, und dann gilt leider

$$p(\text{Öko}) = \frac{1}{2}$$

Wir dürfen also nicht rechnen:

$$p(\text{Schoko und Öko}) = P(\text{Schoko}) \cdot p(\text{Öko}) = \frac{1}{3} \cdot \frac{1}{3} = \frac{1}{9}$$

was ja auch ein völlig unsinniges Ergebnis wäre. Wir rechnen statt dessen:

$$
\begin{aligned}
p(\text{Schoko und Öko}) &= p(\text{Schoko}) \cdot p(\text{Öko wenn Schoko}) \\
&= \frac{1}{3} \cdot \frac{1}{2} \\
&= \frac{1}{6}
\end{aligned}
$$

sowie

$$
\begin{aligned}
p(\text{Schoko und Öko}) &= p(\text{Öko}) \cdot p(\text{Schoko wenn Öko}) \\
&= \frac{1}{3} \cdot \frac{1}{2} \\
&= \frac{1}{6}
\end{aligned}
$$

Die bedingte Wahrscheinlichkeit selber kann dementsprechend durch Umformung des Multiplikationssatzes berechnet werden:

$$P(B|A) = \frac{P(A \cap B)}{P(A)}$$

[F] von Randow (1992), S. 19

4.3 Gesetz der großen Zahl

Das Konzept der Grenzwertsätze und das Gesetz der großen Zahl ist für die schließende Statistik von tragender Bedeutung. Um sich diesem Konzept zu nähern, soll zunächst mit einigen Grundgedanken an die Schulmathematik angeknüpft werden.

Es gibt Folgen von Zahlen, die sich in Abhängigkeit von n einem Grenzwert annähern. Ein Beispiel für eine solche Zahlenfolge ist

$$\frac{-1^n}{n} \tag{4.7}$$

Je größer der Wert für n wird, desto näher schwankt der Wert dieser Folge um den Wert 0. In R lässt sich dieses Prinzip folgendermaßen grafisch verdeutlichen:

Progammbeispiel 4.2

```
# Erzeuge fuer n die Werte von 0 bis 40
n <- 0:40
# Erzeuge eine Grafik in der die Werte
# fuer n in die Zahlenfolge eingesetzt werden
plot(n,(-1)^n/n,
      type = "l", ylim = c(-0.5,0.5))
# Der Grenzwert wird mit einer Linie verdeutlicht
abline(h = 0)
```

Der Grafik ist zu entnehmen, dass die Werte der Zahlenfolge 4.7 oszillieren, sich dabei aber immer stärker an den Wert 0 annähern.

Um genau zu definieren, was „sich an den Wert 0 annähern" bedeutet, haben Mathematiker das Konzept der ε-Umgebung eingeführt. Um den Grenzwert der Zahlenfolge lässt sich eine Umgebung (ein Intervall) festlegen, in dem fast alle Werte der Zahlenfolge liegen. Diese Umgebung kann immer weiter verkleinert werden, dennoch bleiben fast alle Werte der Zahlenfolge 4.7 innerhalb der Umgebung. Anders ausgedrückt:

> Es gibt eine Zahl N deren Größe von ε abhängt, so dass für alle n die größer sind als N_ε die Werte der Folge jeweils in der ε-Umgebung liegen.

oder mathematisch formuliert:

$$\exists \varepsilon > 0, \forall N_\varepsilon, \exists n > N_\varepsilon \left| \left\{ \frac{-1^n}{n} \right\} - 0.1 \right| < \varepsilon \tag{4.8}$$

Dabei bedeutet „für alle n", dass es für alle n bis auf endlich wenige gilt. Die ε-Umgebung wurde hier auf den Wert 0.1 festgelegt.

Um diese Konzept grafisch zu verdeutlichen, lässt sich das Programmbeispiel 4.2 einfach erweitern:

Progammbeispiel 4.3

```
abline(h = -0.1, lty = 3)
abline(h = 0.1, lty = 3)
```

Hier wird demonstriert, was passiert, wenn die ε-Umgebung auf den Wert 0.1 festgesetzt wird. Die ε-Umgebung wird durch zwei gestrichelte Linien symbolisiert, die je um den Betrag 0.1 vom Grenzwert der Zahlenfolge 4.7 abweichen. Nun wird deutlich, dass nur 10 Werte (0 bis 9) außerhalb dieser Umgebung liegen, alle anderen aber innerhalb der Umgebung. Würde man die Umgebung verkleinern, lägen zwar mehr Werte außerhalb der Umgebung aber immer noch unendlich viele innerhalb der Umgebung.

In der Statistik wird dieses Konzept nun auf Zufallsvariablen angewandt. Man spricht in diesem Zusammenhang von der „stochastischen Konvergenz" einer Zufallsvariablen. Die Zahlenfolge ist in diesem Fall durch eine Zufallsvariable definiert.

Der Wurf mit einem idealen Würfel bringt mit einer Wahrscheinlichkeit von $\frac{1}{6}$ das Ergebnis „Augenzahl $= 1$". Für jeden weiteren Wurf gilt diese Wahrscheinlichkeit, da alle Würfe voneinander unabhängig sind. Wird der Würfel sechs Mal hinter einander geworfen, könnte einmal die Augenzahl 1 gewürfelt worden sein. Da es sich aber um ein Zufallsexperiment handelt, kann es sein, dass bei sechs Würfen mehrmals oder kein Mal die 1 gewürfelt wird. *Stochastische Konvergenz* bedeutet nun, dass bei mehrmaliger Durchführung des Zufallsexperimentes die Wahrscheinlichkeit dafür, dass die empirische relative Häufigkeit in einer ε-Umgebung um den Wert für die theoretische Wahrscheinlichkeit liegt, mit größer werdendem n gegen 1 geht.

Würfelt man also häufiger, wird es immer wahrscheinlicher, dass die relative Häufigkeit für die Augenzahl 1 in einer ε-Umgebung um $\frac{1}{6}$ liegt, anders ausgedrückt:

$$\lim_{n \to \infty} P\left(\left|\frac{\text{Augenzahl 1}}{n} - \frac{1}{6}\right| < \varepsilon\right) = 1 \tag{4.9}$$

Allgemein lässt sich Formel 4.9 folgendermaßen ausdrücken:

$$\lim_{n \to \infty} P\left(|X_n - c| < \varepsilon\right) = 1 \tag{4.10}$$

$$\text{oder}$$

$$\text{plim } X_n = c \tag{4.11}$$

Der Ausdruck plim wird auch Wahrscheinlichkeitslimes genannt. Die in Formel 4.10 formulierte Feststellung ist in der Statistik als *Gesetz der großen Zahl* bekannt. Die Abbildung 4.2 zeigt das Ergebnis einer Simulation der Wirkung dieses Gesetztes mit R. Deutlich ist zu sehen, wie die relative Häufigkeit immer näher um den Wert $\frac{1}{6}$ herum schwankt.

Neben Zahlenfolgen können auch ganze Funktionen konvergieren. Da Verteilungen von Zufallsvariablen Funktionen darstellen, können auch Verteilungen gegen andere Verteilungen konvergieren. Das bedeutet, dass eine Verteilung einer Zufallsvariable sich bei wachsendem n einer anderen Verteilung in ihrer Form annähert. Die „angenäherte" Verteilung wird *Grenzverteilung* genannt.

Die Tatsache, dass für einige theoretische Verteilungen Grenzverteilungen existieren, ist in der Statistik von fundamentaler Bedeutung. Erst so lassen sich aus Stichprobenergebnissen Schlüsse ziehen. Eine Stichprobe mag sehr klein sein und hätte für sich genommen eine geringe Aussagekraft. Da aber Wissen über die Grenzverteilungen vorhanden ist, kann man Aussagen über die Menge aller möglichen Stichproben formulieren. Die Grenzverteilungen stellen somit das Fundament für die „Brücke" zwischen Grundgesamtheit und Stichprobe dar. Im Abschnitt 5.3 wird auf diesen Aspekt ausführlicher einzugehen sein (siehe Seite 151).

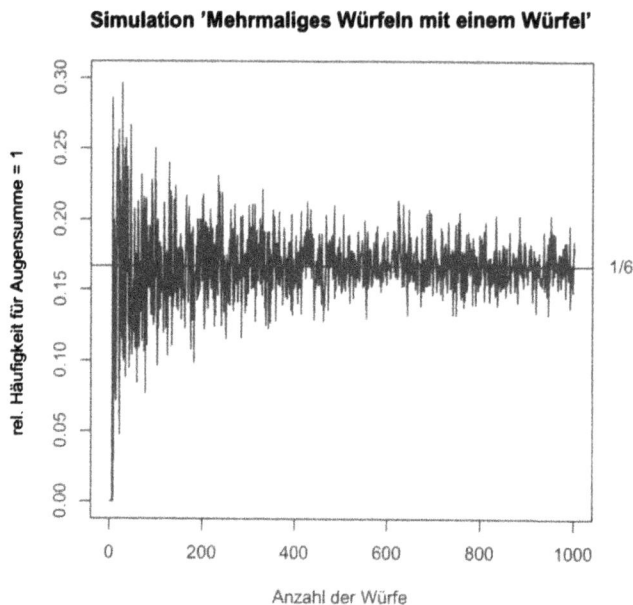

Abbildung 4.2: Simulation eines Würfelexperimentes

4.4 Literatur und Befehlsregister

4.4.1 Literatur

Zur Vertiefung der Inhalte dieses Kapitels wird folgende Literatur empfohlen:

- Guter Einstieg mit vielen Übungen: Karl Bosch (1986)

- Populärwissenschaftlicher Überblick: Gero von Randow (1992)

- Weiterführendes Lehrbuch: Günter Menges (1982), v.a. Kapitel 2

- Umfangreiche Aufgabensammlung mit knapper aber guter Einführung: Peter von der Lippe (1999)

- Mathematisch orientierte Einführung: Christoph Bandelow (1989)

4.5 Kurzregister neuer Befehle

Funktion	Beschreibung	Seite
choose()	Binomialkoeffizient	119
cumprod()	kumuliertes Produkt eines Vektors	117
intersect()	Schnittmenge	115
pbirthday()	Geburtstagsparadoxon	121
prod()	Produkt	117
qbirthday()	Geburtstagsparadoxon	121
runif()	Gleichverteilte Zufallszahlen	26
setdiff()	Mengendifferenzen	116
union()	Vereinigungsmenge	115

5 Wahrscheinlichkeits- und Verteilungsfunktionen

Statistikbücher sind üblicherweise mit einem umfangreichen Anhang ausgestattet, in dem sich Tabellen mit verschiedenen theoretischen Verteilungs- und Wahrscheinlichkeitsfunktionen befinden. In einer Einführung zu R ist dies nicht notwendig, da viele theoretische Verteilungen bereits in R implementiert sind. Im Zusammenhang mit diesen Funktionen sind zunächst die Begriffe *Zufallsvariable*, *Wahrscheinlichkeitsfunktion* und *Verteilungsfunktion* zu erläutern.

5.1 Zufallsvariablen, Wahrscheinlichkeitsfunktion und Verteilungsfunktion

5.1.1 Zufallsvariablen

Bei einer *Zufallsvariablen* handelt es sich um das Ergebnis eines Prozesses. Die verschiedenen möglichen Ausgänge oder Ergebnisse eines solchen Prozesses stellen die Zustände dar, welche die Variable annehmen kann. Jeder dieser Zustände tritt mit einer bestimmten Wahrscheinlichkeit auf. Entscheidend ist, dass das Auftreten rein zufällig – also nicht deterministisch (vorherbestimmt) – erfolgt.

Ob eine Variable Ergebnis eines Zufallsprozesses ist, hängt von der Definition des Prozesses ab. Als Beispiel sei die Schaltung einer bestimmten Verkehrsampel genannt. Für den Verkehrsplaner sind die Phasen dieser Verkehrsampel keineswegs ein zufälliges Ereignis. Rot, Gelb und Grün werden nach festgelegten Plänen zu bestimmten Zeiten für konkret definierte Intervalle geschaltet. Sie haben eine definierte Funktion im Rahmen eines Verkehrskonzeptes. Für einen Radfahrer allerdings, der zu einer beliebigen Zeit an einem beliebigen Tag an dieser Ampel vorbeikommt ist das Eintreten einer bestimmten Ampelphase ein Zufallsereignis. Dabei wird angenommen, dass er das Schaltverhalten der Ampel nicht kennt und seine Fahrtstrecke nicht nach dem Schaltplan der Ampel richtet. Entscheidend ist die Sicht des Beobachters. Dieser definiert, welches Ereignis er beobachtet. Die Definition kann so erfolgen, dass die Beobachtung als Zufallsprozess aufgefasst werden kann. Die einzelnen Ausgänge eines Zufallsprozesses werden als Ereignisse bezeichnet. Die Menge aller möglichen Ereignisse eines Zufallsprozesses – also alle möglichen Ausprägungen einer Zufallsvariablen – werden als Ereignisraum Ω bezeichnet. Da eine Zufallsvariable immer Werte aus dem Bereich der reellen Zahlen $\mathbb{R}$ annimmt, kann sie als Funktion beschrieben werden, die den Ereignisraum in die Menge der reellen Zahlen abbildet. Formal ausgedrückt lässt sich eine Zufallsvariable folgendermaßen definieren.

Eine Zufallsvariable ist eine reelle Funktion auf dem ganzen Ereignisraum; sie bildet den Ereignisraum $E = e$ eindeutig in die Menge $\mathbb{R}$ der reellen Zahlen ab, sie ist eine eindeutige Abbildung von E in $\mathbb{R}$:

$$X : E \rightarrow \mathbb{R}$$

Ein klassisches Beispiel für ein Zufallsexperiment ist der Münzwurf. Definiert man beispielsweise als Zufallsexperiment das dreimalige Werfen einer Münze, kann als Zufallsvariable die Anzahl der Würfe mit dem Ergebnis "Kopf" betrachtet werden. Das Experiment besitzt die folgenden möglichen Ausgänge:

X		x_i	$p(x_i)$
ZZZ	$=$	0	$\frac{1}{8}$
ZZK	$=$	1	$\frac{1}{8}$
ZKZ	$=$	1	$\frac{1}{8}$
KZZ	$=$	1	$\frac{1}{8}$
ZKK	$=$	2	$\frac{1}{8}$
KKZ	$=$	2	$\frac{1}{8}$
KZK	$=$	2	$\frac{1}{8}$
KKK	$=$	3	$\frac{1}{8}$

Die Zufallsvariable X besitzt hier die numerischen Ausprägungen x_i, die Anzeigen, wie oft das Ereignis "Kopf" eingetreten ist.

5.1.2 Wahrscheinlichkeitsfunktion

Jede Zufallsvariable besitzt eine *Wahrscheinlichkeitsfunktion* $f(x_i)$. Die Wahrscheinlichkeitsfunktion ordnet jedem Ereignis der Zufallsvariable eine Wahrscheinlichkeit zu. Im diskreten Fall (Variablen mit klar abzählbaren Ausprägungen) kann die Darstellung einer Wahrscheinlichkeitsfunktion in Form einer Tabelle erfolgen. Jeder mögliche Ausgang der Zufallsvariable bekommt einen Wahrscheinlichkeitswert zugeordnet. Für den dreimaligen Münzwurf sieht die Wahrscheinlichkeitsfunktion folgendermaßen aus:

$$f(x_i) = \begin{cases} P(X=0) & = & \frac{1}{8} \\ P(X=1) & = & \frac{3}{8} \\ P(X=2) & = & \frac{3}{8} \\ P(X=3) & = & \frac{1}{8} \end{cases}$$

Jedes Ereignis i besitzt eine Wahrscheinlichkeit für die Realisation der Zufallsvariable X. Diese ist in der Wahrscheinlichkeitsfunktion wiedergegeben.

5.1.3 Verteilungsfunktion

Während bei der Wahrscheinlichkeitsfunktion interessiert, wie groß die Wahrscheinlichkeit für das Eintreten eines Ereignisses $P(X = x_i)$ ist, beantwortet die Verteilungsfunktion vielmehr die Frage nach der Wahrscheinlichkeit $P(X \leq x_i)$. Bezogen auf das Münzwurf-beispiel entspräche das der Frage „Wie groß ist die Wahrscheinlichkeit, dass bis zu 2 × *Kopf* erscheint?" Diese Frage ist zu beantworten, in dem die Wahrscheinlichkeiten für die x_i von 0 bis 2 addiert werden:

$$P(X \leq 2) = \frac{1}{8} + \frac{3}{8} + \frac{3}{8} = \frac{7}{8}$$

Für die Verteilungsfunktion $F(x)$ werden die Wahrscheinlichkeiten der Wahrscheinlich-keitsfunktion aufkumuliert. Die Verteilungsfunktion ist daher immer zwischen 0 und 1 definiert, wie auch der Abbildung 5.1 zu entnehmen ist.

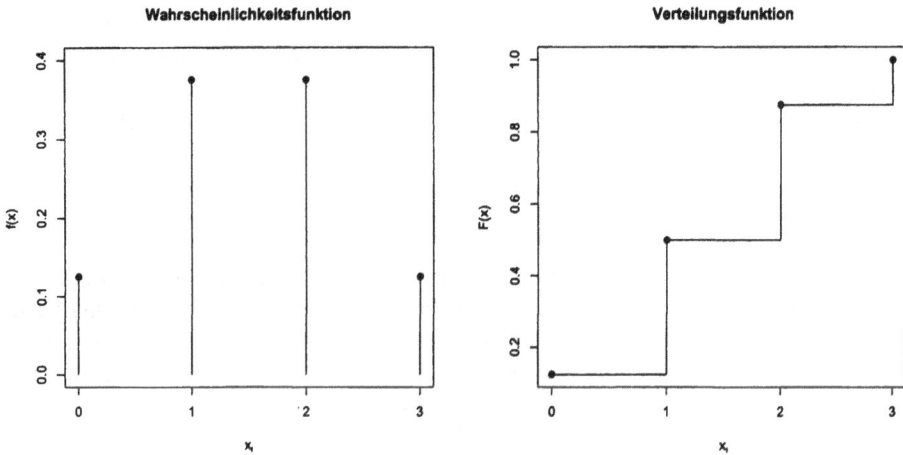

Abbildung 5.1: Wahrscheinlichkeits- und Verteilungsfunktion einer Zufallsvariablen

Die diskrete Verteilungsfunktion für das Münzwurfbeispiel sieht folgendermaßen aus:

$$F(x_i) = \begin{cases} P(X < 0) &= 0 \\ P(X \leq 0) &= \frac{1}{8} \\ P(X \leq 1) &= \frac{4}{8} \\ P(X \leq 2) &= \frac{7}{8} \\ P(X \leq 3) &= 1 \end{cases}$$

Verallgemeinernd lässt sich über Verteilungsfunktionen festhalten:

- $0 \leq F(x) \leq 1$

- $F(x)$ ist monoton nicht fallend

- $F(x)$ ist rechtsseitig stetig

- Wenn x gegen $-\infty$ strebt, strebt $F(x)$ gegen 0; strebt x gegen $+\infty$, strebt $F(x)$ gegen 1.

Momente von Verteilungsfunktionen

Eine Verteilungsfunktion kann charakteristisch durch ihre *Momente* beschrieben werden. Dabei werden die *gewöhnlichen* von den *zentralen* Momenten unterschieden. Der Begriff ist aus der Physik entliehen. Das erste Moment ist der Erwartungswert einer Verteilung und entspricht damit gewissermaßen dem physikalischen Schwerpunkt. Um das Konzept der Momente zu verdeutlichen wird zunächst die Streuung mit Hilfe des Erwartungswertes dargestellt. Auf die genaue Herleitung soll hier allerdings verzichtet werden. Sie ist in Bortz (1999) und Menges (1972), S. 214 nachzulesen. Wie leicht nachzurechnen ist, kann die Streuung als Erwartungswert in der folgenden Form dargestellt werden:

$$V(X) = E\{[X - E(X)]^2\}$$

Somit sind bereits zwei Momente einer Verteilung bekannt. Das *erste gewöhnliche Moment* einer Verteilung ist der Erwartungswert $E(X)$. Das *zweite zentrale Moment* einer Verteilung ist die Streuung.

Die gewöhnlichen Momente sind für diskrete Verteilungen allgemein definiert als:

$$E(X^k) = \sum_{i=1}^{n} p_i x_i^k$$

Das erste gewöhnliche Moment entspricht daher mit $k = 1$ genau dem arithmetischem Mittel $\sum_{i=1}^{n} p_i x_i$. Es charakterisiert in einer Verteilungsfunktion den (theoretischen) Wert, der für die Verteilung am wahrscheinlichsten zu erwarten ist. Höhere gewöhnliche Momente sind für die praktische Anwendung der Statistik von untergeordneter Wichtigkeit.

Zentrale Momente werden im diskreten Fall folgendermaßen definiert:

$$E[X - E(X)]^k = \sum_{i=1}^{n} [x_i - E(X)]^k \cdot p_i$$

Das erste zentrale Moment ist gleich 0, das zweite zentrale Moment entspricht mit $k = 2$ der Varianz $\sigma^2 = E[X - E(X)]^2 = \sum_{i=1}^{n} [x_i - E(X)]^2 \cdot p_i$. Folgende Rechenregeln lassen sich anwenden:

$$
\begin{aligned}
E[X - E(X)]^2 &= E(X^2) - 2\mu E(X) + \mu^2 \\
&= E(X^2) - 2\mu^2 + \mu^2 \\
&- E(X^2) - \mu^2
\end{aligned}
$$

Die *Schiefe* und die *Wölbung* werden über das dritte und vierte zentrale Moment einer Verteilung hergeleitet (vgl. Seite 72). Dazu werden die Momente entsprechend relativiert, so dass sich ein Momentkoeffizient ergibt:

$$S(X) = \frac{E[X - E(X)]^3}{\sigma^3(x)} \tag{5.1}$$

für die Schiefe und

$$W(X) = \frac{E[X - E(X)]^4}{\sigma^4(x)} - 3 \tag{5.2}$$

für die Wölbung. Die Wölbung muss um den Wert 3 korrigiert werden, damit der Koeffizient für die Normalverteilung gleich 0 ergibt.

Aus dem Wert, der mittels der Schiefe berechnet werden kann, lassen sich Aussagen über die Form der Verteilung gewinnen:

- Ist der Wert der Schiefe größer 0, liegt eine rechtsschiefe Verteilung vor.

- Ist der Wert der Schiefe gleich 0, liegt eine symmetrische Verteilung vor.

- Ist der Wert der Schiefe kleiner 0, liegt eine linksschiefe Verteilung vor.

Der Wert, der mittels Formel 5.2 berechnet wird, gibt Aufschluss über die Art der Wölbung:

- Ist der Wert der Wölbung größer 0, liegt eine leptokurtische Verteilung vor.

- Ist der Wert der Wölbung gleich 0, liegt eine mesokurtische Verteilung vor.

- Ist der Wert der Wölbung kleiner 0, liegt eine platykurtische Verteilung vor.

Die Aussagen können nur auf Wahrscheinlichkeitsverteilungen von Zufallsvariablen und nicht auf empirische Häufigkeitsverteilungen angewandt werden.

Ausführlicher beschäftigt sich Wagenführ (1967) mit den Momenten.

Stetige Zufallsvariablen

Von den diskreten Zufallsvariablen sind die stetigen Zufallsvariablen zu unterscheiden. Stetige Zufallsvariablen kennzeichnen Prozesse, deren Verlauf kontinuierlich ist. Bei der stetigen Zufallsvariable existiert kein einzelner (konkreter) Punkt mehr, für den eine Wahrscheinlichkeit bestimmt werden könnte (vgl. auch Abschnitt 2.2.2).

Daher wird bei stetigen Zufallsvariablen auch nicht mehr von Wahrscheinlichkeitsfunktionen sondern von *Dichtefunktionen* gesprochen. Dichten sind zwar analog zur Wahrscheinlichkeit einer diskreten Zufallsvariable zu sehen, sie dürfen aber nicht verwechselt werden. So kann die Auftrittswahrscheinlichkeit für ein Ereignis bei einer stetigen Zufallsvariable zwar definitionsgemäß gleich 0 sein. Im Gegensatz zur Wahrscheinlichkeit ist eine Dichte von 0 aber nicht gleich dem unmöglichen Ereignis.

Dichten können größer als 1 sein, was der Definition von Wahrscheinlichkeiten widerspricht. Um diese Phänomene verstehen zu können, müssen Dichtefunktionen zunächst genauer vorgestellt werden.

Die Dichtefunktion einer Zufallsvariablen wird analog zur Wahrscheinlichkeitsfunktion mit $f(x)$ bezeichnet. Für diese Funktion gilt:

$$f(x) \geq 0$$

und

$$\int\limits_{-\infty}^{+\infty} f(x)dx = 1$$

(*Wichtig:* Das *Integral* der Funktion beträgt 1, nicht die Dichtefunktion selber!)

Ein Beispiel für eine stetige Dichtefunktion ist mit der folgenden Funktion gegeben:

$$f(x) = \begin{cases} \frac{1}{2} + \frac{3}{2}x^2 & \text{für } 0 \leq x \leq 1 \\ 0 & \text{sonst} \end{cases}$$

Dichtefunktion $f(x) = \frac{1}{2} + \frac{3}{2}x^2$

(Figure: Dichtefunktion plot with x-axis from 0.0 to 1.0 and f(x)-axis from 0.0 to 2.0)

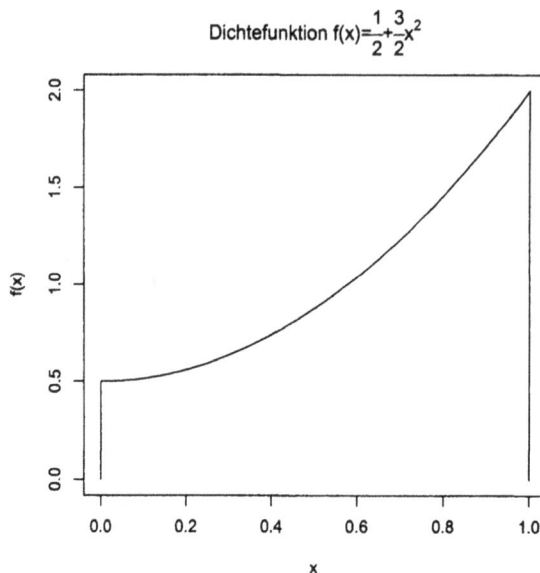

Abbildung 5.2: Dichtefunktion

Die Dichtefunktion hat einen Verlauf, wie er in der Abbildung 5.2 zu sehen ist.

Am Verlauf der Dichtefunktion in Abbildung 5.2 lässt sich erkennen, warum Dichten und Wahrscheinlichkeiten von unterschiedlichem Charakter sind. Würde man die Dichte als Wahrscheinlichkeit interpretieren, wäre diese an der Stelle $x = 0.66$ bereits 1 und damit das sichere Ereignis. Daher macht es Sinn, im Zusammenhang mit stetigen Variablen von Dichten statt von Wahrscheinlichkeiten zu sprechen.

Auch für stetige Zufallsvariablen lässt sich eine Verteilungsfunktion bestimmen. Wie schon bei den diskreten Zufallsvariablen, ist auch bei den stetigen Zufallsvariablen die Verteilungsfunktion eine Funktion, die zwischen 0 und 1 ansteigt. Der Anstieg bei der stetigen Variable ist stetig und monoton. Auch im stetigen Fall kann mit Hilfe der Verteilungsfunktion die Wahrscheinlichkeit bestimmt werden, mit der ein Wert in einem bestimmten Intervall realisiert wird. Um die Verteilungsfunktion zu berechnen, wird die Dichtefunktion bis zu einem Wert a integriert:

$$F(a) = \int_{-\infty}^{a} f(x)dx = P(X < a),$$

dabei stellt X die Zufallsvariable dar. Für die Dichtefunktion aus dem obigen Beispiel ist die Verteilungsfunktion folgendermaßen zu bestimmen:

$$F(a) = \int_{-\infty}^{a} f(x)dx$$

$$= \int_{0}^{a} \frac{1}{2} + \frac{3}{2}x^2 dx$$

$$= \left[\frac{1}{2}x + \frac{1}{2}x^3\right]_{0}^{a}$$

Die Verteilungsfunktion lautet also:

$$F(a) = \begin{cases} 0 & \text{für } x < 0 \\ \frac{1}{2}x + \frac{1}{2}x^3 & \text{für } 0 \le x \le 1 \\ 1 & \text{für } x > 1 \end{cases} \tag{5.3}$$

Die Verteilungsfunktion hat den in Abbildung 5.3 zu sehenden Verlauf:

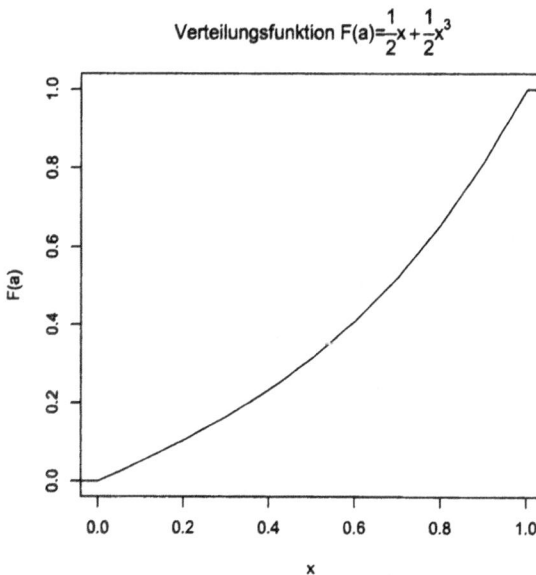

Abbildung 5.3: Verlauf der Verteilungsfunktion aus Formel 5.3

Mittels der Verteilungsfunktion lassen sich nun verschiedene Quantile berechnen. So lautet der Median $(F(a) = 0.5)$ beispielsweise:

$$\tilde{x} = \frac{1}{2}x + \frac{1}{2}x^3 = 0.5$$

$$\Rightarrow \frac{1}{2}x^3 + \frac{1}{2}x - 0.5 = 0$$

$$\approx 0.682$$

Ca. 50 Prozent der Beobachtungen der Zufallsvariablen liegen demnach unter dem Wert 0.682.

Die Berechnung der Momente erfolgt analog zu den diskreten Verteilungen. Der Erwartungswert kann folgendermaßen errechnet werden:

$$E(X) = \int\limits_{-\infty}^{+\infty} x f(x) dx \tag{5.4}$$

Die Varianz wird bestimmt nach:

$$Var(X) = \int\limits_{-\infty}^{+\infty} x^2 f(x) dx - [E(x)]^2 \tag{5.5}$$

Für das Beispiel ergeben sich nach den Gleichungen 5.4 und 5.5 die folgenden Werte:

$$
\begin{aligned}
E(X) &= \int_0^1 \frac{1}{2}x + \frac{3}{2}x^3 dx \\
&= \left[\frac{1}{4}x^2 + \frac{3}{8}x^4 \right]_0^1 \\
&= \frac{1}{4} + \frac{3}{8} \\
&= \frac{5}{8}
\end{aligned}
$$

$$
\begin{aligned}
Var(X) &= \int_0^1 x^2 \cdot \left(\frac{1}{2} + \frac{3}{2}x^2 \right) dx - \left(\frac{5}{8} \right)^2 \\
&= \int_0^1 \frac{1}{2}x^2 + \frac{3}{2}x^4 dx - \left(\frac{5}{8} \right)^2 \\
&= \left[\frac{1}{6}x^3 + \frac{3}{10}x^5 \right]_0^1 - \frac{25}{64} \\
&= \frac{7}{15} - \frac{25}{64} \\
&= 0.076
\end{aligned}
$$

Verteilungsfunktionen von Zufallsvariablen stellen ein wichtiges Werkzeug für die schließende Statistik dar. Im nächsten Abschnitt werden nun spezielle Verteilungsfunktionen vorgestellt. Das Wissen über diese Verteilungsfunktionen kann dann auf die Stichprobenverteilungen angewandt werden, die wiederum die eigentliche „Brücke" zwischen Grundgesamtheit und Stichprobe herstellen.

5.2 Theoretische Verteilungen

Für Zufallsvariablen, wie sie in der Statistik häufig benötigt werden, existieren eine Reihe von Zufallsverteilungen, die häufig zur Anwendung kommen. Viele Zufallsprozesse lassen sich auf diese Verteilungen zurückführen. Günter Menges (1972) nennt diese Klassen von Verteilungen daher auch „*auf Vorrat produzierte Werkzeuge [...], deren man sich im Bedarfsfall bedienen kann.*"

In R sind viele Verteilungen bereits implementiert. Für jede implementierte Verteilung stehen vier Funktionen zur Verfügung:

- Berechnung von Werten der Dichtefunktion (d*name*)

- Berechnung von Werten der Verteilungsfunktion (p*name*)

- Berechnung von Quantilen aufgrund gegebener Wahrscheinlichkeiten (q*name*)

- Erzeugung von Zufallszahlen aus der Verteilung (r*name*)

Der Ausdruck *name* wird durch den Namen der entsprechenden Verteilung ersetzt, so erzeugt runif beispielsweise Zufallszahlen, die der Gleichverteilung (uniform Distribution) folgen.

In Tabelle 5.1 sind die in R bereits implementierten Verteilungen aufgelistet. Die in **Fettdruck** stehenden Verteilungen werden in den weiteren Abschnitten näher vorgestellt.

Name der Verteilung	*name*
Betaverteilung	beta
Binomialverteilung	binom
Cauchy-Verteilung	cauchy
χ^2-**Verteilung**	chisq
Exponentialverteilung	exp
F-Verteilung	f
Gammaverteilung	gamma
Geometrische Verteilung	geom
Hypergeometrische Verteilung	hyper
Logistische Verteilung	logis
Lognormal Verteilung	lnorm
Negative Binomialverteilung	nbinom
Normalverteilung	norm
Poissonverteilung	pois
Wilcoxon Ein-Stichprobenverteilung	signrank
Student-*t* Verteilung	t
Tuckeys studentisierte Range Verteilung	tuckey
Gleichverteilung	unif
Weibullverteilung	weibull
Wilcoxon Zwei-Stichprobenverteilung	wilcox

Tabelle 5.1: In R implementierte Verteilungen

5.2.1 Theoretische diskrete Verteilungen

Binomialverteilung

Die Binomialverteilung beruht auf einem so genannten *Bernoulli Experiment*. Experimente dieser Art gehen auf den Mathematiker Jakob Bernoulli zurück. Dieser hat in seinen Untersuchungen Zufallsexperimente beschrieben, die den folgenden Bedingungen genügen müssen:

1. Es gibt genau zwei mögliche, sich gegenseitig ausschließende Versuchsausgänge.

2. Die Wahrscheinlichkeiten für beide Ausgänge sind konstant.

3. Die einzelnen Versuche sind voneinander unabhängig.

Der Münzwurf ist ein klassisches Beispiel für ein Bernoulli Experiment:

1. Es kann nur entweder Kopf oder Zahl geworfen werden.

2. Die Wahrscheinlichkeit für Kopf bzw. Zahl bleibt immer 0.5.

3. Der Wurf einer Münze ist unabhängig von einem zweiten Wurf oder dem Wurf einer zweiten Münze.

In anderen Beispielen können die Bedingungen durch entsprechende Organisation hergestellt werden. So kann die notwendige *Dichotomie* beispielsweise durch Klassifizierung erreicht werden: statt Kinderzahl 1, 2, 3, 4, etc. wird „Kinder Ja vs. Nein" erhoben.
Die anderen Bedingungen des Bernoulli Experimentes erfordern, dass die Elemente unabhängig voneinander betrachtet werden. Das entspricht quasi einer *Ziehung mit Zurücklegen*.
Aus dem Bernoulli Experiment lässt sich nun die Binomialverteilung entwickeln. Die Entwicklung wird an folgendem Beispiel gezeigt.

Ein Händler bietet Marmelade zu einem Sonderpreis von 50 Eurocent pro Glas an, weil das Mindesthaltbarkeitsdatum (MHD) der Ware überschritten wurde. Das MHD stellt kein festes Datum dar, nachdem Ware sofort ungenießbar wird. Vielmehr steigt nach Überschreiten des MHD die Wahrscheinlichkeit, dass die Ware schlecht wird stark an. In der ersten Woche nach Überschreiten des MHD sei die Wahrscheinlichkeit, dass die Marmelade schimmelt 0.7. Ein Kunde kauft nun fünf Gläser Marmelade. Wie groß ist die Wahrscheinlichkeit, dass nach Ablauf einer Woche zwei davon verschimmelt sind?

Zunächst werden die Ereignisse definiert:

$$\text{Schimmel} = S, \text{ Gut} = G, P(S) = 0.7, P(G) = 0.3$$

Zwei von fünf Gläsern sollen verschimmelt sein. Wie viele Möglichkeiten gibt es, zwei schimmelige Gläser in der Stichprobe zu haben?

$$
\begin{array}{ll}
(1) & GGGSS \\
(2) & GGSGS \\
(3) & GSGGS \\
(4) & SGGGS \\
(5) & SGGSG \\
(6) & SGSGG \\
(7) & SSGGG \\
(8) & GSSGG \\
(9) & GGSSG \\
(10) & GSGSG
\end{array}
$$

Es gibt also 10 Möglichkeiten, zwei schimmelige Marmeladen in der Stichprobe zu haben. Da die Ereignisse (Die Marmelade in einem Glas schimmelt) voneinander unabhängig sind, gilt als Wahrscheinlichkeit für eine mögliche Stichprobe:

$$
\begin{aligned}
P(S) \cap P(S) \cap P(G) \cap P(G) \cap P(G) &= \\
0.7 \cdot 0.7 \cdot 0.3 \cdot 0.3 \cdot 0.3 &= \\
0.7^2 \cdot 0.3^3 &\equiv \\
p_{\text{schlecht}}^k \cap (1 - p_{\text{schlecht}})^{n-k} &
\end{aligned}
$$

Die Wahrscheinlichkeit dieser einen Stichprobe multipliziert man nun mit der Anzahl der möglichen Stichproben:

$$
\begin{aligned}
\binom{n}{k} \cdot p^k \cdot (1-p)^{n-k} &= \\
10 \cdot 0.7^2 \cdot 0.3^3 &= \\
0.1323 &
\end{aligned}
$$

Somit ist die Wahrscheinlichkeit gefunden, dass sich zwei schimmelige Marmeladen in der Stichprobe befinden.

Die letzte Formel kann bereits zur Berechnung der *Binomialverteilung* genutzt werden:

$$
B_{n;k;p} = \binom{n}{k} \cdot p^k \cdot (1-p)^{n-k} \tag{5.6}
$$

Die Binomialverteilung ist abhängig von den Parametern n, k und p. Es kann berechnet werden, wie groß die Wahrscheinlichkeit ist, dass ein Ereignis k Mal eintritt, wenn ein Zufallsexperiment n Mal durchgeführt wird und die Wahrscheinlichkeit für das einmalige Eintreten des dichotomen Ereignisses p beträgt. Der Erwartungswert und die Varianz der Binomialverteilung lauten

$$
E(X) = n \cdot p \tag{5.7}
$$

$$
Var(X) = n \cdot p \cdot (1 - p). \tag{5.8}
$$

Die Verteilungsfunktion erhält man wie üblich durch Aufsummierung der Wahrscheinlichkeitsfunktion.

In R sind die Werte der Dichtefunktion der Binomialverteilung mit der Funktion dbinom zu berechnen. So wird das obige Beispiel folgendermaßen gelöst:

```
> dbinom(2,5,0.7)
[1] 0.1323
```

Der Funktion werden also k, n und die Wahrscheinlichkeit p als Argumente übergeben. Die gesamte Verteilungsfunktion für diesen Fall lässt sich mit Hilfe der Funktion für die Verteilungsfunktion ausgeben:

```
> pbinom(0:5, 5, 0.7)
[1] 0.00243 0.03078 0.16308 0.47178 0.83193 1.00000
```

Als Wert für den Parameter k wurde die Sequenz der Zahlen 0 bis 5 übergeben. Für jeden dieser Werte wird nun die kumulative Wahrscheinlichkeit berechnet, mit der dieser Wert auftritt, wenn $n = 5$ und $p = 0.7$ sind. Die Wahrscheinlichkeit, dass unter fünf gekauften Gläsern *maximal* zwei verdorben sind, beträgt demnach 0.16308.

Jede Verteilungsfunktion wird durch ihren Erwartungswert und ihre Varianz vollständig charakterisiert (vgl. Abschnitt 5.1.3). Für die Binomialverteilung werden diese Kennwerte nach Formel 5.7 und 5.8 bestimmt.

Die Binomialverteilung kann immer eingesetzt werden, wenn zufällige Ereignisse unabhängig voneinander eintreten und nur zwei Zustände annehmen können. Mit der Binomialverteilung wird die Wahrscheinlichkeit des Auftretens einer Auswahl k aus einer Gesamtmenge n bestimmt.

Hypergeometrische Verteilung

Eine weitere theoretische Verteilung einer diskreten Zufallsvariable ist die *Hypergeometrische Verteilung*. Wenn die Bedingung der Unabhängigkeit der Experimente der Binomialverteilung nicht mehr gegeben ist, kann eine Hypergeometrische Verteilung vorliegen. Ein Beispiel:

> Der 15. Deutsche Bundestag setzt sich aus $N + M = 603$ Mitgliedern zusammen. Davon sind $M = 198$ Frauen. Es werden nun $k = 10$ Bundestagsmitglieder zufällig ausgewählt. Wie groß ist die Wahrscheinlichkeit, dass von den 10 ausgewählten Mitgliedern $x = 3$ Frauen sind?

Die Wahrscheinlichkeitsfunktion der Hypergeometrischen Verteilung lautet

$$H_{N;M;k;x} = \frac{\binom{M}{x} \cdot \binom{N}{k-x}}{\binom{N+M}{k}} \tag{5.9}$$

In R ist die Verteilung unter der Abkürzung **hyper** implementiert. Die obige Aufgabe ist also mit der Funktion **dhyper** zu lösen:

```
> dhyper(x=3, m=198, n=405, k=10)
[1] 0.2639502
```

Wählt man unter den Bundestagsmitgliedern 10 Personen zufällig aus, sind mit einer Wahrscheinlichkeit von 0.264 drei Frauen dabei.

Mit der Verteilungsfunktion lässt sich wiederum die Frage nach der Wahrscheinlichkeit beantworten, dass maximal 5 Frauen unter den 10 ausgewählten Personen sind:

```
> phyper(0:10, m=198, n=405, k=10)
    0.01800205
    0.10801230
    0.30900497
    0.57295514
    0.79870200
    0.93008667
    0.98278252
    0.99716433
    0.99972040
    0.99998753
    1.00000000
```

Die Wahrscheinlichkeit, dass höchstens fünf Frauen in der Gruppe der ausgewählten Personen sind, beträgt also 93 Prozent.

Erwartungswert und Varianz der Hypergeometrischen Verteilung lauten:

$$E(X) = k \cdot \frac{M}{N} \tag{5.10}$$

$$Var(X) = k \cdot \frac{M}{N} \cdot \left(1 - \frac{M}{N}\right) \cdot \left(\frac{N + M - k}{N + M - 1}\right) \tag{5.11}$$

Poissonverteilung

Die Poissonverteilung ist eine Verteilung mit vielen Anwendungsgebieten. Sie beruht auf einem *Poissonprozess*. Das bedeutet, dass sich diese Verteilung immer auf Prozesse bezieht, die in einem bestimmten Zeitintervall stattfinden. Der entscheidende Parameter der Verteilung ist daher das durchschnittliche Eintreten eines Ereignisses in einem festgelegten Intervall. Dieser Parameter wird λ genannt. Treffen in einem Laden beispielsweise pro Stunde 3 Kunden ein, ist $\lambda = 3$. Treten in 10 Jahren beispielsweise 5 Unglücksfälle ein, ist $\lambda = \frac{5}{10} = 0.5$.

Es wird also die Häufigkeit des Eintretens von Ereignissen in einem bestimmten Zeitintervall bestimmt. Auch hier sind die Ereignisse dichotom: Entweder ein Ereignis tritt im festgelegten Intervall auf oder es tritt nicht auf. Die Auftrittswahrscheinlichkeit hängt dabei immer nur von der Länge des Intervalls ab. Die Position des Intervalls in Bezug auf weitere Intervalle beeinflusst die Wahrscheinlichkeit nicht. Außerdem kann der Parameter λ immer nur größer als 0 sein.[A]

Vereinfacht gesprochen kommt die Poissonverteilung immer dann zur Anwendung, wenn voneinander unabhängige Zufallsereignisse theoretisch unbegrenzt eintreten können, tatsächlich – im Verhältnis zu dieser Unbegrenztheit – aber nur selten eintreten. Das klassische Beispiel ist hier die Warteschlange: theoretisch können in einem bestimmten Zeitintervall (z.B. in einer Stunde) unbegrenzt viele Personen eintreffen. Tatsächlich wird aber nur eine begrenzte Zahl an Personen eintreffen.

Die Wahrscheinlichkeitsfunktion der Poissonverteilung lautet nun:

$$P_\lambda = \frac{\lambda^x e^{-\lambda}}{x!} \tag{5.12}$$

[A]Ein gut verständliche Darstellung der Herleitung der Poissonverteilung aus dem Poissonprozess findet sich in Menges (1972), S. 232ff.

Erwartungswert und Varianz berechnet man als:

$$E(X) = \lambda \tag{5.13}$$

$$Var(X) = \lambda \tag{5.14}$$

Ein Beispiel soll die Anwendung verdeutlichen.

> In den 28 Jahren von 1975 bis 2002 sind 139 Menschen bei der Besteigung des Mt. Everest umgekommen[B]. Das entspricht einem jährlichen Schnitt von $\lambda = 4.964286$. Wie groß ist die Wahrscheinlichkeit, dass in einem Jahr $X = 15$ Leute umkommen, wie 1996 bei der bisher größten Katastrophe am Berg geschehen?

Das Zeitintervall wurde hier auf *ein Jahr* festgelegt. Die Auftrittswahrscheinlichkeit λ wird demnach auf ein Jahr normiert: $\frac{139}{28}$. Die Unabhängigkeit der Ereignisse muss als gegeben gelten. Gesucht wird nun die Wahrscheinlichkeit, dass ein bestimmter Wert x eintreten kann. Theoretisch hätten unendliche viele Leute den Berg besteigen und bei der Besteigung umkommen können, im Verhältnis zu dieser theoretischen Möglichkeit ist der Tod von 139 Bergsteigern aber nur ein „seltenes" Ereignis. Die Poissonverteilung ist daher anwendbar.

In R ist die Poissonverteilung als `pois` abgekürzt. Die Aufgabe kann also mit `dpois` gelöst werden:

```
> dpois(15, 139/28)
[1] 0.0001463491
```

Die Wahrscheinlichkeit für dieses Ereignis beträgt demnach 0.0146 Prozent. Die Verteilungsfunktion für das gegebene λ hat die folgenden Werte:

```
> ppois(0:24, 139/28)
 0.006982937 0.041648230 0.127692440 0.270075120 0.446782196
 0.622227079 0.767386834 0.870331761 0.934212766 0.969448717
 0.986940849 0.994835026 0.998100772 0.999347856 0.999790062
 0.999936411 0.999981819 0.999995078 0.999998735 0.999999691
 0.999999928 0.999999984 0.999999997 0.999999999 1.000000000
```

Ab $x = 24$ besitzt die Verteilungsfunktion den Wert 1. Die Wahrscheinlichkeit, dass überhaupt eine Person stirbt, beträgt $1 - P(X = 0)$, also $1 - 0.006982937 = 0.993017.$[C]

5.2.2 Theoretische stetige Verteilungen

Die Gleichverteilung

Eine Gleichverteilung – auch Rechteckverteilung genannt – liegt vor, wenn eine Zufallsvariable in einem bestimmten Intervall $[a, b]$ gleichmäßig verteilt auftritt. Eine der wichtigsten Funktionen der Gleichverteilung liegt in der Erzeugung von Zufallszahlen. Die

---

[B]Quelle: National Geographic Magazin Deutschland, Ausgabe Mai 2003, S. 66

[C]Diese Zahl darf nicht mit falsch verstandenem Determinismus interpretiert werden. Der Wert wurde rein auf der Poissonverteilung basierend berechnet, die sich nur auf die Zahlen der letzten Jahre stützt und darauf basierend die Berechnung von Wahrscheinlichkeiten erlaubt. Es handelt sich keineswegs um eine Überlebensprognose für den Aufstieg auf den Mt. Everest.

in R implementierte Funktion zur Erzeugung gleichverteilter Zufallszahlen runif hat als Intervallgrenzen die Werte 0 und 1 voreingestellt.
Folgendes Beispiel soll eine Anwendung der Gleichverteilung verdeutlichen.

In einem psychologischen Experiment werden die Reaktionszeiten der Probanden auf einen bestimmten Reiz als gleichverteilt zwischen $min = 10$ und $max = 20$ Millisekunden angenommen. Wie groß ist die Wahrscheinlichkeit, dass die Reaktionszeit eines Probanden zwischen $x = 12$ und $x = 14$ Millisekunden liegt?

Die Dichtefunktion der Gleichverteilung lautet:

$$f_G(x) = \begin{cases} \frac{1}{max-min} & \text{für } min \leq x \leq max \\ 0 & \text{sonst} \end{cases} \tag{5.15}$$

Die Verteilungsfunktion lautet

$$F_G(x) = \begin{cases} 0 & \text{für } x < min \\ \frac{x-min}{max-min} & \text{für } min \leq x \leq max \\ 1 & \text{für } x > max \end{cases} \tag{5.16}$$

Erwartungswert und Varianz werden berechnet als

$$E(X) = \frac{max + min}{2} \tag{5.17}$$

$$Var(X) = \frac{(max - min)^2}{12} \tag{5.18}$$

Um die Wahrscheinlichkeit für das Auftreten von Reaktionszeiten zwischen 12 und 14 Millisekunden zu berechnen, muss die Verteilungsfunktion an der Stelle 14 und an der Stelle 12 berechnet werden:

$$F(X = 12) = \frac{12 - 10}{20 - 10}$$
$$= 0.2$$

$$F(X = 14) = \frac{14 - 10}{20 - 10}$$
$$= 0.4$$

$$F(X = 14) - F(X = 12) = 0.4 - 0.2$$
$$P(12 \leq x \leq 14) = 0.2$$

In R sieht die Lösung folgendermaßen aus:

```
> punif(14, min = 10, max = 20) - punif(12, min = 10, max = 20)
[1] 0.2
```

Die Simulation von gleichverteilten Zufallszahlen mittels der Funktion runif wurde bereits im Einführungskapitel besprochen (vgl. Seite 26).

Die Exponentialverteilung

Auch die Exponentialverteilung beruht auf dem Poissonprozess (siehe Seite 141). Diese Verteilung ist im Gegensatz zur Poissonverteilung jedoch stetig.[D] Mit der Exponentialverteilung werden Prozesse wie z.B. Wartezeiten zwischen Ereignissen oder Geräteausfälle modelliert. Die Exponentialverteilung wird auch als *Verteilung ohne Gedächtnis* bezeichnet. Diese Beschreibung leitet sich aus der folgenden Eigenschaft der Exponentialverteilung her:

$$P(X \leq t + h | X \geq t) = P(0 \leq X \leq h) \text{ für alle } t, h > 0 \tag{5.19}$$

Gleichung 5.19 beschreibt die sogenannte Überlebenswahrscheinlichkeit: Die Wahrscheinlichkeit für das Eintreten einer Zufallsvariablen X im Zeitintervall $[t, t + h]$ unter der Bedingung, dass X bis zum Zeitpunkt t noch nicht eingetreten ist, ist gleich der Wahrscheinlichkeit, dass die Zufallsvariable im Intervall $[0, h]$ eintritt. Die Eintrittswahrscheinlichkeit ist also nicht von bereits abgelaufenen Zeitintervallen abhängig, die Verteilung hat also „kein Gedächtnis" an bereits abgelaufene Intervalle. Ein Beispiel:
Die Lebensdauer eines Gerätes ohne mechanischen Verschleiß sei exponentialverteilt. Diese Lebensdauer sein nun durch die Zufallsvariable X beschrieben. Wie groß ist nun die Wahrscheinlichkeit, dass das Gerät zwischen der vierten und siebten Woche ausfällt? In dem Fall ist $t = 4$ und $h = 3$ $(t + h = 7)$. Es soll nun gelten:

$$P(X \leq 7 | X \geq 4) = P(0 \leq X \leq 3) = F(3)$$

$F(3)$ ist die Verteilungsfunktion an der Stelle 3. Nun gilt auf Grund der Rechenregeln für bedingte Wahrscheinlichkeiten

$$
\begin{aligned}
P(X \leq 7 | X \geq 4) &= \frac{P(X \leq 7) \cap P(X \geq 4)}{P(X \geq 4)} \\
&= \frac{P(4 \leq X \leq 7)}{1 - P(X < 4)} \\
&= \frac{F(7) - F(4)}{1 - F(4)}
\end{aligned}
$$

Die Verteilungsfunktion der Exponentialverteilung lautet

$$F_e(x) = \begin{cases} 1 - e^{-\lambda x} & \text{für } x \geq 0 \\ 0 & \text{sonst} \end{cases} \tag{5.20}$$

Die Dichtefunktion ist

$$f_e(x) = \begin{cases} \lambda e^{-\lambda x} & \text{für } x \geq 0 \\ 0 & \text{sonst} \end{cases} \tag{5.21}$$

Die Berechnung kann also nun fortgeführt werden:

[D]Das ist nicht der einzige und auch nicht der entscheidende Unterschied zwischen diesen beiden Verteilungen. Die Exponentialverteilung kann eher als stetiges Gegenstück zur geometrischen Verteilung betrachtet werden.

$$
\begin{aligned}
\frac{F(7) - F(4)}{1 - F(4)} &= \frac{1 - e^{-\lambda 7} - (1 - e^{-\lambda 4})}{1 - (1 - e^{-\lambda 4})} \\
&= \frac{e^{-\lambda 4} - e^{-\lambda 7}}{e^{-\lambda 4}} \\
&= 1 - e^{-\lambda 3} \\
&= F(3) \\
&= P(X \le 3)
\end{aligned}
$$

Die Wahrscheinlichkeit, dass ein Gerät in den drei Wochen nach Woche 4 ausfällt ist also genau so groß wie die Wahrscheinlichkeit, dass es in den ersten drei Wochen ausfällt. Bei Geräten mit mechanischer Abnutzung muss die Wahrscheinlichkeit hingegen im Laufe der Zeit größer werden.

Für den Parameter λ in der Exponentialverteilung gilt $\lambda \ge 0$. Es ist der einzige Parameter, von dem die Form der Verteilung abhängt. Erwartungswert und Varianz berechnen sich als

$$
E(X) = \frac{1}{\lambda} \tag{5.22}
$$

$$
Var(X) = \frac{1}{\lambda^2} \tag{5.23}
$$

In R wird der Parameter λ als `rate` bezeichnet. Folgendes Beispiel wird zur Demonstration berechnet:

> Die Dauer von Telefonservicegesprächen bei einer Telefonhotline sei exponentialverteilt. Im Durchschnitt dauert ein Gespräch 63.2 Sekunden. Wie groß ist die Wahrscheinlichkeit, dass ein Telefongespräch länger als 90 Sekunden dauert?

Da die Gespräche im Schnitt 63.2 Sekunden dauern, ist bekannt, dass $\frac{1}{\lambda} = 63.2$ beträgt. Daher ist $\lambda = \frac{1}{63.2}$. Die Wahrscheinlichkeit, dass Gespräche mehr als 90 Sekunden dauern beträgt $1 - F_e(90)$. Die Funktion `pexp` zur Berechnung von Werten der Verteilungsfunktion der Exponentialverteilung kennt die Option `lower.tail`, die als Voreinstellung auf `TRUE` gesetzt ist. Damit wird der Wert für $P(0 \le x \le X)$ ausgegeben. Setzt man diese Option auf `FALSE` wird $1 - F(x)$ ausgegeben:

```
> pexp(90, rate = 1/63.2, lower.tail = F)
[1] 0.2407369
```

Die Wahrscheinlichkeit, dass ein Gespräch mehr als 90 Sekunden dauert, beträgt demnach ca. 0.241.

Die Normalverteilung

Im Zusammenhang mit den *Grenzwertsätzen* wurden bereits Grenzverteilungen erwähnt. Diese ergeben sich asymptotisch für bestimmte theoretische Verteilungen, d.h. bei wachsendem n nähert sich die Form einer Verteilung einer anderen Verteilung – der Grenzverteilung – an. Die häufigste – und damit für die frequentistische Statistik die wichtigste –

Grenzverteilung ist die Normalverteilung. Viele Verteilungen lassen sich bei hinreichend großem n durch die Normalverteilung approximieren. Die Normalverteilung hat die Dichte

$$f(x, \mu, \sigma) = \frac{1}{\sigma\sqrt{2\pi}} e^{-\frac{(x-\mu)^2}{2\sigma^2}} \tag{5.24}$$

Da die Dichtefunktion der Normalverteilung symmetrisch ist, erhält man als Erwartungswert für die Normalverteilung

$$E(X) = \mu \tag{5.25}$$

Die Varianz der Normalverteilung ist

$$Var(X) = \sigma^2. \tag{5.26}$$

In Abbildung 5.4 sind zwei Normalverteilungen mit unterschiedlichen Varianzen zu sehen.[E]

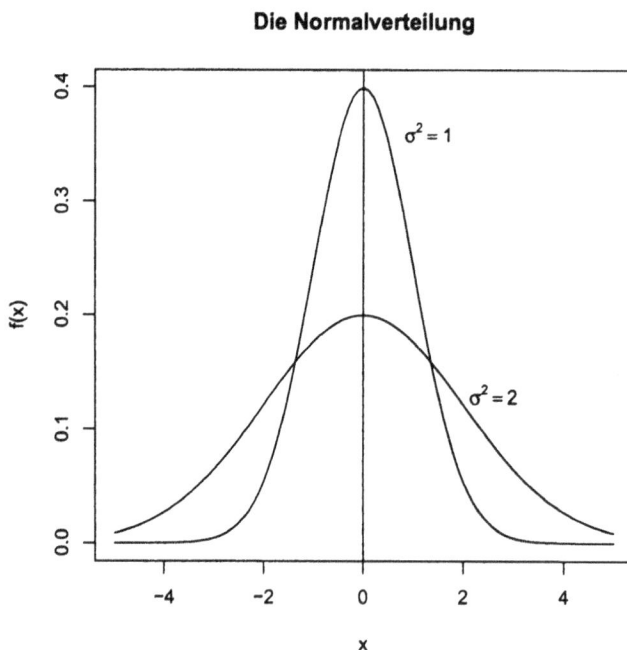

Abbildung 5.4: Zwei Normalverteilungen mit unterschiedlichen Varianzen

Die wichtigsten Eigenschaften der Normalverteilung sind

- Die NV ist symmetrisch

- Das Maximum der NV ist an der Stelle μ

- Die NV nähert sich auf beiden Seiten asymptotisch der X-Achse

[E]Der R-Code mit dem diese Abbildung erstellt wurde, ist im Anhang A zu finden.

Eine Normalverteilung mit einem Erwartungswert von $\mu = 0$ und einer Standardabweichung von $\sigma = 1$ wird *Standardnormalverteilung* genannt. Diese Verteilung ist eine Art „Arbeitspferd" unter den Verteilungen. Werte aus anderen Normalverteilungen lassen sich derart standardisieren, dass ihre Wahrscheinlichkeiten aus der Standardnormalverteilung bestimmt werden können. In den meisten Statistikbüchern finden sich daher in der Regel die Quantile der Standardnormalverteilung tabelliert. In R wird dem dadurch Rechnung getragen, dass die Voreinstellung für die Normalverteilungsfunktion mean=0 und sd=1 lauten.

Ein Wert aus einer normalverteilten Zufallsvariable lässt sich mittels der folgenden Formel standardisieren

$$z = \frac{x - \mu}{\sigma} \qquad (5.27)$$

Standardisierte Zufallsvariablen werden in der Regel mit z bezeichnet.

Ist in einer Population beispielsweise das Alter normalverteilt mit einem Erwartungswert von $\mu = 30$ Jahren und einer Standardabweichung von $\sigma = 6$, so lässt sich mittels der Standardnormalverteilung berechnen, wie viel Prozent der Population jünger als 20 Jahre sind. Dazu wird der Wert $x = 20$ zunächst standardisiert:

$$z = \frac{20 - 30}{6} = -1.\bar{6}$$

Die Funktion pnorm liefert in der Voreinstellung nun die Werte der Verteilungsfunktion für Quantile der Standardnormalverteilung:

```
> pnorm(-1.6666)
[1] 0.04779698
```

Ca. 4.78 Prozent der Population ist 20 Jahre und jünger. Selbstverständlich könnten in R auch die Werte direkt aus der vorliegenden Normalverteilung berechnet werden. Die Berechnung wäre dann folgendermaßen durchzuführen:[F]

```
> pnorm(20, mean = 30, sd = 6)
[1] 0.04779035
```

F, t und χ^2-Verteilung

Die drei in diesem Abschnitt vorgestellten Verteilungen werden gemeinsam behandelt, da sie in der Statistik im Wesentlichen im Zusammenhang mit der schließenden Statistik von tragender Bedeutung sind. Sie werden auch als Prüf- oder Testverteilungen bezeichnet. Die Verteilung stehen in enger Beziehung zur Normalverteilung, da sie Verteilungen normalverteilter Zufallsvariablen darstellen.

Die χ^2-Verteilung

Liegen mehrere standardnormalverteilte Zufallsvariablen vor (z.B. Stichproben aus normalverteilten Grundgesamtheiten), dann ist die Summe über die quadrierten Zufallsvariablen χ^2-verteilt:

[F]Hier auftretende Unterschiede sind auf Rundungsfehler zurückzuführen.

$$X_{\chi^2} = z_1^2 + z_2^2 + z_3^2 + \ldots + z_n^2 = \sum_{i=1}^{n} z_n^2 \qquad (5.28)$$

Dabei werden die z_i nach Formel 5.27 berechnet. Die Zufallsvariable X_{χ^2} folgt der χ^2-Verteilung: $X_{\chi^2} \sim \chi_n^2$. Die Form der Verteilung ist abhängig von n, den *Freiheitsgraden* der Verteilung (vgl. Box auf Seite 149). Erwartungswert und Varianz der χ^2-Verteilung lauten

$$E(X) \;=\; n \qquad (5.29)$$
$$Var(X) \;=\; 2n. \qquad (5.30)$$

Die χ^2-Verteilung kann bei großen n Werten über folgende Formel durch die Normalverteilung approximiert werden:

$$\chi^2 = \frac{1}{2}(z + \sqrt{2n-1})^2$$

wobei sich durch Umformung folgende Approximation ergibt:

$$z = \sqrt{2\chi^2} - \sqrt{2n-1} \qquad (5.31)$$

Für Werte von $n > 30$ ist diese Approximation besser als die Approximation über eine Normalverteilung mit einem Erwartungswert von n und einer Streuung von $2n$, $(N(n, 2n))$. Die Funktion pchisq berechnet in R die Verteilungsfunktion für χ^2-verteilte Werte. Neben dem Quantil müssen die Freiheitsgrade spezifiziert werden:

```
> pchisq(3.84,1)
[1] 0.9499565
```

Die t-Verteilung
Sei X_N eine normalverteilte Zufallsvariable und X_{χ^2} eine χ^2-verteilte Variable, dann ist die Variable

$$T_n = \frac{X_N}{\sqrt{\dfrac{X_{\chi^2}}{n}}}$$

t-verteilt.
In R wird die Verteilungsfunktion der t-Verteilung mit pt abgerufen.

```
> pt(1.96,20)
[1] 0.9679609
```

Die t-Verteilung ist von der Anzahl der Freiheitsgrade n abhängig. Dieser Parameter ist durch die Stichprobengröße gegeben. Da sich die t-Verteilung ab $n > 30$ ausreichend durch die Normalverteilung approximieren lässt, spielt sie vor allem im Zusammenhang mit kleinen Stichproben eine wichtige Rolle.

Die F-Verteilung
Die F-Verteilung wird aus zwei χ^2-verteilten Zufallsvariablen bestimmt.

Freiheitsgrade

Viele Verteilungen sind von der Zahl der Freiheitsgrade (*degrees of freedom*) abhängig. Das bedeutet, dass nicht alle Glieder zur Berechnung der Verteilung frei variierbar sind. Um Beispielsweise den Standardfehler nach Formel 5.32 (S. 154) zu berechnen, wird die Varianz benötigt. Die Varianz setzt sich aus den Gliedern der Summe über die Abstandsquadrate $(x_i - \bar{x})^2$ zusammen. Da die Summe über die einfachen Abstände $\sum_{i=1}^{n}(x_i - \bar{x})$ Null ergeben muss, sind nur $n - 1$ Glieder dieser Summe frei bestimmbar. Das $n$te Glied ist durch seine Vorgänger festgelegt, damit sich das Resultat von $\sum_{i=1}^{n}(x_i - \bar{x}) = 0$ tatsächlich ergeben kann.

In einer Tabelle wird die Anzahl der Freiheitsgrade über die Anzahl der Zeilen und Spalten ermittelt: $df = (z-1) \cdot (s-1)$. Auch hier ergibt sich die Zahl der Freiheitsgrade, wenn das Ergebnis als Restriktion beachtet wird. Die Restriktion wird bei Tabellen über die Randsumme – die Summe der Zeilen und Spalten – definiert. In einer 2×2 Tabelle kann nur eine Zelle frei gewählt werden. Ist diese bestimmt, ergibt sich der Inhalt der restlichen drei Zellen zwingend:

	Sp.1	Sp.2	$\sum$
Zl.1	2		3
Zl.2			2
$\sum$	5	0	5

$$F_{df_1, df_2} = \frac{\dfrac{\chi^2}{df_1}}{\dfrac{\chi^2}{df_2}}$$

Dabei sind df_1 und df_2 die Freiheitsgrade der ersten und der zweiten χ^2-verteilten Zufallsvariablen. Die F-Verteilung wird vor allem im Zusammenhang mit varianzanalytischen Methoden benötigt.

Die Funktion pf dient zur Berechnung der Verteilungsfunktion der F-Verteilung in R.

```
> pf(5, df1=2, df2=10)
[1] 0.96875
```

5.2.3 Approximation von Verteilungen

Dem zentralen Grenzwertsatz zufolge, können bestimmte Verteilungen durch andere Verteilungen approximiert werden. Die Normalverteilung ist dabei eine häufige Grenzverteilung. Aber auch andere Verteilung stellen Grenzverteilungen dar. Das folgende Beispiel zeigt, wie sich die Approximation numerisch auswirkt.

Progammbeispiel 5.1

```
nv <- pnorm(1.65)
tv <- pt(1.65, 1:100)
dif <- nv-tv
cbind(nv,tv,dif)
```

Im Beispiel 5.1 wurde die Wahrscheinlichkeit für den Wert 1.65 der Verteilungsfunktion der Standardnormalverteilung erzeugt. Dieser Wert wurde ebenso für die Verteilungsfunktion der t-Verteilung erzeugt. Da die t-Verteilung von den Freiheitsgraden n abhängig ist, wurden Wahrscheinlichkeiten für alle Werte von $n = 1$ bis $n = 100$ erzeugt. Schaut man sich die Variable `dif` an, ist zu sehen, dass die Differenz zwischen der Wahrscheinlichkeit für den standardnormalverteilten Wert 1.65 und der Wahrscheinlichkeit für den t-verteilten Wert in Abhängigkeit von n immer kleiner wird. Bereits ab einer Größe von $n = 31$ fällt die Differenz auf ein halbes Prozent und ab $n = 79$ beträgt sie nur mehr 0.1 Prozent. Als Faustregel gilt daher, dass die Approximation der t-Verteilung durch die Normalverteilung ab $n > 30$ ausreichend gegeben ist. Weitere Approximationskriterien für andere Verteilungen sind in folgender Übersicht wiedergegeben.

Verteilung	wird approximiert durch	wenn Bedingung erfüllt ist
Hypergeometrische	Binomial	$n \leq \frac{N}{10}$
Hypergeometrische	Poisson	$n \leq \frac{N}{10}$ und $\frac{M}{N} \leq \frac{1}{10}$
Binomial	Poisson	$\pi \leq \frac{1}{10}$
Poisson	Normal	$\lambda \geq 9$
Binomial	Normal	$n\pi(1 - \pi) \geq 9$
χ_n^2	Normal	$n \to \infty$
t	Normal	$n > 30$

5.3 Stichprobenverteilungen

Das Problem in der schließenden Statistik besteht in der Regel darin, Aussagen über unbekannte Grundgesamtheiten treffen zu müssen. Es ist leicht nachvollziehbar, dass es sehr aufwändig ist, eine Vollerhebung einer größeren Grundgesamtheit durchzuführen. Nur dann wäre es allerdings möglich, die notwendigen Kennwerte der Grundgesamtheit wie Streuung, Mittelwerte etc. direkt auszuzählen. In der Praxis müssen andere Methoden zur Verfügung stehen. Die *Stichprobe* ist das Werkzeug, welches dem Statistiker als Schlüssel zur Grundgesamtheit zur Verfügung steht. Bei Stichproben handelt es sich um eine organisierte Zufallsauswahl aus einer Grundgesamtheit. Bereits die Organisation der Stichprobe ist entscheidend dafür, ob Rückschlüsse auf die Grundgesamtheit möglich und zulässig sind. Dabei ist darauf zu achten, dass die Ziehung einer Stichprobe repräsentativ durchgeführt wird. Ist dies nicht möglich, müssen entsprechende Korrekturverfahren angewandt werden. Die korrekte Organisation einer Stichprobe ist Gegenstand der Methodenlehre. Sicher muss auch ein Statistiker über entsprechende Kenntnisse verfügen, sie gehören jedoch nicht in den engeren Kanon der statistischen Methoden.[G]

Liegt eine repräsentative und zufällige Stichprobe vor, besteht ein weiteres Problem: es sollen Aussagen über Kennwerte einer in der Regel unbekannten Grundgesamtheit getroffen werden. In der Statistik wurden im Wesentlichen zwei Gruppen von Methoden etabliert, um sich der Grundgesamtheit systematisch nähern zu können: das *Testen* und das *Schätzen*.

Eine Möglichkeit, von einer Stichprobe auf eine Grundgesamtheit zu schließen besteht darin, einen Kennwert hypothetisch als bekannt anzunehmen. Die Stichprobe dient dann

---

[G]Näheres zur Stichprobenorganisation kann beispielsweise Kromrey (1998) entnommen werden.

dazu, diese Hypothese über einen Kennwert zu stützen oder zu verwerfen. Diese Vorgehensweise wird *Testen* genannt. In Kapitel 7 werden Hypothesentests zur Anwendung dieser Methodik vorgestellt.

Oft ist es nicht möglich eine Hypothese über einen Kennwert einer unbekannten Grundgesamtheit im Vorhinein aufzustellen. Dann ist es notwendig, mögliche Werte für die gewünschten Kennwerte aus einer Stichprobe zu gewinnen. Da die Kennwerte mittels verschiedener Methoden geschätzt werden, spricht man in diesem Zusammenhang vom *Schätzen*. In Kapitel 6 werden Methoden zur Schätzung von Parametern (Kennwerten) vorgestellt.

Was berechtigt den Statistiker aber nun, von einer zufällig zustande gekommenen Stichprobe mit vergleichsweise wenigen Elementen auf eine Grundgesamtheit zu rekurrieren? Die entscheidende Verbindung sind die so genannten Stichprobenverteilungen oder genauer: die *Verteilung der Stichprobenparameter*.

Repräsentativität einer Stichprobe bedeutet, dass die Stichprobe ein verkleinertes Abbild der Grundgesamtheit darstellt. Theoretisch liefert eine solche Stichprobe die gleichen Kennwerte wie die Grundgesamtheit. Da es sich bei einer Stichprobe aber immer um eine Zufallsauswahl aus der Grundgesamtheit handelt, kann ein Parameter in der Stichprobe auch zufällig vom tatsächlichen Wert in der Grundgesamtheit abweichen. Der gewonnene Stichprobenparameter ist demnach selber eine Zufallsvariable mit einer ihm eigenen Verteilung.

An dieser Stelle kommt der *zentrale Grenzwertsatz* ins Spiel. Laut zentralem Grenzwertsatz nach Ljapunoff konvergiert eine Summe von Zufallsvariablen gegen eine Normalverteilung. Dabei können die einzelnen Zufallsvariablen X_i beliebigen Verteilungen folgen. Angenommen, die Zufallsvariable sei „Summe der Augenzahlen beim Würfeln". Bei einem Würfel sind die Wahrscheinlichkeiten konstant verteilt. Bei zwei Würfeln ergibt sich eine Dreiecksverteilung für die Wahrscheinlichkeiten der möglichen Augensummen. Erhöht man nun die Zahl der geworfenen Würfel, nähert sich die Verteilung zunehmend einer Normalverteilung.

In Erweiterung dieses Grenzwertsatzes setzt der Grenzwertsatz nach Lindeberg-Lévy unabhängig identisch verteilte Zufallsvariablen X_i voraus. Diese Zufallsvariablen X_i haben alle den selben Mittelwert μ und die Varianz σ^2. Wird nun eine neue Zufallsvariable S aus der Summe dieser Zufallsvariablen X_i gebildet, so hat die Zufallsvariable S den Mittelwert $n\mu$ und die Varianz $n\sigma^2$. Für

$$Z = \frac{S - n\mu}{n\sigma^2}$$

gilt nun

$$\lim_{n \to \infty} F(Z) = \int_{-\infty}^{Z} f(x)dx \quad \text{mit} \quad f(x) = N(0,1).$$

Das bedeutet, dass die Grenzverteilung für S die Standardnormalverteilung ist.

Diese Feststellung stellt einerseits ein „Scharnier" für die Stichprobenverteilungen dar. Andererseits hat sie zu der zentralen Stellung der Normalverteilung geführt, von der kritisch zu hinterfragen bleibt, ob sie diese in den Sozialwissenschaften zu Recht einnimmt (vgl. Menges (1982), S. 80).

5.3.1 Stichprobenverteilung der Mittelwerte μ

In R gibt es die Möglichkeit, Zufallsstichproben aus einem gegebenen Datensatz zu ziehen. Anhand dieser Möglichkeit, soll das oben erläuterte Prinzip demonstriert werden. Dabei wird am Beispiel die Stichprobenverteilung für Mittelwerte μ entwickelt.

Zunächst wird dazu der Datensatz faithful geladen. Dieser Datensatz besteht aus den beiden Variablen eruptions und waiting. Da es sich um Ausbruchslängen des Geysirs *Old Faithful* im Yellowstone National Park handelt, kann dieser Datensatz zwar nicht als Grundgesamtheit bezeichnet werden; für dieses Beispiel soll jedoch davon ausgegangen werden, dass die 272 Daten des Datensatzes eine Grundgesamtheit darstellen. Das arithmetische Mittel der Variablen eruptions beträgt mean(faithful$eruptions)=3.487783. Nun soll eine Stichprobe mit zehn Elementen aus dieser „Grundgesamtheit" gezogen werden. Dazu bedient man sich der Funktion sample:

```
> stpr <- sample(faithful$eruptions, 10)
> stpr
 [1] 4.817 1.850 1.883 2.083 1.867 2.900 4.500 1.850 4.700 1.983
```

Die Stichprobe stpr enthält zehn zufällig aus dem Datensatz faithful ermittelte Werte. Diese zehn Werte besitzen das folgende arithmetische Mittel:

```
> mean(stpr)
[1] 2.8433
```

Dieses Mittel weicht relativ stark vom arithmetischen Mittel der Grundgesamtheit ab (ca. um den Wert 0.65 nach unten). Es wäre nun möglich nach Formel 4.1 insgesamt

$$\binom{N}{n} = \binom{272}{10} = 5.167 \cdot 10^{17}$$

verschiedene Stichproben der selben Größe zu ermitteln. Die arithmetischen Mittelwerte aller dieser Stichproben stellen dann die Verteilungsfunktion des zufälligen Stichprobenparameters „arithmetisches Mittel aller Stichproben der Größe $n = 10$ aus der Grundgesamtheit faithful$eruptions" dar. Im folgenden Beispiel werden nun mehrere Stichproben der Größe $n = 10$ aus dem Datensatz ermittelt:

Progammbeispiel 5.2

```
> mw.stpr <- NULL # Initialisierung des Vektors
> for (cc in 1:10) mw.stpr[cc] <- mean(sample(faithful$eruptions, 10))
> mw.stpr
 [1] 3.1900 3.5267 3.3084 3.7050 3.2616 3.4916 3.9482 3.6734 3.8667 3.0415
```

Hier wurden zehn Stichproben der Größe $n = 10$ ermittelt, in dem die for-Schleife zehn Mal durchlaufen wurde. In jedem Durchgang wurde dabei eine Stichprobe gezogen, deren arithmetisches Mittel im Vektor mw.stpr festgehalten wurde. Dieser Vektor mw.stpr enthält nun also die zehn arithmetischen Mittelwerte der zehn gezogenen Stichproben. Diese arithmetischen Mittel der gleichartigen Stichproben stellen Ausprägungen einer Zufallsvariablen mit einer eigenen Verteilung dar. Das arithmetische Mittel dieser Stichprobe beträgt $\mu_{\bar{x}} = 3.50131$. Das Symbol $\mu_{\bar{x}}$ bedeutet, dass hier das arithmetische Mittel μ der

Stichprobenmittelwerte $\bar{x}$ berechnet wurde. Dieser *Mittelwert der Mittelwerte* weicht nur noch um ca. 0.01 nach oben vom tatsächlichen Mittelwert $\mu = 3.487783$ ab. Dieses Experiment lässt sich nun beliebig oft wiederholen. Abbildung 5.5 zeigt die Ergebnisse für verschiedene Anzahlen von gezogenen Stichproben.[H]

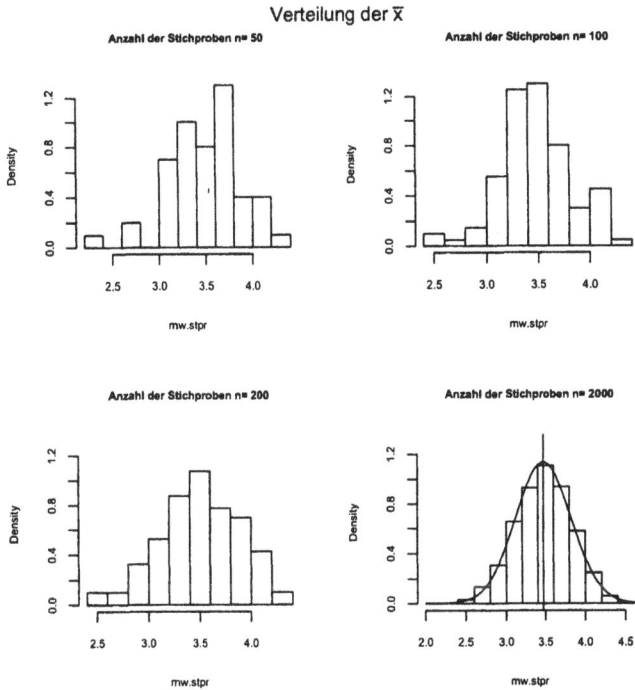

Verteilung der $\bar{x}$

Anzahl der Stichproben n= 50   Anzahl der Stichproben n= 100

Anzahl der Stichproben n= 200   Anzahl der Stichproben n= 2000

Abbildung 5.5: Verteilung des arithmetischen Mittels $\bar{x}$ in mehreren Stichproben der Größe $n = 10$

In der letzten Teilgraphik in Abbildung 5.5 wurde eine Normalverteilung über die empirische Verteilung gelegt. Wie deutlich zu erkennen ist, entspricht die Verteilung der Mittelwerte recht genau einer Normalverteilung. Tatsächlich gilt nach dem zentralen Grenzwertsatz, dass die Verteilung der Stichprobenmittelwerte bei $n \to \infty$ gegen eine Normalverteilung konvergiert. Dies gilt unabhängig von der Form der Ausgangsverteilung.

Abbildung 5.6 auf Seite 154 zeigt die Daten aus dem Datensatz im Vergleich mit der Normalverteilungskurve. In der Praxis wird ab einer Stichprobengröße von $n > 30$ von einer ausreichenden Approximation ausgegangen.

Betrachtet man die verschiedenen Mittelwerte der Stichproben nun als Zufallsvariable mit dem Erwartungswert $E(\overline{X}_i) = \mu_{\bar{x}}$, muss nur noch die Streuung dieser Zufallsvariablen bekannt sein, um die Wahrscheinlichkeiten für verschiedene realisierte Mittelwerte berechnen zu können.

[H]Etwas verwirrend könnte die Nutzung des Buchstabens n sein. Das kleine n steht sowohl für die Anzahl der Elemente in einer einzigen Stichprobe als auch für die Anzahl der gleichartigen aus einer Grundgesamtheit gezogenen Stichproben.

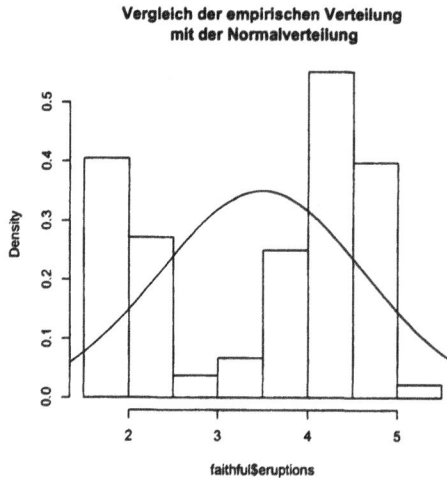

Abbildung 5.6: Vergleich der Verteilung der Daten aus `faithful$eruptions` mit der Normalverteilung

Wenn diese Streuung gering ist, kann der Mittelwert der Grundgesamtheit relativ genau
aus der Stichprobe ermittelt werden. Je größer allerdings die Streuung ist, desto wahrscheinlicher ist es, einen Stichprobenmittelwert zu erhalten, der vom tatsächlichen Grundgesamtheitsmittelwert abweicht. Die Streuung wird in diesem Zusammenhang daher auch
als *Stichprobenfehler* bezeichnet. Ist die Varianz der Grundgesamtheit bekannt, berechnet
sich der Stichprobenfehler als

$$\sigma_{\bar{x}} = \frac{\sigma}{\sqrt{n}}, \tag{5.32}$$

wobei das σ die Standardabweichung der Grundgesamtheit bezeichnet und n die Stichprobengröße.[1] Bei bekannter Grundgesamtheitsvarianz sind die Stichprobenmittelwerte
immer normalverteilt. Sie können dann in eine Standardnormalverteilung transformiert
werden. Dazu wird die Formel 5.27 entsprechend angepasst:

$$\sqrt{n}\frac{\overline{X} - \mu}{\sigma} \sim N(0, 1) \quad . \tag{5.33}$$

Ist die Varianz der Grundgesamtheit nicht bekannt, muss sie aus der Stichprobe geschätzt
werden. Die Stichprobenvarianz wird in Abschnitt 6 als Formel 6.3 vorgestellt.
Bei kleinen Stichproben und unbekannter Grundgesamtheitsvarianz ist die Approximation
an die Normalverteilung nicht vorhanden. Hier kommt allerdings eine andere Eigenschaft
zum tragen. Es gilt

$$\sqrt{\frac{n}{\hat{s}^2}}(\bar{x} - \mu) \sim t_n \tag{5.34}$$

Standardisiert also man den Mittelwert einer Stichprobe nach Formel 5.27 in dem die

---

[1]Eine Herleitung dieser Formel findet sich z.B. in Bortz (1999), S. 685.

Differenz durch den Stichprobenfehler dividiert wird,[J] erhält man t-verteilte Werte. Diese Transformation wird in der Regel bei Werten von $n \leq 30$ eingesetzt.

5.3.2 Die Stichprobenverteilungen von σ und π

Weitere häufig verwendete Stichprobenverteilungen sind die Verteilung der Varianzen und der Anteilswerte.

Zur Herleitung der Stichprobenverteilung der Varianz wird berücksichtigt, dass die Varianz einer Stichprobe aufgrund der zu korrigierenden Verzerrung (vgl. Formel 6.2) als ✘

$$\hat{s}^2 = \frac{1}{n-1} \sum_{i=1}^{n} (x_i - \bar{x})^2$$

berechnet wird.

Nun lässt sich zeigen, dass die Stichprobenverteilung der Varianzen χ^2-verteilt ist. Eine χ^2-Verteilung liegt vor, wenn quadrierte standardisierte Zufallsvariablen aufsummiert werden (vgl. Abschnitt 5.2.2). Die Standardisierung wird über Formel 5.27 erreicht. Um daraus eine χ^2-Verteilung zu erhalten, muss diese Formel quadriert und über n aufsummiert werden:

$$\frac{\sum_{i=1}^{n}(x_i - \bar{x})^2}{\sigma^2} = \sum_{i=1}^{n} z_i^2 = \chi_{n-1}^2 \tag{5.35}$$

Diese χ^2-Verteilung besitzt $n-1$ Freiheitsgrade, da nur $n-1$ voneinander unabhängige Zufallsvariablen in der Summe $\sum_{i=1}^{n}(x_i - \bar{x})^2$ aufsummiert werden. Das letzte Glied dieser Summe wird durch die Logik bestimmt, dass sich die Summe der Differenzen zum Wert 0 aufaddieren muss. Eine χ^2-Verteilung mit n Freiheitsgraden ergibt sich nur wenn $z_i = \frac{x_i - \mu}{\sigma}$. Die Summe im Zähler von 5.35 ist auch über eine Umformung der Stichprobenvarianz nach Formel 6.3 zu berechnen:

$$\sum_{i=1}^{n}(x_i - \bar{x})^2 = (n-1) \cdot \hat{s}$$

Wird dieses Resultat nun in 5.35 eingesetzt, ergibt sich die Stichprobenverteilung der Varianz als

$$\frac{n-1}{\sigma^2} \cdot \hat{s}^2 = \chi_{n-1}^2. \tag{5.36}$$

Ist $n > 30$, kann die χ^2-Verteilung nach Formel 5.31 durch eine Standardnormalverteilung approximiert werden.

Die Entwicklung der Stichprobenverteilung für Anteilswerte lehnt sich an die Binomialverteilung an. Ein Anteilswert π in einer Grundgesamtheit weist die für Binomialverteilungen konstitutive Eigenschaft auf, dass ein Merkmalsträger innerhalb dieser Grundgesamtheit entweder die den Anteilswert bestimmende Eigenschaft besitzt oder nicht besitzt. Anteilswerte sind dichotom. Der Anteilswert p einer Stichprobe ergibt sich als Anteil von k Elementen an der Größe n der Stichprobe (vgl. 5.2.1). Die Anzahl der Elemente k_i aus verschiedenen Stichproben kann als binomialverteilte Zufallsvariable aufgefasst werden.

[J]Die Varianz wurde hier aus der Stichprobe geschätzt. Vgl. Formel 6.3.

Die Verteilung von k_i ist somit eine Stichprobenverteilung. Die Binomialverteilung kann für Stichproben in denen gilt:

$$n \cdot \hat{\pi} \cdot (1 - \hat{\pi}) \geq 9$$

durch die Normalverteilung approximiert werden. Der Anteilswert $\hat{\pi}$ wird dabei durch den Anteilswert p in der Stichprobe geschätzt.

Um die Anteilswerte nach der Approximation in eine standardnormalverteilte Zufallsvariable zu transformieren, muss Formel 5.27 entsprechend modifiziert werden:

$$z = \frac{p - \pi}{\sqrt{\frac{\pi(1-\pi)}{n}}}. \tag{5.37}$$

Dabei wird unterstellt, dass der Anteilswert der Stichproben p_i eine stetige Zufallsvariable darstellt. Wird statt des Anteilswertes die Anzahl der k Merkmalsträger als Zufallsvariable ermittelt, so muss bei der Transformation in eine standardnormalverteilte Zufallsvariable eine so genannte *Stetigkeitskorrektur* vorgenommen werden. Dadurch wird die Tatsache berücksichtigt, dass es sich bei k um eine diskrete, bei z hingegen um eine stetige Zufallsvariable handelt.

$$z = \frac{(k - \frac{1}{2}) - n\pi}{\sqrt{n \cdot \pi \cdot (1 - \pi)}}$$

Eine gute Übersicht über die verschiedenen Stichprobenverteilungen ist in Litz (1997), Kapitel 6 zu finden.

5.4 Literatur und Befehlsregister

5.4.1 Literatur

Zur Vertiefung der Inhalte dieses Kapitels wird folgende Literatur empfohlen:

- Überblick über Auswahlverfahren und Aufbereitung von Stichproben: Kann (1967), Kap. 2 und 3

- Einführend mit gutem Überblickscharakter: Litz (1997)

- Überblick über viele Verteilungsfunktionen: Härtter (1987)

- Ausführliches Nachschlagewerk mit Handbuchcharakter: Hartung (1991)

- Einführung für Wirtschaftswissenschaftler: Bihn und Gröhn (1996)

5.5 Kurzregister neuer Befehle

Funktion	Beschreibung	Seite
dbinom()	Wahrscheinlichkeitsfunktion der Binomialverteilung	139
dhyper()	Wahrscheinlichkeitsfunktion der Hypergeometrischen Verteilung	140
dpois()	Wahrscheinlichkeitsfunktion der Poissonverteilung	142
pchisq()	Verteilungsfunktion der χ^2-Verteilung	148
pf()	Verteilungsfunktion der F-Verteilung	149
pnorm()	Quantile der Normalverteilung	147
pt()	Quantile der t-Verteilung	148
sample()	Ermitteln einer Stichprobe aus einem Datensatz	152

6 Schätztheorie

Mit der Verbindung zwischen Grundgesamtheit und Stichprobe, die im vorigen Kapitel hergestellt wurde, lässt sich nun ein Parameter aus einer unbekannten Grundgesamtheit mittels einer Stichprobe bestimmen. In der statistischen Literatur haben sich Konventionen zur Bezeichnung verschiedener Variablen herausgebildet. Grundsätzlich werden Variablen, die Parameter in der Grundgesamtheit bezeichnen, mit einem griechischen Buchstaben gekennzeichnet:

$$\mu, \sigma, \beta, \rho, \pi, \text{ etc.}$$

Stammt ein Parameter aus einer Stichprobe, wird er mit dem entsprechenden lateinischen Buchstaben gekennzeichnet:

$$\bar{x}, s, b, r, p, \text{ etc.}$$

Wird ein Parameter geschätzt, enthält er ein Dach zur Kennzeichnung:

$$\hat{s}, \hat{\beta}, \hat{\rho}, \hat{p}, \text{ etc.}$$

Der griechische Buchstabe θ ist ein allgemeines Symbol für einen Parameter:

$$\theta, \hat{\theta}$$

Um aus einer Stichprobe einen Schätzer für einen Grundgesamtheitsparameter zu bestimmen, gibt es verschiedene Methoden. Bei den *Schätzmethoden* wird zwischen den *Punktschätzern* und den *Intervallschätzern* unterschieden. Zu den wichtigsten Punktschätzmethoden gehören

- die Momentenmethode,

- die Maximum-Likelihood Methode und

- die Methode der Kleinsten-Quadrate.

Intervallschätzer werden über Konfidenzintervalle geschätzt. Diese werden später vorgestellt.

6.1 Eigenschaften von Schätzern

Bei der Konstruktion von Schätzern werden bestimmte Eigenschaften eines Schätzers berücksichtigt. Dabei spielt die Güte eine zentrale Rolle. Unter der Güte eines Schätzers versteht man einige Eigenschaften, mit der die Qualität eines Schätzer bezogen auf einen bestimmten Parameter beschrieben werden kann. Um die Güte beurteilen zu können, stehen verschiedene Qualitätskriterien zur Verfügung. Die folgend genannten werden am häufigsten angewandt:

- *Erwartungstreue*

- *Effizienz*

- *Konsistenz*

Erfüllt ein Schätzer einen oder mehrere dieser Eigenschaften, ist er für einen Rückschluss auf einen Grundgesamtheitsparameter gut geeignet.

6.1.1 Erwartungstreue

Ein *erwartungstreuer* Schätzer besitzt als Erwartungswert den geschätzten Parameter der Grundgesamtheit. Ein einfaches Beispiel zeigt, dass der Mittelwert der Stichprobe $\bar{x}$ einen erwartungstreuen Schätzer für den Grundgesamtheitsmittelwert μ darstellt. Wenn dem so ist, dann muss $E(\bar{x}) = \mu$ gelten. Tatsächlich sieht man[A]

$$
\begin{aligned}
E(\bar{x}) &= E\left[\frac{1}{n}\sum_{i=1}^{n}x_i\right] \\
&= \frac{1}{n}\cdot\left(E\sum_{i=1}^{n}x_i\right) \\
&= \frac{1}{n}\cdot\sum_{i=1}^{n}E(x_i) \\
&= \frac{1}{n}\sum_{i=1}^{n}\mu \\
&= \frac{1}{n}\cdot n\cdot\mu \\
&= \mu
\end{aligned}
$$

Ein Schätzer oder eine Schätzfunktion kann immer nur erwartungstreu bezüglich eines Parameters sein. Sie ist es dann, wenn gilt

$$
E(\hat{\theta}) = \theta \tag{6.1}
$$

Wird diese Bedingung nicht erfüllt, spricht man von einem *verzerrten Schätzer* oder dem *Bias*. Soll beispielsweise die Varianz nach Formel 2.9 aus einer Stichprobe berechnet werden und als Schätzer für die Varianz in der Grundgesamtheit genutzt werden, ergibt sich

---

[A]Die folgenden Rechenregeln sind zu berücksichtigen: $E(c\cdot X) = c\cdot E(X)$ und $\sum_{i=1}^{n}x_i = n\cdot x_i$.
Die Rechenregeln für Erwartungswerte und Varianzen sind u.a. nachzulesen in Bortz (1999), Anhang B und Lehn und Wegmann (2000), Abschn. 2.4.

ein verzerrter Schätzer, denn[B]

$$E(s^2) = \sigma^2 \cdot \frac{n-1}{n}. \tag{6.2}$$

Der Erwartungswert der Varianz der Stichprobe nach Formel 2.9 führt also zu einen um den Faktor $\frac{n-1}{n}$ verzerrten Schätzer der Grundgesamtheitsvarianz. Die Stichprobenvarianz wird daher üblicherweise nach der folgenden Formel berechnet, mit der dieser Bias korrigiert wird:

$$\hat{s}^2 = \frac{1}{n-1} \sum_{i=1}^{n} (x_i - \bar{x})^2 \tag{6.3}$$

6.1.2 Konsistenz

Konsistent ist ein Schätzer, wenn bei wachsendem n die Abweichung zwischen den Werten des Schätzers und dem wahren Parameter in der Grundgesamtheit immer kleiner wird. Im Sinne des Gesetzes der großen Zahl konvergiert der Schätzer $\hat{\theta}$ also gegen den Parameter der Grundgesamtheit θ:

$$\text{plim}_{\,n\to\infty} \hat{\theta} = \theta$$

Als Folge aus dieser Forderung ergibt sich, dass ein konsistenter Schätzer mit wachsendem n eine immer zuverlässigere Schätzung liefern müsste. Die Varianz dieser Schätzung muss sich bei $n \to \infty$ also verringern. In folgendem Beispiel soll dies für eine beliebige (konstruierte) Schätzfunktion $g(x)_*$ überprüft werden.

$$g(X)_* = \frac{n-2}{n} \cdot \sum_{i=1}^{n} X_i$$

$$Var(g(X)_*) = Var\left(\frac{n-2}{n} \cdot \sum_{i=1}^{n} X_i\right)$$

$$= \frac{(n-2)^2}{n^2} \sum_{i=1}^{n} Var(x)$$

$$= \frac{(n-2)^2}{n} \sigma^2$$

Setzt man für n wachsende Werte ein, wird schnell deutlich, dass die Varianz dieser Schätzfunktion zunehmend größer wird.

```
> n <- 1:10
> V.gx <- (((n-2)^2)/n)*1
> V.gx
 [1] 1.0000000 0.0000000 0.3333333 1.0000000 1.8000000
 [6] 2.6666667 3.5714286 4.5000000 5.4444444 6.4000000
```

Die Schätzfunktion liefert also keinen konsistenten Schätzer.

[B]zur Herleitung siehe z.B. (Bortz, 1999, Anhang B).

6.1.3 Effizienz

Die *Effizienz* von Schätzern bezieht sich immer auf den Vergleich von mehreren Schätzern. Der effizientere Schätzer besitzt die geringere Varianz. Wenn

$$\frac{Var(\hat{\theta}^*)}{Var(\hat{\theta})} < 1,$$

dann ist $\hat{\theta}^*$ als effizienter Schätzer zu bezeichnen.

Die Bestimmung der Güteeigenschaften von Schätzern hat hohe forschungspraktische Relevanz. Werden Methoden zur Berechnung von Parametern aus bestimmten Daten entwickelt, so muss auch die Frage nach der Güte der Schätzer gestellt werden.

In der angewandten Statistik wird in der Regel auf bereits etablierte Methoden zurückgegriffen. Die Schätzeigenschaften dieser Methoden sind häufig bereits erforscht. Für den Praktiker ist das Wissen über die Schätzeigenschaften einer bestimmten Methode zwar höchst relevant, eine Überprüfung auf diese Eigenschaften findet i.a. aber nicht mehr statt.

6.2 Schätzmethoden

Bei den Schätzmethoden ist zwischen den Punktschätzern und den Intervallschätzern zu unterscheiden. Stellvertretend für die Punktschätzmethoden soll an dieser Stelle nur die Maximum-Likelihood Methode vorgestellt werden, da eine einfache Implementation dieser Methode in R zur Verfügung steht.

Bei den Intervallschätzmethoden gibt es viele Verfahren zur Bestimmung von Konfidenzintervallen. Hier soll nur das Prinzip erläutert werden. Es ist in ähnlicher Weise auf andere Verteilungen anzuwenden.

6.2.1 Das Maximum-Likelihood Verfahren

Im Zusammenhang mit diskreten und stetigen Zufallsvariablen wurde bereits der Begriff *Dichte* als stetiges Äquivalent zur Wahrscheinlichkeit vorgestellt, welches zwar im Sinne von Wahrscheinlichkeiten verstanden wird, durchaus aber abweichende Eigenschaften aufweist. Ähnlich verhält es sich mit dem Begriff *Likelihood*. Würden die Likelihoods[C] als Wahrscheinlichkeiten aufgefasst, käme es zu Verletzungen der Kolmogoroffschen Axiome. Die Schätzung nach dem Maximum-Likelihood Verfahren beruht auf der Likelihood Funktion. Die Likelihood Funktion kann folgendermaßen erklärt werden:

In einer Stichprobe mit n Beobachtungen beträgt die Dichte jeder einzelnen Beobachtung $f(x_i|\theta)$. Das heißt, dass die Dichte der Beobachtung durch die Funktion $f(x_i)$ beschrieben werden kann, die durch den Parameter θ bestimmt wird. In einer Stichprobe müssen alle Elemente unabhängig voneinander bestimmt werden, wenn es sich um eine unabhängige Zufallsstichprobe handelt. Daher lässt sich für die gemeinsame Dichtefunktion folgendes feststellen:

$$f(x_1, x_2, \ldots, x_n|\theta) = f(x_1|\theta) \cdot f(x_2|\theta) \cdot \ldots \cdot f(x_n|\theta) \tag{6.4}$$

[C]Der Begriff *Likelihood* wurde von R. A. Fischer in die Statistik eingeführt. Üblicherweise wird er wörtlich in die deutsche Literatur übernommen (Bortz, 1999, S. 99), (Menges, 1972, S. 12).

Die gemeinsame Dichtefunktion unabhängiger Beobachtungen beruht auf Formel 4.6. Aus dieser gemeinsamen Dichtefunktion lässt sich nun die *Likelihoodfunktion* gewinnen. Dazu wird im Wesentlichen die Beobachtungsperspektive verändert. Die Dichtefunktion beschreibt eine Verteilung mit unbekanntem Parameter θ *vor* der Beobachtung. *Nach* der Beobachtung wird die Dichtefunktion als Likelihoodfunktion für den Parameter θ aufgefasst (Menges, 1972, S. 280). Aus diesem Perspektivwechsel wird deutlich, dass die Verteilungsfunktion der zu schätzenden Grundgesamtheit bekannt sein muss, damit die Likelihoodfunktion bestimmt werden kann.

Die Likelihoodfunktion lautet nun

$$L(\theta|x_i) = f(x_i|\theta)$$

Als Schätzer soll nun der Wert bestimmt werden, der nach der Likelihoodfunktion die maximale Auftrittswahrscheinlichkeit besitzt.

Angenommen es liegt eine binomialverteilte Grundgesamtheit vor. Die Likelihoodfunktion lautet in diesem Fall

$$L(\hat{\pi}|x_i) = \prod_{i=1}^{k} \binom{n}{x_i} \hat{\pi}^{x_i}(1-\hat{\pi})^{n-x_i}.$$

Das $\prod$ Zeichen vor der Dichtefunktion entspricht dem Produkt der Einzeldichten[D] (vgl. Formel 6.4).

Der Anteilswert $\pi = \frac{k}{n}$ soll nun aus dem Anteilswert der Stichprobe p mittels der Maximum-Likelihood Methode geschätzt werden. Dazu wird die maximale Auftrittswahrscheinlichkeit für $\hat{\pi}$ aus der Likelihoodfunktion ermittelt. Es empfiehlt sich, die Likelihoodfunktion zu logarithmieren, um statt der Produkte Summen betrachten zu können. Die durch Logarithmierung entstehende Funktion wird als Log-Likelihoodfunktion bezeichnet.

$$
\begin{aligned}
\ln L(\hat{\pi}|x_i) &= \ln\left[\prod_{i=1}^{k}\binom{n}{x_i}\hat{\pi}^{x_i}(1-\hat{\pi})^{n-x_i}\right] \\
&= \sum_{i=1}^{k}\ln\left[\binom{n}{x_i}\hat{\pi}^{x_i}(1-\hat{\pi})^{n-x_i}\right] \\
&= \sum_{i=1}^{k}\ln\binom{n}{x_i} + \sum_{i=1}^{k}x_i\cdot\ln\hat{\pi} + \sum_{i=1}^{k}(n-x_i)\cdot\ln(1-\hat{\pi})
\end{aligned}
\tag{6.5}
$$

Um das Maximum dieser Funktion zu bestimmen muss die erste Ableitung gleich Null gesetzt werden:

$$
\begin{aligned}
\frac{d\ln L(\hat{\pi}|x_i)}{d\hat{\pi}} &= 0 + \sum_{i=1}^{k}x_i\frac{1}{\hat{\pi}} - \sum_{i=1}^{k}\frac{(n-x_i)}{(1-\hat{\pi})} \\
&= \frac{k}{\hat{\pi}}\bar{x} - \frac{k}{(1-\hat{\pi})}(n-\bar{x}) \\
&= 0
\end{aligned}
$$

[D] $\prod_{i=1}^{n} a_i = a_1 \cdot a_2 \cdot \ldots \cdot a_n$

Durch Berechnung ergibt sich hierfür

$$
\begin{aligned}
\hat{\pi}k(n - \bar{x}) &= (1 - \hat{\pi})k\bar{x} \\
kn\hat{\pi} - k\bar{x}\hat{\pi} &= k\bar{x} - k\bar{x}\hat{\pi} \\
\hat{\pi} &= \frac{k\bar{x}}{kn} \\
&= \frac{\bar{x}}{n} \\
&= \frac{n \cdot p}{n} \\
&= p
\end{aligned}
$$

Für den Anteilswert der Grundgesamtheit wurde mittels der Maximum-Likelihood Methode der Anteilswert der Stichprobe p als Schätzer ermittelt.

Zur Illustration nun ein konkretes Zahlenbeispiel aus Greene (2003).

Aus einer poissonverteilten Grundgesamtheit wird eine Zufallsstichprobe der Größe $n = 10$ gezogen. Die Stichprobe habe folgende Elemente:

```
x <- c(0,3,4,1,5,1,3,0,1,2)
```

Die Wahrscheinlichkeitsfunktion der Poissonverteilung bestimmt sich nach Formel 5.12. Als Dichte für ein einzelnes Element der Stichprobe ergibt sich somit

$$
p(x_i|\theta) = \frac{\theta^{x_i} \cdot e^{-\theta}}{x_i!}
$$

Der funktionsbestimmende Parameter ist θ. Aufgrund der Unabhängigkeit der Stichprobenelemente gilt:

$$
\prod_{i=1}^{n} \frac{\theta^{x_i}}{x_i!} e^{-\theta}
$$

Da im Beispiel $n = 10$ Elemente vorliegen, kann dass Produkt aufgelöst werden:

$$
\frac{e^{-10\theta} \cdot \theta^{\sum_{i=1}^{10} x_i}}{\prod_{i=1}^{10} x_i!} = \frac{e^{-10\theta}\theta^{20}}{207360} \tag{6.6}
$$

Das Ergebnis aus 6.6 ist nun die Likelihoodfunktion für die konkrete Stichprobe des Beispiels. Damit kann der Parameter θ bestimmt werden. Er entspricht der maximalen Wahrscheinlichkeit für das Eintreten dieser Stichprobe. Die Abbildung 6.1 zeigt die Verteilung für verschiedene mögliche Werte von θ.

Die Funktion in 6.6 wird nun zur Log-Likelihoodfunktion logarithmiert:

$$
\ln L(\hat{\theta}|x_i) = -10 \cdot \hat{\theta} + 20 \ln \hat{\theta} - \ln 207360
$$

Das Maximum bestimmt sich über die zweite Ableitung der Funktion:

$$
\begin{aligned}
\frac{d \ln L(\hat{\theta}|x_i)}{d\hat{\theta}} &= 0 \\
-10 + \frac{20}{\hat{\theta}} &= 0 \\
\frac{20}{\hat{\theta}} &= 10 \\
\hat{\theta} &= 2
\end{aligned}
$$

Likelihoodfunktion

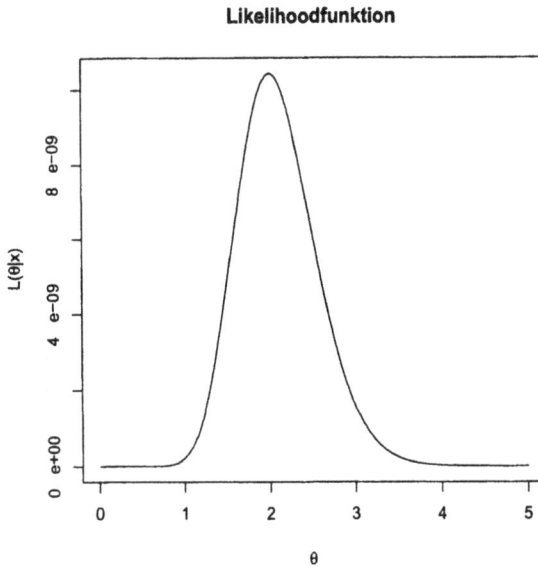

Abbildung 6.1: Likelihoodfunktion eines konkreten Zahlenbeispiels

Das Maximum der Log-Likelihood- und daher auch der Likelihoodfunktion befindet sich an der Stelle $\hat{\theta} = 2$. Für die Grundgesamtheit kann demnach auf Grund des Ergebnisses der Maximum-Likelihood Methode der Wert 2 als Schätzer für den Parameter λ eingesetzt werden.

Die Maximum-Likelihood Methode liefert erwartungstreue und konsistente Schätzer. Nachteilig ist allerdings, dass die Verteilung der Grundgesamtheit bekannt sein muss, um dieses Schätzverfahren anwenden zu können.

Die R-Bibliothek MASS stellt die Funktion fitdistr zur Verfügung, mit der eine Maximum-Likelihood Schätzung für einige Verteilungsfunktionen durchgeführt werden kann. Da der Einsatz eher für den fortgeschrittenen Gebrauch gedacht ist, wird dem interessierten Leser empfohlen, die Einzelheiten dieser Funktion der Onlinehilfe in R zu entnehmen.

6.2.2 Konfidenzintervalle

Im Gegensatz zu den Punktschätzern des vorigen Abschnitts lassen sich mit den Methoden der *Intervallschätzung* ganze Wertebereiche abschätzen, die den wahren aber unbekannten Parameter der Grundgesamtheit mit einer bestimmten Wahrscheinlichkeit überdecken. Angenommen der wahre Parameter der Grundgesamtheit für den Mittelwert sei bekannt und betrage $\mu = 10$. Aufgrund der Stichprobenverteilung der Stichprobenmittelwerte $\bar{x}$ kann nun geschlussfolgert werden, dass eine zufällige Stichprobe mit einer Wahrscheinlichkeit von 90 Prozent einen Mittelwert im Bereich von $\mu \pm 1.28 \cdot \frac{\sigma}{\sqrt{n}}$ liefert. Der Wert 1.28 wurde aus der Standardnormalverteilung gewonnen.[E] Das $\frac{\sigma}{\sqrt{n}}$ entspricht dem Stich-

---

[E]In R durch die Eingabe qnorm(0.9), vgl. Abschnitt 5.2.2.

probenfehler aus Formel 5.32. Es sei weiterhin angenommen, dass der Stichprobenfehler nun $\sigma_{\bar{x}} = 3.9$ betrage. Die Werte für den Stichprobenmittelwert aus unabhängigen Zufallsstichproben liegen dann mit einer Wahrscheinlichkeit von 90 Prozent zwischen 5 und 15.

$$P(5 \leq \bar{x} \leq 15) = 0.9$$

Ein Stichprobenmittelwert von beispielsweise $\bar{x} = 8$ liegt also innerhalb dieses Intervalls. Er könnte also zu einer Grundgesamtheit mit einem Mittelwert von $\mu = 10$ gehören. Welche Grundgesamtheitsmittelwerte müssten vorliegen, damit ein Stichprobenmittelwert von $\bar{x} = 8$ unter gegebenen Umständen nicht mehr im Intervall liegen würde? Auch $\mu = 5$ könnte zu $\bar{x} = 8$ führen, denn bei gleichem Stichprobenfehler ergäbe sich das Intervall $P(0 \leq \bar{x} \leq 10) = 0.9$. Der Mittelwert müsste als obere Intervallgrenze einen Wert aufweisen, der unter $\bar{x} = 8$ liegt bzw. als untere Intervallgrenze einen Wert aufweisen, der über $\bar{x} = 8$ liegt. Werden die Werte für den Stichprobenfehler und die Wahrscheinlichkeit beibehalten, ergibt sich das Intervall immer als $\mu \pm 1.28 \cdot 3.9$. Damit der Wert $\bar{x} = 8$ nicht innerhalb des Intervalls liegt, muss μ demnach kleiner als 3 oder größer als 13 sein. Alle Parameter zwischen diesen Werten $3 \leq \mu \leq 13$ schließen den Stichprobenmittelwert $\bar{x} = 8$ ein.

In der Praxis ist nun aber der Grundgesamtheitsparameter μ unbekannt. Von einem Stichprobenmittelwert $\bar{x}$ ist hingegen bekannt, dass er mit einer Wahrscheinlichkeit von 90 Prozent zu einem Grundgesamtheitsmittelwert im Intervall $\mu \pm 1.28 \cdot \sigma_{\bar{x}}$ gehört.

✖ Formal ist dieser Umstand folgendermaßen herzuleiten.[F]

Für eine standardnormalverteilte Variable ist eine Zahl $1 - \alpha$ so zu wählen, dass sich das folgende Intervall ergibt:

$$P(-z \leq Z \leq z) = 1 - \alpha \qquad (6.7)$$

Ausführlich lautet die Ungleichung $-z \leq Z \leq z$ (vgl. Formel 5.33):

$$-z \leq \sqrt{n}\frac{\overline{X} - \mu}{\sigma} \leq z$$

Diese Ungleichung wird nun in eine Ungleichung für μ umgewandelt. Dazu wird zunächst mit dem Stichprobenfehler und anschließend mit -1 multipliziert.

$$\begin{aligned} -z \cdot \tfrac{\sigma}{\sqrt{n}} &\leq \overline{X} - \mu &\leq z \cdot \tfrac{\sigma}{\sqrt{n}} \\ z \cdot \tfrac{\sigma}{\sqrt{n}} &\geq \mu - \overline{X} &\geq -z \cdot \tfrac{\sigma}{\sqrt{n}} \\ \overline{X} + z \cdot \tfrac{\sigma}{\sqrt{n}} &\geq \mu &\geq \overline{X} - z \cdot \tfrac{\sigma}{\sqrt{n}} \end{aligned}$$

Formel 6.7 kann also entsprechend folgendermaßen formuliert werden:

$$P\left(\overline{X} - z \cdot \frac{\sigma}{\sqrt{n}}\right) = 1 - \alpha \qquad (6.8)$$

Ein solches Intervall wird als *Konfidenzintervall* für den Parameter μ bezeichnet. Der Wert α wird hier *Konfidenzniveau* genannt. Es ist formal falsch, diese Größe als Wahrscheinlichkeit zu bezeichnen. Die Aussage, dass der gesuchte und unbekannte Parameter μ mit der Wahrscheinlichkeit $1 - \alpha$ im Konfidenzintervall liegt, ist daher ebenfalls formal falsch. Der gesuchte Parameter μ ist ein fester – allerdings unbekannter – Parameter der

---

[F]Herleitung nach Kreyszig (1988), S. 187.

Grundgesamtheit der entweder vom Konfidenzintervall abgedeckt wird oder nicht. Dieser Umstand führt immer wieder zu Verwirrung bei dem Durchdringen der ansonsten nicht allzu schwierigen Materie. Folgendes Zitat aus Menges (1972) verdeutlicht dieses Problem:

> „Das Eigenartige an der Konfidenzmethode ist nun, dass sie [...] die Wahrscheinlichkeitsaussagen auch dann noch auf $\overline{X}$ bezieht, wenn die Beobachtung $\bar{x}$ getätigt ist, d.h. wenn $\overline{X}$ einen festen Wert angenommen hat. Diese Eigenschaft ist der Angelpunkt der Kritik am Konfidenzmodell; sie bereitet auch zweifellos die ernstesten Verständnisschwierigkeiten und ist ein gleichsam schizophrener Zug an diesem Modell. Dagegen, dass $\overline{X}$ *vor* der Beobachtung (wenn es unbekannt ist) als Zufallsresultat angesehen wird und Gegenstand von Wahrscheinlichkeitsaussagen ist, kann nichts eingewandt werden. Aber die eigenartige Schwierigkeit taucht im »A-posteriori« auf, wenn $\overline{X}$ sich realisiert hat und eine feste Zahl [...] geworden ist. Eine feste Zahl als Zufallsvariable anzusehen, ist sicherlich problematisch."[G]

Menges nennt die Schätzung von Konfidenzintervallen auch *„Allerwelts-Inferenz"*. Damit beschreibt er unter anderem die Tatsache, dass sich die Schätzung von Konfidenzintervallen bis heute derart durchgesetzt hat, dass sie in keinem Lehrbuch und keiner Statistiksoftware mehr fehlt. Standardmäßig werden bei Schätzungen Konfidenzintervalle mit ausgegeben.

Berechnung von Konfidenzintervallen

Als Beispiel zur Berechnung eines Konfidenzintervalls wird auf den Beispieldatensatz kultur.dat zurückgegriffen (vgl. Abschnitt 1.8). Dieser Datensatz enthält die Variable IN.CARD, in der die Zustimmung bzw. Ablehnung zur Einführung einer „Ingolstadt-Card" dokumentiert ist (siehe Seite 105). Eine Auswertung dieser Variablen mit der eigenen Funktion freq.table aus Programmbeispiel 2.5 liefert das folgende Ergebnis:

Progammbeispiel 6.1

```
> freq.table(kultur$IN.CARD, na.rm=T)
  abs.H rel.H
1    19 0.333
2    26 0.456
3     6 0.105
4     3 0.053
5     3 0.053
```

Aus dieser Tabelle geht hervor, dass 33.3 Prozent der 57 Befragten der Einführung einer „Ingolstadt-Card" sehr positiv gegenüber stehen. Ausgehend von diesem Anteil soll nun ein Konfidenzintervall für den Anteilswert in der Grundgesamtheit bestimmt werden. Zunächst ist zu überprüfen, ob der Stichprobenumfang zur Approximation durch die Normalverteilung ausreicht (vgl. Abschnitt 5.3.2). In R lässt sich diese Rechnung schnell erledigen:

```
tab <- freq.table(kultur$IN.CARD, na.rm=T)
n <- sum(tab$abs.H)
```

[G]Menges (1972), S. 286

```
p <- tab$rel.H[1]
n*p*(1-p)
12.66033
```

Da $n \cdot \hat{\pi} \cdot (1 - \hat{\pi}) > 9$, kann die Approximation angewandt werden. Die Formel 5.37 wird nun derart umgestellt, dass ein Konfidenzintervall nach Formel 6.8 für Anteilswerte berechnet werden kann:

$$K\left[\hat{\pi} - z_{\frac{\alpha}{2}} \cdot \sqrt{\frac{\hat{\pi}(1 - \hat{\pi})}{n}} \leq \pi \leq \hat{\pi} + z_{1-\frac{\alpha}{2}} \cdot \sqrt{\frac{\hat{\pi}(1 - \hat{\pi})}{n}}\right] = 1 - \alpha \qquad (6.9)$$

Der Wert α wird als *Konfidenzniveau* bezeichnet. Das Intervall in 6.9 beinhaltet eine Schätzung für den Parameter π der Grundgesamtheit. Alle Werte innerhalb dieses Intervalls liefern einen Anteilswert der Grundgesamtheit, dessen zugehörige Stichproben den geschätzten Anteilswert $\hat{\pi}$ mit der Wahrscheinlichkeit $1 - \alpha$ beinhalten.

Die folgende Berechnung in R zeigt das Ergebnis für die Daten aus dem Beispiel. Als Konfidenzniveau α wurde 0.05 gewählt. Da es sich um ein zweiseitiges Intervall handelt, muss der Wert für α jeweils halbiert werden.

```
> p.oben <- p + qnorm(1 - 0.05/2) * sqrt((p * (1 - p))/n)
> p.unten <- p + qnorm(0.05/2) * sqrt((p * (1 - p))/n)
> ki <- cbind(p.unten, p.oben)
> ki
     p.unten     p.oben
1 0.2106523 0.4553477
```

Das Ergebnis lautet demnach:

$$K[0.2106 \leq \pi \leq 0.4553] = 0.95$$

Formal sagt dieses Intervall folgendes aus: Jeder dieser Werte würde als Anteilswert einer Grundgesamtheit den Stichprobenanteilswert von $p = 0.333$ mit einer Wahrscheinlichkeit von 0.95 realisieren.

Für die Grundgesamtheit kann demnach davon ausgegangen werden, dass der Anteil der sehr positiven Zustimmung zur „Ingolstadt-Card" mit einer Sicherheitswahrscheinlichkeit (oder: *Konfidenz*) von 0.95 zwischen ca. 21 und 45.5 Prozent liegt. Um dieses Intervall zu verringern und die Abschätzung damit zu verbessern, müsste die Stichprobe vergrößert werden. Stellt man Formel 5.37 nach n um, lässt sich eine grobe Abschätzung über die Mindestgröße der Stichprobe durchführen. So kann geschätzt werden, wie groß eine Stichprobe mindestens sein muss, damit die Abweichung des Anteilswertes in der Grundgesamtheit vom Stichprobenanteilswert p einen festgelegten Wert nicht überschreitet. Das Ergebnis der Umformung lautet:

$$n = \frac{z_{1-\frac{\alpha}{2}}^2 \cdot \hat{\pi}^2}{(p - \pi)^2} \qquad (6.10)$$

Angenommen, die Abweichung vom Stichprobenanteilswert $p = 0.333$ soll nicht mehr als 0.05 nach oben und nach unten betragen. Das bedeutet, dass $p - \pi = 0.05$ ergeben muss. Für den Wert $\hat{\pi}$ kann als Schätzer der Wert p aus der Stichprobe genommen werden. Liegt für π keine Schätzung vor, ist hier der Wert $\frac{1}{2}$ einzusetzten. Im vorliegenden Fall wird der Wert der Stichprobe $p = 0.333$ angenommen. Dann ergibt sich für n der Wert:

$$n = \frac{1.96^2 \cdot 0.33^2}{0.05^2} = 170.3902$$

Damit ein Konfidenzintervall geschätzt werden kann, in dem die Abweichung vom Stichprobenanteilswert maximal fünf Prozentpunkte beträgt, muss die Stichprobe demnach mindestens 171 Personen umfassen.

Um Konfidenzintervalle für einen Grundgesamtheitsparameter zu berechnen, müssen in der Verallgemeinerung des bisher Gesagten die folgenden Schritte durchgeführt werden.

- Zunächst wird bestimmt, für welchen Parameter der Grundgesamtheit ein Konfidenzintervall bestimmt werden muss. Intervalle können für jeden Parameter bestimmt werden. Häufig werden Konfidenzintervalle für den Mittelwert μ, den Anteilswert π oder die Varianz σ bestimmt.

- Zur Durchführung der Schätzung muss ein Konfidenzniveau $1 - \alpha$ festgelegt werden. Üblich sind hier die Werte 0.05 oder 0.01 für α (vgl. auch Signifikanzniveau im Abschnitt 7.2.2).

- Die Berechnung des Konfidenzintervalls beruht auf den Stichprobenverteilungen. Die benötigte Stichprobenverteilung ist entsprechend des gesuchten Parameters und der vorliegenden Grundgesamtheit zu bestimmen.

- In der Regel werden Konfidenzintervalle zweiseitig bestimmt. Das bedeutet, dass der Wert α halbiert wird und eine untere und eine obere Intervallgrenze bestimmt werden muss. Es ist allerdings auch möglich, einseitig offene Schätzintervalle zu bestimmen. Dabei wird dann nur die obere oder die untere Grenze des Intervalls berechnet.

Konfidenzintervalle für andere Parameter können in Abwandlung vom obigen Schema berechnet werden. Die entsprechenden Formeln finden sich in vielen Lehrbüchern und Formelsammlungen der Statistik.
In R sind Konfidenzintervalle dort implementiert, wo Parameter geschätzt werden (z.B. Regressionsanalyse). Eigens berechnet werden können sie für Modellschätzungen. Diese gehen jedoch über den einführenden Charakter dieses Buches hinaus. Der interessierte Leser findet in Venables und Ripley (2002) weitere Ausführungen.

6.3 Literatur

Zur Vertiefung der Inhalte dieses Kapitels wird folgende Literatur empfohlen:

- Mathematisch orientierte Einführung: Lehn und Wegmann (2000)

- Nachschlagewerk: Hartung (1991)

- Einführend mit Beispielen: Hellmund u. a. (1992)

- Zur schnellen Übersicht: Bleymüller (1994)

7 Statistische Testverfahren

Mit Hilfe der Schätztheorie werden Parameter einer Verteilung mittels einer Stichprobe geschätzt. Testverfahren hingegen dienen dazu, Aussagen über die Beziehung zwischen einer Stichprobe und einer Grundgesamtheit machen zu können. Mit Hilfe bestimmter Testverfahren lässt sich klären, ob eine Stichprobe aus einer Grundgesamtheit stammt oder nicht. Es gibt darüber hinaus Testverfahren, die das Verhältnis verschiedener Stichproben zueinander überprüfen. Insgesamt ist der Fundus an Testverfahren, auf den Statistiker heute zugreifen können, sehr groß. In diesem Kapitel sollen nur einige Verfahren vorgestellt werden, die auch in R vorhanden sind. Das Prinzip aller Testverfahren unterscheidet sich nicht wesentlich, so dass einige Beispiele zur Verallgemeinerung ausreichen.

7.1 Stichprobe und Grundgesamtheit

Unter einer *Grundgesamtheit* versteht man die Menge aller Elemente, die möglicherweise ein bestimmtes Merkmal (oder eine Merkmalskombination) aufweisen. Die Grundgesamtheit (oder auch: Population) muss für den empirisch-statistischen Forschungsprozess klar abgegrenzt werden. Grundgesamtheiten können beispielsweise sein:

- Die Menge aller Einwohner Deutschlands am 31.12.2003

- Alle in den Jahren 1996 bis 2000 in den Grenzen der Bundesrepublik Deutschland lebenden Personen

- Die Menge aller Leser der Bild-Zeitung in der 43. Kalenderwoche eines Jahres

- Alle im Wintersemester 2004 für das Fach Wirtschaftswissenschaften immatrikulierten Studierenden aller deutschen Hochschulen.

Wichtig ist, dass die Grundgesamtheit dabei klar definiert wird. Die Eindeutigkeit solcher Definitionen ist nicht immer so selbstverständlich, wie es zunächst scheint. Möchte man beispielsweise die Menge aller Haushalte in Deutschland als Grundgesamtheit beschreiben, ist zu fragen: Was ist ein Haushalt? Wer gehört beispielsweise in einer WG zu einem Haushalt? Wie sind Altenheime in diesem Kontext zu verstehen? Viele solcher Fragen müssen beantwortet werden. Im Falle der Definition von Haushalten stellt das statistische Bundesamt mögliche Abgrenzungen zur Verfügung.

Da eine Grundgesamtheit oft zu groß oder auf andere Art für den Forscher nicht fassbar ist, wird in der Regel mit Stichproben gearbeitet. Eine *Stichprobe* ist eine endliche Zufallsauswahl aus der Grundgesamtheit. Ob Stichproben repräsentativ sind und auf welche Art sie zustande gekommen sind, ist nicht so sehr eine Frage der statistischen Methoden (vgl. Abschnitt 5.3). Für die Anwendung statistischer Methoden ist es entscheidend, dass eine Stichprobe zufällig zustande gekommen ist und dass sie im Prinzip beliebig oft wiederholbar wäre. Die einzelnen Wiederholungen müssen dabei voneinander unabhängig sein.

Sollen nun Aussagen über Grundgesamtheiten getroffen werden, ist es nicht möglich, die gesamte Grundgesamtheit auf bestimmte relevante Merkmale hin zu überprüfen. Würde man so vorgehen wollen, entspräche das dem Versuch der Verifizierung einer Hypothese: es wird einfach gezeigt, dass die getroffene Aussage für alle Elemente der Grundgesamtheit gilt. Die Aussage müsste allen Überprüfungen – auch zukünftigen – standhalten, damit sie aufrecht erhalten werden kann. Diese Art der Hypothesenüberprüfung wäre sehr aufwändig und oft schlicht nicht möglich. In der Wissenschaft hat sich ein anderes theoretisches Paradigma zur Überprüfung von Hypothesen etabliert. Wissenschaftliche Aussagen müssen falsifizierbar sein. Das bedeutet, dass eine Hypothese so geschaffen sein muss, dass es möglich ist, sie zu widerlegen. Es kommt dabei nicht darauf an, dass es tatsächlich ein Gegenbeispiel gibt: vielmehr muss es anderen Forschern prinzipiell möglich sein, eine einmal aufgestellte wissenschaftliche Aussage mit neuen Forschungen zu widerlegen.

7.2 Das Grundprinzip der Hypothesentests

Auch statistische Hypothesentests arbeiten nach dem oben erläuterten Prinzip. Ausgehend von einer hypothetischen Grundgesamtheit wird zunächst die Hypothese formuliert, dass die Parameter einer Stichprobe aus genau jener Grundgesamtheit stammen können. Die Parameter der Stichprobe können auf Grund der Zufallsschwankungen von den Parametern der Grundgesamtheit abweichen. Die nun aufgestellte Hypothese sagt aus, dass eine Abweichung der Stichprobenparameter von den Grundgesamtheitsparametern rein zufällig bedingt ist. Alternativ ist die Hypothese zu formulieren, dass die Abweichungen zwischen Stichprobe und Grundgesamtheit strukturell – und damit eben nicht zufällig – sind. Kann die Zugehörigkeit einer Stichprobe zu einer Grundgesamtheit nicht bestätigt werden, gilt die ursprüngliche Aussage als *falsifiziert*.

Angenommen es liegt eine Stichprobe aus einer Grundgesamtheit vor. Ein Parameter aus der Stichprobe soll mit dem selben Parameter aus der Grundgesamtheit verglichen werden. Da es sich bei der Stichprobe um eine Zufallsziehung handelt, kann der Parameter der Stichprobe – falls er aus der gesuchten Grundgesamtheit stammt – vom Grundgesamtheitsparameter abweichen. An dieser Stelle ist das Wissen um die Stichprobenverteilungen nützlich. Auf Grund der Stichprobenverteilungen lässt sich nun die Wahrscheinlichkeit berechnen, mit der ein Stichprobenparameter zu einer bestimmten Grundgesamtheit gehört. Fällt diese Wahrscheinlichkeit unter einen bestimmten Wert, ist es sehr unwahrscheinlich, dass die Stichprobenparameter den Grundgesamtheitsparametern entsprechen.

7.2.1 Arten von Hypothesen

Bevor ein Hypothesentest angewandt werden kann, muss eine zu testende Hypothese existieren. Allgemein sind Hypothesen so zu formulieren, dass sie den wissenschaftstheoretischen Anforderungen genügen.[A] Eine statistische Hypothese bezieht sich auf das Datenmaterial, mit dem ein Forscher seine These belegen möchte. In der Regel handelt es sich dabei

---

[A]Literatur zu diesem Themenbereich siehe Abschnitt 7.6.1.

um Stichproben, deren Beziehung zu einer oder mehreren bestimmten Grundgesamtheiten in Frage steht. Nun werden zwei statistische Hypothesen bezüglich des Datenmaterials aufgestellt: *Nullhypothese* und *Alternativhypothese*.

In der Nullhypothese wird behauptet, dass die Daten der Stichprobe aus der hypothetischen Grundgesamtheit stammen. Was dabei als Grundgesamtheit aufzufassen ist, folgt der Forschungslogik. Die Nullhypothese wird mit H_0 gekennzeichnet sowie die Parameter der Grundgesamtheit der Nullhypothese ebenfalls eine 0 im Index enthalten. Die Aussage einer Nullhypothese kann also lauten: Der Parameter der Stichprobe entspricht dem Parameter der Grundgesamtheit (d.h. Abweichungen vom Parameter der Grundgesamtheit sind zufallsbedingt). Formal wird diese Formulierung folgendermaßen ausgedrückt:

$$H_0 : \theta = \theta_0$$

wobei θ durch einen beliebigen Parameter (z.B. dem Mittelwert oder der Standardabweichung) ersetzt werden kann.

Der Nullhypothese wird eine Alternativhypothese gegenüber gestellt. Die Alternativhypothese enthält eine Aussage, die vom Kern her den zu erforschenden Grundgedanken enthält. Die Hypothese geht über das bereits bekannte und erforschte hinaus und behauptet, „besser" im Sinne eines Forschungsfortschritts zu sein. Wenn die Nullhypothese widerlegt werden kann, soll die Alternativhypothese gelten. Die Aussage einer Alternativhypothese kann also lauten: Der Parameter der Stichprobe stammt nicht aus der Grundgesamtheit der Nullhypothese. Er muss aus einer anderen (hier nicht weiter spezifizierten) Grundgesamtheit stammen. Die Alternativhypothese wird im Index mit einer 1 gekennzeichnet:

$$H_1 : \theta \neq \theta_0.$$

Es gibt verschiedene Arten von Nullhypothesen. Zu unterscheiden sind die *Bereichs-* von den *Punkthypothesen*. Oft werden diese Arten auch mit *gerichtete* bzw. *ungerichtete* Hypothesen bezeichnet.

Mit den ungerichteten oder Punkthypothesen wird überprüft, ob ein Stichprobenparameter gleich oder nicht gleich einem Parameter in der Grundgesamtheit ist. Mit der gerichteten oder Bereichshypothese wird überprüft, ob ein Stichprobenparameter größer bzw. kleiner als ein Parameter in der Grundgesamtheit ist.

Ungerichtete Hypothese:

$$H_0 : \theta \;=\; \theta_0$$
$$H_1 : \theta \;\neq\; \theta_0$$

Die ungerichtete Hypothese wird mittels eines *zweiseitigen Hypothesentests* überprüft.

Gerichtete Hypothese 1:
Stichprobe ist kleiner oder gleich der Grundgesamtheit

$$H_0 : \theta \;\leq\; \theta_0$$
$$H_1 : \theta \;>\; \theta_0$$

Soll überprüft werden, ob eine Stichprobe größer ist, als eine bestimmte Grundgesamtheit, so muss in der Nullhypothese postuliert werden, dass die Stichprobe gleich oder gar kleiner als die Grundgesamtheit ist. Eine solche Hypothese wird mittels eines *rechtsseitigen Hypothesentests* überprüft.

Gerichtete Hypothese 2:

Stichprobe ist größer oder gleich der Grundgesamtheit

$$H_0 : \theta \geq \theta_0$$
$$H_1 : \theta < \theta_0$$

Um zu überprüfen, ob ein Stichprobenparameter kleiner ist als in einer bestimmten Grundgesamtheit, muss die Nullhypothese aussagen, dass der Stichprobenparameter größer oder gleich groß wie in der Grundgesamtheit ist. Zur Überprüfung einer solchen Hypothese wird ein *linksseitiger Hypothesentest* angewandt.

7.2.2 Signifikanzniveau und Fehlerarten

Ab wann ist eine Nullhypothese abzulehnen? In der Anwendung statistischer Verfahren haben sich Konventionen herausgebildet, die zur Ablehnung einer Hypothese führen. In der Regel wird die Nullhypothese abgelehnt, wenn die Wahrscheinlichkeit für ihre Gültigkeit 5% unterschreitet, also $P(H_0) \leq 0.05$. Darüber hinaus gelten auch Werte von 0.01 oder 0.001 als übliche Schranken. Diese Wahrscheinlichkeit, die zur Ablehnung einer Nullhypothese führt, wird *Signifikanzniveau* genannt und mit einem α gekennzeichnet. In einem Test wird also geprüft, wie groß die Wahrscheinlichkeit ist, dass eine Stichprobe zu einer bestimmten Grundgesamtheit gehört. Liegt diese Wahrscheinlichkeit unter dem Signifikanzniveau, dann ist die Nullhypothese abzulehnen.

Die Ablehnung einer Nullhypothese erfolgt demnach aufgrund der vorhandenen Daten. Die berechnete Wahrscheinlichkeit gilt für die vorliegenden Stichprobendaten aufgrund der hypothetischen Grundgesamtheit.[B]

Das Signifikanzniveau teilt die Verteilung mittels derer eine Hypothese überprüft wird, in einen *Annahme-* und einen *Ablehnungsbereich*. Der Ablehnungsbereich ist jener Bereich der Verteilung, der kleiner als das Signifikanzniveau ist (vgl. Abbildung 7.1)

Wurde beispielsweise als Signifikanzniveau $\alpha = 0.05$ gewählt, wird die Nullhypothese abgelehnt, wenn die Wahrscheinlichkeit dieser Hypothese maximal fünf Prozent beträgt. In der Natur des Zufalls liegt es aber, dass auch diese fünf Prozent eintreten können. Lehnt man eine Nullhypothese also auf diesem Signifikanzniveau ab, besteht eine Wahrscheinlichkeit von 5%, dass sie fälschlicherweise abgelehnt wurde. Man spricht in diesem Zusammenhang auch von einer *Irrtumswahrscheinlichkeit* von 5%. Dieser Fehler wird als *Fehler erster Art* oder auch α-*Fehler* bezeichnet. Insgesamt sind bei der Entscheidung über eine Hypothese vier Fälle möglich:

		In der Grundgesamtheit gilt tatsächlich die	
		H_0	H_1
Stichprobe	H_0	kein Fehler	β-Fehler
entscheidet für	H_1	α-Fehler	kein Fehler

Der β-*Fehler* (oder auch: *Fehler zweiter Art*) bezeichnet eine Situation, in der auf Grund der Stichprobe die Nullhypothese angenommen wurde, in der Grundgesamtheit jedoch die Alternativhypothese gültig gewesen wäre. Da jedoch das Wissen über die Grundgesamtheit fehlt, müssen diese Fehler in Kauf genommen werden.

[B]Für bestimmte Hypothesenverfahren spielt es eine Rolle, ob die Wahrscheinlichkeit als $P(\text{Daten}|H_0)$ oder als $P(H_0|\text{Daten})$ interpretiert wird. Siehe dazu Cohen (1994).

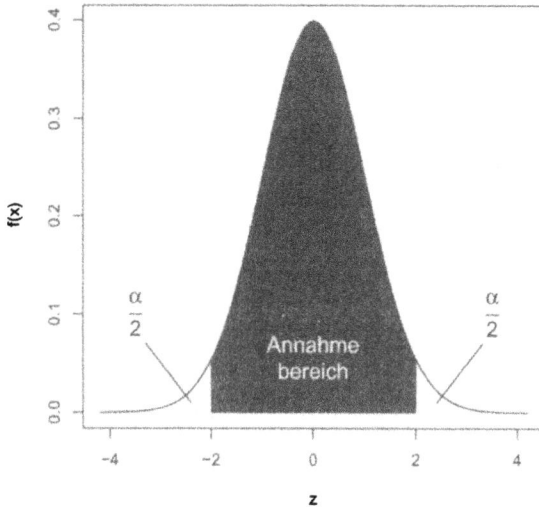

Abbildung 7.1: Der Annahmebereich und das Signifikanzniveau im statistischen Hypothesentest

Nun könnte man sich fragen, warum nicht einfach der α-Fehler weitgehend minimiert wird, in dem das Signifikanzniveau gesenkt wird. Die Antwort lautet: Eine Senkung des α-Fehlers erfolgt auf Kosten der Erhöhung des β-Fehlers. Während der α-Fehler allerdings vom Forscher kontrollierbar ist (über das Signifikanzniveau), muss die Größe des β-Fehlers unbekannt bleiben. Es ist daher erstrebenswert, bei der Formulierung von Hypothesen darauf zu achten, dass die Konsequenzen des α- und des β-Fehlers berücksichtigt werden. Die Kontrolle des α-Fehlers sollte genutzt werden, um gravierende Konsequenzen einer Fehlentscheidung abschätzbar zu machen.

Die Abbildung 7.2 auf Seite 176 zeigt den Zusammenhang zwischen α- und β-Fehler. Zur Verdeutlichung wurde angenommen, dass beide Grundgesamtheiten – die der Nullhypothese und die der Alternativhypothese – bekannt sind.

7.2.3 Beispiel eines Hypothesentests

Um das Prinzip eines Hypothesentests zu verdeutlichen, wird in diesem Abschnitt ein Mittelwerttest bei bekannter Varianz und vorliegender Normalverteilung beispielhaft durchgeführt. Dieses Testverfahren nennt sich auch *Gauß-Test*.

Der Output einer Abfüll-Anlage lag in allen Tests seit der Inbetriebnahme im Durchschnitt bei 26.60 *ml* pro Einheit mit einer durchschnittlichen Abweichung von 1 *ml*. Aus Gründen der Kostenersparnis wurde die Testsequenz herabgesetzt, so dass der letzte Test einige Monate zurückliegt. Nun wird eine Zufallsstichprobe von 40 Einheiten entnommen und die Füllmenge überprüft.

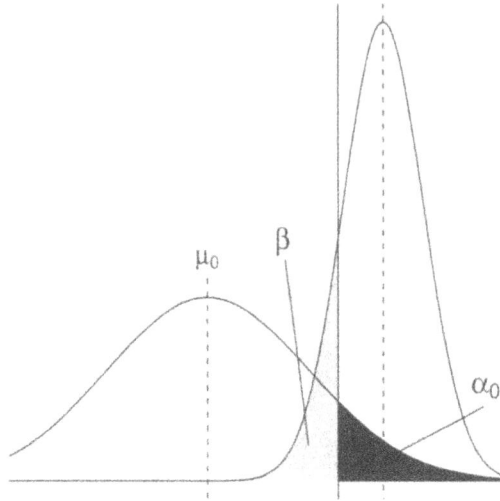

Abbildung 7.2: Die Abhängigkeit von α und β-Fehler

Der Mittelwert dieser Teststichprobe liegt bei $26.65\,ml$ pro Einheit. Der Tester stellt nun die Frage, ob der Mittelwert der Stichprobe noch zu den bisher bekannten Testergebnissen passt. Die bisher bekannten Testergebnisse werden als Grundgesamtheit betrachtet. Aufgrund der bisherigen Testreihen konnte bestätigt werden, dass die Abfüllmenge normalverteilt ist. Der Mittelwert der Grundgesamtheit beträgt $\mu_0 = 26.60\,ml$, die Standardabweichung beträgt $\sigma_0 = 1\,ml$. Die Parameter σ und μ bekommen hier den Index 0, da sie für die Grundgesamtheit der Nullhypothese stehen.

Gegeben sind nun:

$$\begin{aligned}
\mu_0 &= 26.60 \\
\sigma_0 &= 1 \\
\bar{x} &= 26.65 \\
n &= 40
\end{aligned}$$

Im Beispiel soll eine ungerichtete Hypothese überprüft werden. Um die ungerichtete Hypothese zu überprüfen, wird ein zweiseitiger Hypothesentest eingesetzt. Die Hypothese überprüft, ob der Mittelwert der Stichprobe nur zufällig vom Grundgesamtheitsmittelwert abweicht oder ob die Abweichung von $0.05\,ml$ überzufällig ist. Die entsprechende Nullhypothese lautet:

„*Der Mittelwert der Stichprobe weicht nur zufällig vom Mittelwert der Grundgesamtheit ab. Die Stichprobe stammt aus der selben Grundgesamtheit wie die bisherigen Testergebnisse*"

bzw.

$$H_0 : \mu = \mu_0.$$

Die Alternativhypothese lautet:

„*Der Mittelwert der Stichprobe weicht systematisch vom Mittelwert der Grundgesamtheit ab. Die Stichprobe stammt aus einer anderen Grundgesamtheit als die bisherigen Testergebnisse*"

bzw.

$$H_1 : \mu \neq \mu_0.$$

Nun ist zu bestimmen, wie groß die Wahrscheinlichkeit ist, dass die Nullhypothese zutrifft, bzw. dass eine Stichprobe mit dem vorliegenden Mittelwert bei gegebener Grundgesamtheit realisiert wird. Als Signifikanzniveau wird $\alpha_0 = 0.05$ festgesetzt. Liegt also die gesuchte Wahrscheinlichkeit unter 5%, wird die Nullhypothese abgelehnt.

Zur Ermittlung der gesuchten Wahrscheinlichkeit kann der Umstand genutzt werden, dass sowohl Verteilungsform und Standardabweichung der Grundgesamtheit bekannt sind. Für die Stichprobe wird davon ausgegangen, dass es sich um eine unabhängig normalverteilte Zufallsstichprobe handelt. Es wäre nun umständlich, Wahrscheinlichkeiten für eine normalverteilte Variable zu berechnen; hier lässt sich aber auf die Transformation einer Normalverteilung zur Standardnormalverteilung ($N(0, 1)$-Verteilung) zurückgreifen. Der Mittelwert der Stichprobe wird in eine standardnormalverteilte Zufallsvariable transformiert. Dabei ist auf das Wissen über die Stichprobenverteilungen zurückzugreifen (vgl. Abschnitt 5.3). Daher ist bekannt, dass der Mittelwert mehrerer unabhängig normalverteilter Zufallsstichproben aus einer Grundgesamtheit dem Mittelwert der Grundgesamtheit entspricht ($\mu_{\bar{x}} = \mu_0$) und die Varianz über $\frac{\sigma^2}{n}$ geschätzt werden kann ($\sigma_{\bar{x}}^2 = \frac{\sigma^2}{n} = \frac{\sigma}{\sqrt{n}}$).

Die Transformationsvorschrift kann aus Formel 5.27 abgeleitet werden und lautet in diesem Fall:

$$z = \frac{\bar{x} - \mu_0}{\frac{\sigma}{\sqrt{n}}} \tag{7.1}$$

Im vorliegenden Beispiel ergibt sich demnach der folgende Wert für die standardisierte Zufallsvariable:

$$
\begin{aligned}
z &= (26.65 - 26.60) \cdot 40 \\
&= 0.05 \cdot 40 \\
&= 2
\end{aligned}
$$

Mit Hilfe der R-Funktion für die Standardnormalverteilung lässt sich nun ermitteln, wie groß die Wahrscheinlichkeit ist, dass der Wert 2 in einer Standardnormalverteilung realisiert wird:

Progammbeispiel 7.1

```
> pnorm(2)
[1] 0.9772499
```

Die Funktion `pnorm` liefert den Wert der Verteilungsfunktion für die Standardnormalverteilung. In der voreingestellten Ausgabeform wird die Wahrscheinlichkeit für alle Werte bis $z = 2$ geliefert. Ergänzt man die Funktion um die Option `lower.tail=FALSE`, wird der Wahrscheinlichkeitswert für alle z-Werte größer als 2 geliefert. Die durch diese Option angesprochenen Bereiche sind in Abbildung 7.3 abgebildet.

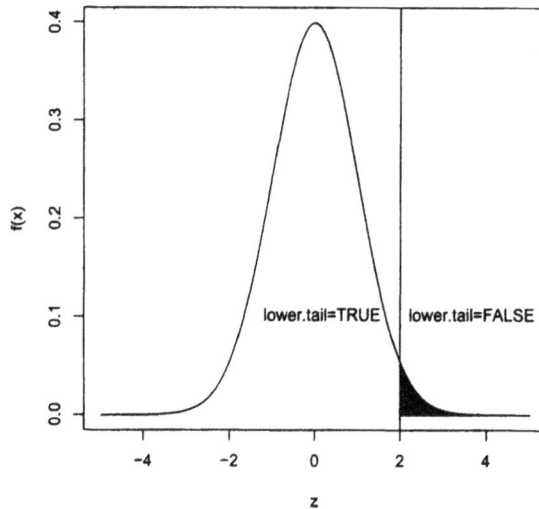

Abbildung 7.3: Wirkung der Option `lower.tail` bei der Bestimmung von Quantilen am Beispiel der Standardnormalverteilung

Der von der Funktion `pnorm` gelieferte Wert 0.9772 muss nun mit dem Signifikanzniveau verglichen werden. Das Signifikanzniveau betrug im Beispiel $\alpha_0 = 0.05$. Da es sich um einen zweiseitigen Test handelt, der Wert der Stichprobe also weder zu sehr nach oben noch zu sehr nach unten abweichen darf, muss auch der Ablehnungsbereich der Nullhypothese sowohl am unteren Ende der Verteilung als auch am oberen Ende der Verteilung angesetzt werden. Das Signifikanzniveau wird dementsprechend auf zwei Bereiche aufgeteilt: $\frac{\alpha_0}{2} = 0.025$. Da die Funktion `pnorm` allerdings die Wahrscheinlichkeit für die Werte der Standardnormalverteilung geliefert hat, die *kleiner* als $z = 2$ sind, muss dieser Wert noch von 1 abgezogen werden. Alternativ wäre die Funktion in der Form `pnorm(2,lower.tail=FALSE)` zu verwenden. Beides führt zum gewünschten Ergebnis von 0.02275013. Die Wahrscheinlichkeit für das Zutreffen der Nullhypothese beträgt demnach ca. 2.3 Prozent. Dieser Wert, der die Wahrscheinlichkeit für die Realisation des Stichprobenmittelwertes bei gegebener Verteilung darstellt, wird auch als *impliziter p-Wert* bezeichnet.

Eine Ablehnung der Nullhypothese ist bereits ab 2.5 Prozent möglich. Da der implizite p-Wert nur 2.3 Prozent beträgt, muss die Nullhypothese abgelehnt werden. In der Konsequenz wird also davon ausgegangen, dass der Stichprobenmittelwert überzufällig (bzw.

systematisch) von der Grundgesamtheit abweicht und dieser Test daher mit den bisherigen Testergebnissen nicht übereinstimmt.

Im vorliegenden Beispiel wurde der Hypothesentest gelöst, in dem der implizite p-Wert ausgerechnet und mit dem Signifikanzniveau verglichen wurde. Eine weitere Möglichkeit der Berechnung besteht darin, einen Grenzwert zu berechnen, ab dem die Nullhypothese abgelehnt werden muss. Es wird also ein Wert aus der vorliegenden Normalverteilung berechnet, der genau am Signifikanzniveau liegt. Ist der Wert der Stichprobe kleiner als jener Wert, wird die Nullhypothese nicht beibehalten.

Bei einem zweiseitigen Test müssen zwei Schranken berechnet werden: eine obere ($\bar{x}_o$) und eine untere ($\bar{x}_u$). Dazu wird die Transformationsformel 7.1 entsprechend umgeformt:

$$\begin{aligned} \bar{x}_u &= \mu_0 - z_{\frac{\alpha}{2}} \cdot \sigma_{\bar{x}} \\ &\text{bzw.} \\ \bar{x}_o &= \mu_0 + z_{1-\frac{\alpha}{2}} \cdot \sigma_{\bar{x}} \end{aligned} \tag{7.2}$$

Nun können die Stichprobenmittelwerte, die zur Ablehnung der Nullhypothese führen, berechnet werden. Dazu muss nur noch der Wert für $z_{\frac{\alpha_0}{2}}$ bzw. $z_{1-\frac{\alpha_0}{2}}$ gefunden werden. In R können die Werte mittels der Funktion qnorm ermittelt werden. In diese Funktion wird der Wert für das Signifikanzniveau eingesetzt, hier also $\frac{\alpha_0}{2} = 0.025$ bzw. $1 - \frac{\alpha_0}{2} = 0.975$:

Progammbeispiel 7.2

```
> qnorm(0.025)
[1] -1.959964
> qnorm(0.975)
[1] 1.959964
```

Sicherlich ist es nicht notwendig, beide z-Werte zu berechnen, da die $N(0, 1)$-Verteilung symmetrisch ist. Dies wurde hier nur der Vollständigkeit halber nachvollzogen.

Setzt man die Werte in die Formel ein, erhält man folgende Ergebnisse:

$$\begin{aligned} \bar{x}_u &= 26.60 - 1.959964 \cdot \frac{1}{40} \\ &= 26.551 \\ \bar{x}_o &= 26.60 + 1.959964 \cdot \frac{1}{40} \\ &= 26.649 \end{aligned}$$

Die Nullhypothese wird demnach nur bei Stichprobenergebnissen zwischen 26.551 *ml* und 26.649 *ml* angenommen. Liefert eine Zufallsstichprobe einen höheren oder niedrigeren Wert, muss die Nullhypothese abgelehnt werden. Im vorliegenden Fall wurde in der Zufallsstichprobe ein Mittelwert von 26.65 *ml* ermittelt. Daher kann die Nullhypothese auf einem Signifikanzniveau von $\alpha_0 = 0.05$ nicht beibehalten werden.

7.3 Hypothesentests in R

In der R-Umgebung sind verschiedene Hypothesentests implementiert. Die Bibliothek ctest (*Classical Tests*) stellt 29 klassische Testverfahren zur Verfügung.[C] Nachdem im

---

[C]Um eine Liste der derzeit implementierten Verfahren zu erhalten, kann library(help=ctest) eingegeben werden.

vorigen Abschnitt grundlegende Begriffe und Vorgehensweisen eines Hypothesentests am Gauß-Test demonstriert wurden, sollen hier einige Tests vorgestellt werden, die in R implementiert sind und in den Wirtschafts- und Sozialwissenschaften häufig zur Anwendung kommen. Zunächst werden die klassischen parametrischen Tests vorgestellt, in einem weiteren Abschnitt dann nichtparametrische Testverfahren. Zum Schluss werden einige ausgewählte Hypothesentests über Zusammenhangs- und Verteilungshypothesen dargestellt.

7.3.1 Parametrische Hypothesentests

Bei den Testverfahren, die im folgenden Abschnitt behandelt werden, sind bestimmte Voraussetzungen an die Durchführung geknüpft. Die Voraussetzungen betreffen in der Regel die Form der Verteilung. Es werden Tests über die Parameter einer Verteilung gemacht. Diese Klasse von Testverfahren wird in der Literatur üblicherweise als *parametrische Verfahren* bezeichnet.

Das Grundprinzip eines Hypothesentests wurde in Abschnitt 7.2.3 anhand eines Gauß-Tests demonstriert. Dabei wurde davon ausgegangen, dass die Varianz der Grundgesamtheit bekannt sei. Diese Annahme trifft in der Praxis selten zu. Üblicherweise hat man es mit Fällen zu tun, in der die Parameter der Grundgesamtheit unbekannt bleiben.

t-Test

Im wohl bekanntesten Test unter Praktikern – dem *t-Test* – wird die Varianz der Grundgesamtheit über die Stichprobenvarianz geschätzt. Die Varianz einer Stichprobe wird nach Formel 6.3 berechnet. Die Teststatistik einer *t*-Verteilung ist – wie der Name bereits sagt – *t*-verteilt mit $n - 1$ Freiheitsgraden (zur *t*-Verteilung siehe Abschnitt 5.2.2). Berechnet wird die Teststatistik über

$$t_{n-1} = \frac{\bar{x} - \mu_0}{\frac{\hat{s}}{\sqrt{n}}} = \frac{\bar{x} - \mu_0}{\hat{s}} \cdot \sqrt{n} \qquad (7.3)$$

Falls die Stichprobe ausreichend groß ist ($n > 30$), kann wieder auf den Gauß-Test zurückgegriffen werden, da die *t*-Verteilung dann durch die Normalverteilung approximiert werden kann (vgl. Seite 149).

Der Datensatz `sleep` enthält Daten für einige Beispiele zum *t*-Test. Er besteht aus 20 Daten und zwei Variablen. Es handelt sich um Daten über das Schlafverhalten aus einem psychologischen Experiment mit Versuchspersonen, die schlafverlängernde Substanzen eingenommen haben. In der Variablen `extra` sind die zusätzlichen Schlafzeiten der Versuchspersonen (in Stunden) notiert. Die Variable `groups` teilt den Datensatz in zwei Gruppen à 10 Patienten die sich durch die Einnahme unterschiedlicher Substanzen unterscheiden. Nun soll zunächst ein einfacher *t*-Test durchgeführt werden, bei dem die Schlafzeiten der Gruppe 1 mit einem Grundgesamtheitsmittelwert verglichen werden. Die Standardabweichung in der Grundgesamtheit ist nicht bekannt, die Größe der Stichprobe beträgt $n = 10$ und die Stichprobe ist zufällig zustande gekommen. Die Bedingungen für einen *t*-Test sind somit erfüllt. Der Datensatz wird nun durch die Eingabe von `data(sleep)` geladen. Zunächst wird eine neue Variable erstellt, in der nur die zusätzlichen Schlafzeiten der Versuchspersonen aus Gruppe 1 enthalten sind. Diese neue Variable `sleep.gr.1` wird in einem *t*-Test verwendet und mit einem Grundgesamtheitsmittelwert von 0 verglichen (es ist davon auszugehen, dass ohne schlafverlängernde Substanzen keine Verlängerung des

Schlafes stattfindet). Hier die entsprechende Eingabe in R mit der anschließenden Ausgabe der Ergebnisse:

Progammbeispiel 7.3

```
> sleep.gr.1 <- sleep[sleep$group==1,"extra"] # neue Variable
> t.test(sleep.gr.1,mu=0) # t-Test mit Mittelwert in GG=0

        One Sample t-Test

data:  sleep.gr.1
t = 1.3257, df = 9, p-value = 0.2176
alternative hypothesis: true mean is not equal to 0
95 percent confidence interval:
-0.5297804  2.0297804
sample estimates:
mean of x
   0.75
```

Unter der Zeile `One Sample` *t*-Test beginnt die Ausgabe der Ergebnisse. Zunächst wird darauf hingewiesen, woher die Daten der Stichprobe stammen (`data`), dann wird der nach Formel 7.3 berechnete *t*-Wert ausgegeben: `t = 1.3257`. Der mit `p-value` bezeichnete Wert entspricht dem impliziten p-Wert, wie er auf Seite 178 eingeführt wurde. Er variiert je nach Test, der als Option ausgewählt wurde. Mit Hilfe der Option `alternative` lässt sich bestimmten, ob ein zweiseitiger, links- oder rechtsseitiger Test durchgeführt werden soll (vgl. Abschnitt 7.2.1). Für den zweiseitigen Test wird angegeben `alternative = "two.sided"`, der linksseitige Test wird mit `alternative = "less"` und der rechtsseitige Test mit `alternative = "greater"` eingestellt.[D] Als Voreinstellung wird der zweiseitige Test durchgeführt. Der p-Wert `p-value` muss in diesem Fall durch zwei dividiert werden, bevor er mit einem Signifikanzniveau von $\frac{\alpha_0}{2}$ verglichen werden kann.

In der nächsten Zeile der Ausgabe ist die Alternativhypothese formuliert. Auch sie hängt von dem ausgewählten Testverfahren ab. Im vorliegenden Beispiel handelt es sich um einen zweiseitigen Test, also wurde die Hypothese $H_0 : \bar{x} = \mu_0$ mit $\mu_0 = 0$ überprüft.

Anschließend wird noch ein 95% Konfidenzintervall für den berechneten *t*-Wert ausgegeben und der Stichprobenmittelwert wird berechnet. Im obigen Fall muss die Nullhypothese aufgrund des p-Wertes von $0.2176/2 = 0.1088$ auf einem Signifikanzniveau von $\alpha_0 = 0.05$ beibehalten werden ($0.1088 > 0.025$). Die zusätzliche Schlafdauer der Versuchspersonen in der ersten Gruppe unterscheidet sich also nicht signifikant von 0.

Zur Demonstration soll der Test einmal mit einer gerichteten Hypothese durchgeführt werden. Aus der Logik des Versuchs ergibt sich die Fragestellung, ob die Personen in der ersten Gruppe eine längere Schlafphase haben als Personen ohne Medikation (wobei von einer Schlafverlängerung von 0 ausgegangen wird). Die entsprechenden Hypothesen lauten:

$$H_0 : \bar{x} \leq \mu_0 \qquad H_1 : \bar{x} > \mu_0$$

Zur Überprüfung wird ein rechtsseitiger Test eingesetzt:

[D]Es reicht aus, wenn jeweils die Anfangsbuchstaben `t,l,g` der Testoptionen angegeben werden

Progammbeispiel 7.4

```
> t.test(sleep.gr.1,mu=0,alternative="g")

        One Sample t-Test

data: sleep.gr.1
t = 1.3257, df = 9, p-value = 0.1088
alternative hypothesis: true mean is greater than 0
95 percent confidence interval:
-0.2870553          Inf
sample estimates:
mean of x
    0.75
```

Hier wird gleich der entsprechende p-Wert für den t-Wert von 1.3257 ausgegeben. Weiterhin ist auch die Angabe der Alternativhypothese anders als beim zweiseitigen t-Test. Auch das Konfidenzintervall wurde nun als rechtsoffenes Intervall berechnet. Die Interpretation der Ausgabe folgt analog: Da der p-Wert von 0.1088 größer ist als ein Signifikanznivau von $\alpha_0 = 0.05$, muss die Nullhypothese beibehalten werden.

t-Test für zwei Stichproben

Vor allem in der Psychologie und der Medizin, aber auch in anderen Wissenschaften liegt häufig der Fall vor, dass zwei Stichproben gezogen wurden, deren Parameter miteinander verglichen werden sollen. In diesem Fall kommt der t-Test für zwei Stichproben zur Anwendung.

Im Falle zweier Stichproben können verschiedene Konstruktionen vorliegen: Die beiden Stichproben können voneinander unabhängig sein, sie können voneinander abhängig sein, die Varianzen können in beiden Stichproben gleich oder ungleich sein. Je nach vorliegendem Datenmaterial gibt es verschiedene Testvarianten. Handelt es sich um zwei unabhängige Stichproben aus unterschiedlichen Grundgesamtheiten, dann wird die Teststatistik über die Differenz der Mittelwerte $\bar{x}_1$ und $\bar{x}_2$ berechnet. Diese Differenz ist wiederum t-verteilt mit $n_1 + n_2 - 2$ Freiheitsgraden und einem Mittelwert von 0. Die Nullhypothese für den entsprechenden Test lautet:

$$H_0 : \bar{x}_1 - \bar{x}_2 = 0 \qquad \text{bzw.} \qquad \bar{x}_1 = \bar{x}_2$$

Nun gibt es zwei Möglichkeiten bezüglich der Varianz der Differenzen der beiden Mittelwerte. Entweder die Varianz beider Stichproben ist gleich; dann kann eine gepoolte Varianz berechnet werden. Ist die Varianz der Stichproben unterschiedlich (heterogen), muss eine Korrektur der Freiheitsgrade durchgeführt werden. In R kommt die Korrektur nach Welch zur Anwendung.

Ob die Varianz der Stichproben gleich ist, kann mit einem entsprechenden Test überprüft werden, der weiter unten besprochen wird (siehe Seite 186). Die gepoolte Varianz wird berechnet über:[E]

$$\hat{s}_{\bar{x}_1 - \bar{x}_2} = \sqrt{\frac{\sum\limits_{i=1}^{n_1}(x_{i1} - \bar{x}_1)^2 + \sum\limits_{i=1}^{n_2}(x_{i2} - \bar{x}_2)^2}{(n_1 - 1) + (n_2 - 1)}} \cdot \sqrt{\frac{1}{n_1} + \frac{1}{n_2}} \qquad (7.4)$$

Dabei sind x_1 und x_2 die Werte der ersten und der zweiten Stichprobe und n_1 und n_2 die Größen der jeweiligen Stichproben. Der Wert $\hat{s}_{\bar{x}_1 - \bar{x}_2}$ wird als Standardfehler der Mittelwertdifferenzen bezeichnet.
Die Teststatistik berechnet sich dann über

$$t_{df} = \frac{\bar{x}_1 - \bar{x}_2}{\hat{s}_{\bar{x}_1 - \bar{x}_2}} \qquad (7.5)$$

mit $df = n_1 + n_2 - 2$ Freiheitsgraden.
Im Beispiel wird wieder auf die Daten aus dem Datensatz `sleep` zurückgegriffen. Diesmal sollen die beiden Gruppen (unterschieden durch die Variable `group`) miteinander verglichen werden. Die Überprüfung der Gleichheit der Varianzen wird an anderer Stelle nachgeholt (vgl. Seite 186). An dieser Stelle wird zunächst von gleichen Varianzen ausgegangen (*Varianzhomogenität*). Da mit `group` eine Variable vorliegt, in der die Fälle nach Gruppen getrennt werden, bietet sich bei der Eingabe des Tests in R die so genannte Formelnotation an. Im Zusammenhang mit den Boxplots in Kapitel 3 wurde diese Form der Eingabe bereits besprochen. Zur Notation des Tests als Formel wird die Tilde ($\sim$) als Zeichen für *„wird erklärt durch"* benutzt. Auf der linken Seite der Tilde wird also die Variable aufgeführt, die erklärt werden soll, auf der rechten Seite die Variable, die einen Effekt erklären soll. Im vorliegenden Fall soll ein möglicher Unterschied in den Schlafzeiten durch die Zugehörigkeit zu einer Gruppe erklärt werden. Die entsprechende Formulierung lautet demnach `extra ~ group`. Der Test kann also folgendermaßen in die R-Konsole eingegeben werden:

Progammbeispiel 7.5

```
> data(sleep)
> t.test(sleep$extra ~ sleep$group, var.equal = T)

        Two Sample t-Test

data:  sleep$extra by sleep$group
t = -1.8608, df = 18, p-value = 0.07919
alternative hypothesis: true difference in means is not equal to 0
95 percent confidence interval:
 -3.3638740  0.2038740
sample estimates:
mean in group 1 mean in group 2
        0.75            2.33
```

Da der Zwei-Stichproben *t*-Test in der Standardeinstellung von ungleichen Varianzen in den Stichproben ausgeht, ist im Beispiel anzugeben, dass die Varianzen gleich sind

---

[E]Zur Herleitung siehe Lehn und Wegmann (2000), S. 138

(var.equal=TRUE). Des Weiteren wurde der Datensatz hier nicht mit attach in den Suchpfad von R eingelesen, so dass die Notation mit den Dollarzeichen $ eingesetzt werden muss (vgl. Seite 36).

Die Ergebnisausgabe unterscheidet sich nicht wesentlich von der Ausgabe des einfachen *t*-Testes. Das Konfidenzintervall bezieht sich auf die Differenz $x_1 - x_2$. Außerdem werden von beiden Stichproben die Mittelwerte angegeben. In einigen Fällen kann es günstiger sein, die beiden Stichproben nicht in der Formelnotation in den *t*-Test einzugeben. Dann werden die Daten der verschiedenen Stichproben durch ein Komma voneinander getrennt:

```
t.test(sleep$extra,sleep$group,var.equal=T)
```

Der Fall, dass zwei Stichproben vorliegen, deren Mittelwerte miteinander verglichen werden sollen, kommt in den Wirtschafts- und Sozialwissenschaften häufig vor. Dennoch muss zur Durchführung des *t*-Testes berücksichtigt werden, dass gewisse Voraussetzungen erfüllt sind. Zu diesen Voraussetzungen zählen:

- Die Grundgesamtheiten aus denen die Stichproben stammen müssen normalverteilt sein (v.a. wichtig, wenn $n \leq 30$)

- Es sollte Varianzhomogenität vorliegen, ansonsten müssen die Freiheitsgrade korrigiert werden (das wird in R automatisch vorgenommen, wenn die Option var.equal=F gewählt wird)

- Die Stichproben müssen voneinander unabhängig sein.

Insgesamt ist der *t*-Test zwar relativ *robust* – das bedeutet, dass die Ergebnisse durch Verletzung der Voraussetzungen nicht zu sehr verfälscht werden[F] – für bestimmte Situationen gibt es dennoch alternative Testmethoden, die vorzuziehen sind. Eine solche Situation liegt vor, wenn die Stichproben nicht unabhängig voneinander sind. Das ist beispielsweise der Fall, wenn eine Gruppe von Versuchspersonen zweimal unter verschiedenen Bedingungen beobachtet wird, eine Gruppe von Patienten nach verschiedenen Behandlungen verglichen wird oder der Absatz einiger Produkte vor und nach einer Promotionaktion gemessen wird. In diesen Fällen spricht man von *verbundenen Stichproben* (engl.: *paired samples*). Angenommen bei den beiden Gruppen aus dem obigen Beispiel (Datensatz sleep) handelt es sich um 10 Personen, die einmal ein Medikament bekommen haben (Gruppe 1) und einmal ein anderes Medikament (Gruppe 2). Jedes Mal wurde die zusätzliche Schlafenszeit gemessen. Nun soll überprüft werden, ob sich zwischen den beiden Schlafenszeiten ein Unterschied ergibt. Da es sich bei den 10 Leuten bei beiden Medikationen um die selben Personen handelt, die nur unterschiedliche Medikamente bekommen haben,[G] muss von einer verbundenen Stichprobe ausgegangen werden. Die *t*-verteilte Teststatistik wird folgendermaßen berechnet:

$$t_{n-1} = \frac{\bar{x}_D}{\hat{s}_{\bar{x}_D}} \tag{7.6}$$

Der *t*-Wert hat also $n-1$ Freiheitsgrade. Dabei ist darauf zu achten, dass n der Anzahl der Personen im Versuch entspricht und nicht der Anzahl der gesamten Beobachtungen. Allgemein entspricht n im *t*-Test für verbundene Stichproben der Anzahl der *Messwertpaare*.

[F] zum Begriff der Robustheit eines Tests vgl. Bortz (1999), S. 129.

[G] Dies ist nur eine Annahme für dieses Beispiel, tatsächlich handelt es sich um 20 verschiedene Personen.

Wird in der Nullhypothese davon ausgegangen, dass die Differenz in den Messwerten nicht gleich Null ist, muss die Teststatistik als

$$t_{n-1} = \frac{\bar{x}_D - \mu_D}{\hat{s}_{\bar{x}_D}}$$

berechnet werden.
In der Formel wird der Wert $\bar{x}_D$ berechnet über

$$\bar{x}_D = \frac{1}{n} \sum_{i=1}^{n} D_i,$$

er entspricht dem Mittelwert aller Differenzen der Messwertpaare D:

$$D_i = x_{i1} - x_{i2}.$$

Den Standardfehler $\hat{s}_{\bar{x}_D}$ dieses Mittelwertes berechnet man mit

$$\hat{s}_{\bar{x}_D} = \frac{\hat{s}_D}{\sqrt{n}},$$

wobei die Streuung der Differenzen D_i folgendermaßen berechnet wird:

$$\hat{s}_D = \sqrt{\frac{\sum_{i=1}^{n}(D_i - \bar{x}_D)^2}{n-1}}.$$

Der t-Test für verbundene Stichproben wird in R nun folgendermaßen durchgeführt. Für das Beispiel ist zunächst eine Variable mit den Werten aus Gruppe 2 zu speichern (analog zum Beispiel 7.3).

```
> sleep.gr.2 <- sleep[sleep$group==2,"extra"]
> t.test(sleep.gr.1,sleep.gr.2,paired=T)

        Paired t-Test

data:  sleep.gr.1 and sleep.gr.2
t = -4.0621, df = 9, p-value = 0.002833
alternative hypothesis: true difference in means is not equal to 0
95 percent confidence interval:
 -2.4598858 -0.7001142
sample estimates:
mean of the differences
                  -1.58
```

Durch die Angabe der Option `paired=TRUE` werden die Daten aus Gruppe 1 und Gruppe 2 behandelt, als stammten Sie aus einer verbundenen Stichprobe. Es wird der entsprechende t-Wert nach Formel 7.6 berechnet ($t_9 = -4.0621$). Die Nullhypothese muss hier abgelehnt werden, da die Irrtumswahrscheinlichkeit (`p-value`) kleiner als 0.025 (zweiseitiger Hypothesentest) ist. Die Schlafenszeit hat sich also von Medikament 1 zu Medikament 2 statistisch signifikant verlängert.

Test auf Varianzhomogenität

Bei der Durchführung des *t*-Testes wurde gefordert, dass die Varianzen der beiden zu vergleichenden Stichproben gleich sein müssen (vgl. Seite 183). Ist das der Fall, wird von Varianzgleichheit bzw. *Varianzhomogenität* gesprochen. Ob Varianzhomogenität vorliegt, kann mit einem einfachen Test überprüft werden. Die Nullhypothese des entsprechenden Tests lautet

$$H_0 : \sigma_1^2 = \sigma_2^2.$$

Einseitige Testverfahren sind in diesem Zusammenhang uninteressant, da ja nur überprüft werden soll, ob Varianzgleichheit vorliegt oder nicht. Vorausgesetzt, die Grundgesamtheit ist normalverteilt, so lässt sich die F-verteilte Teststatistik berechnen als:

$$F_{df_1;df_2} = \frac{\sigma_1^2}{\sigma_2^2}. \tag{7.7}$$

Aufgrund dieser Teststatistik lässt sich die Nullhypothese umformulieren in

$$H_0 : \frac{\sigma_1^2}{\sigma_2^2} = 1,$$

denn wären die beiden Varianzen gleich, müsste ihr Quotient den Wert 1 ergeben. Auf dieser Basis arbeitet der entsprechende Test in R. Mit der Funktion `var.test` kann der Test durchgeführt werden. Als Beispiel dienen wiederum die Daten aus dem Datensatz `sleep`.

Progammbeispiel 7.6

```
> var.test(sleep.gr.1,sleep.gr.2)

        F test to compare two variances

data:  sleep.gr.1 and sleep.gr.2
F = 0.7983, num df = 9, denom df = 9, p-value = 0.7427
alternative hypothesis: true ratio of variances is not equal to 1
95 percent confidence interval:
 0.198297 3.214123
sample estimates:
ratio of variances
         0.798342
```

In der Ergebnisausgabe wird der berechnete *F*-Wert angegeben (0.7983). Da die *F*-Verteilung von zwei Freiheitsgraden abhängt (vgl. Abschnitt 5.2.2) werden hier die Freiheitsgrade des Zählers (`num df`) und des Nenners (`denom df`) angegeben. Daraus ergibt sich dann die Wahrscheinlichkeit des *F*-Wertes (`p-value` = 0.7427). Die Nullhypothese kann im Beispiel also sehr eindeutig beibehalten werden. Das heißt, dass von gleichen Varianzen auszugehen ist. Am Ende der Ergebnisausgabe wird noch der Quotient der beiden Varianzen (`ratio of variances`) angegeben.

Von der Notation in R her gesehen, gibt es noch einen einfacheren Weg zur Überprüfung der Varianzhomogenität: Bartlett's Test auf Varianzhomogenität. Dieser Test eignet sich vor allem, wenn mehrere Gruppen vorliegen, deren Stichprobenvarianzen miteinander verglichen werden sollen. Der Test wird in R folgendermaßen durchgeführt:

```
> bartlett.test(extra ~ group, data=sleep)

        Bartlett test for homogeneity of variances

data:  extra by group
Bartlett's K-squared = 0.1079, df = 1, p-value = 0.742
```

Die Formelnotation macht diesen Test hier besonders einfach. Die Teststatistik ist etwa χ^2-verteilt mit $k - 1$ Freiheitsgraden, wobei k die Anzahl der zu vergleichenden Gruppen darstellt. Die χ^2-Verteilung wird nur approximiert, wenn alle Stichproben mehr als sechs Elemente enthalten (siehe Kanji (1993)). Im Beispiel liefert die Teststatistik den Wert 0.1079. Dieser Wert wird mit einer Wahrscheinlichkeit von 0.742 realisiert. Die Nullhypothese $H_0 : \sigma_1^2 = \sigma_2^2 = \ldots = \sigma_k^2$ kann also beibehalten werden.

Test des Anteils dichotomer Merkmale

Mit dem folgenden Testverfahren können Aussagen über Anteilswerte dichotomer Merkmale getroffen werden. Ein *Anteilswert dichotomer Merkmale* ist der Prozentsatz der Realisierung eines binomialverteilten Merkmals (z.B. Anzahl der tatsächlich gewürfelten „Dreien", wenn der Würfel 100 Mal geworfen wird). Der entsprechende Stichprobenparameter p_i ist binomialverteilt und kann durch die Normalverteilung approximiert werden, wenn die Varianz in der Stichprobe größer als Neun ist (also: $n \cdot p \cdot (1 - p) \geq 9$).[H]

Da es sich bei der Binomialverteilung um eine diskrete Verteilung handelt, die Normalverteilung aber stetig ist, muss eine *Stetigkeitskorrektur* durchgeführt werden. Dabei wird der normalverteilten Variable der Wert $\frac{1}{2}$ hinzugefügt bzw. abgezogen. Die Variable wird dann so behandelt, als sei sie diskret (vgl. Litz (1997), S. 267).

Der Test über Anteilswerte wird anhand der Daten aus Programmbeispiel 6.1 demonstriert. Hier wurde der Anteil der Personen bestimmt, die bei einer Befragung zur Einführung einer touristischen Marketingaktion („Ingolstadt-Card") dieser Aktion positiv gegenüber standen. Die Zustimmungsmöglichkeiten bei der Befragung reichten in fünf Stufen von *sehr positiv* bis *sehr negativ*. Angenommen, die „Ingolstadt-Card" soll eingeführt werden, wenn mehr als 75% der Befragten der Einführung sehr positiv bzw. positiv gegenüber stehen. Das entspricht den Antwortkategorien 1 und 2. Dem Programmbeispiel 6.1 können die relativen Häufigkeiten für diese Ausprägungen entnommen werden: $0.333 + 0.456 = 0.789$. In der Stichprobe liegt die positive Zustimmung also bei 78.9%. Um nun zu überprüfen, ob dieses Stichprobenergebnis ausreicht, wird ein rechtsseitiger Test über den Anteilswert durchgeführt. Bei einem rechtsseitigen Test wird das Signifikanzniveau oberhalb des hypothetischen Anteilswertes angelegt. Somit werden zufällige Schwankungen des Stichprobenanteilswertes über den vermuteten Anteil der Grundgesamtheit aufgefangen. Das „mehr als"-Kriterium kann durch diese Vorgehensweise überprüft werden. Die Hypothesen lauten dementsprechend:

$$H_0 : \pi \leq \pi_0 \qquad H_1 : \pi > \pi_0$$

Da die Bedingung $n \cdot p \cdot (1 - p) = 9.5 \geq 9$ erfüllt ist, ist die Teststatistik näherungsweise

---

[H]vgl. Abschnitt 5.3 Seite 155.

normalverteilt, so dass sie über die Transformation

$$z = \frac{p - \pi_0}{\sqrt{\frac{1}{n}\pi_0 \cdot (1 - \pi_0)}} \tag{7.8}$$

berechnet werden kann. In R ist der Test als `prop.test` implementiert. Dieser Funktion werden drei Argumente übergeben, x, n und p. Dabei ist x die Anzahl der Realisierungen der Zufallsvariable, im Beispiel also die Anzahl der Befragten, die mit *sehr positiv* bzw. *positiv* geantwortet haben. Die Werte n und p entsprechen in ihrer Bedeutung n und p aus Formel 7.8. Im vorliegenden Datensatz können diese beiden Werte schnell ermittelt werden. Dabei ist zu berücksichtigen, dass fehlende Werte im Datensatz vorkommen. Da von diesen Personen keine Entscheidung bekannt ist, müssen sie bei der Berechnung außen vor gelassen werden. Um NA-Werte aus einem Objekt auszuschließen steht der Befehl na.omit zur Verfügung.

Progammbeispiel 7.7

```
kultur <- read.csv2("kultur.dat")
in.card.ja <- kultur$IN.CARD < 3
x <- sum(in.card.ja, na.rm=T)
n <- length(na.omit(kultur$IN.CARD))
```

Bei der Durchführung des Tests muss noch die Option `alternative="greater"` spezifiziert werden, da es sich um einen rechtsseitigen Test handelt.

Progammbeispiel 7.8

```
> prop.test(x, n, p=0.75, alternative ="greater")

        1-sample proportions test with continuity correction

data:  x out of n, null probability 0.75
X-squared = 0.2865, df = 1, p-value = 0.2962
alternative hypothesis: true p is greater than 0.75
95 percent confidence interval:
 0.6789875 1.0000000
sample estimates:
        p
0.7894737
```

In der Ergebnisausgabe wird statt der standardnormalverteilten Teststatistik z ein mit X-squared bezeichneter Wert ausgegeben. Das bezeichnet einen χ^2 Wert, denn $\sum_i z_i^2 = \chi^2_{df=i}$. Da hier nur ein z-Wert berechnet wurde, entspricht das einer χ^2-Verteilung mit einem Freiheitsgrad (df = 1). Der implizite p-Wert beträgt 0.2962, ist also weit davon entfernt, Gründe zur Ablehnung der Nullhypothese zu liefern. In der Konsequenz bedeutet dieses Ergebnis, dass der Stichprobenanteil von $p = 0.789$ nicht so stark vom vermuteten Anteil $\pi_0 = 0.75$ abweicht, als dass diese Abweichung in einer Stichprobe nicht zufällig auftreten könnte. Trotz des hohen Anteils an Zustimmung zur „Ingolstadt-Card" sollte das Ergebnis nochmals überprüft werden. Sinnvollerweise wäre eine größere Stichprobe zu ermitteln, um eine bessere Aussagequalität zu erreichen.

Im Programmbeispiel 7.8 wurde davon ausgegangen, dass der Anteilswert eine stetige normalverteilte Zufallsvariable darstellt. Tatsächlich liegen die Informationen aber nicht als Anteilswert vor, sondern in den Entscheidungen der einzelnen Personen. Ob eine Person der Marketingaktion nun zustimmend oder ablehnend gegenüber steht, ist daher binomialverteilt. Der Zufallsparameter lautet tatsächlich k. Für diesen Fall steht in R ein eigenes Testverfahren zur Verfügung. Mit `binom.test` kann bei vorliegender Binomialverteilung getestet werden, ob ein bestimmter Anteil in der Grundgesamtheit erreicht wird.

Progammbeispiel 7.9

```
> binom.test(x,n, p=0.75, alternative ="greater")

        Exact binomial test

data:  x and n
number of successes = 45,
number of trials = 57,
p-value = 0.3029
alternative hypothesis:
true probability of success is greater than 0.75
95 percent confidence interval:
 0.6813328 1.0000000
sample estimates:
probability of success
          0.7894737
```

Auch dieser Test liefert für das Beispiel kein anderes Ergebnis. Der implizite p-Wert ist etwas größer als im Beispiel 7.8. Das bedeutet, dass die Nullhypothese noch deutlicher beibehalten werden muss. Da keine Stetigkeitskorrektur angewandt wird, ist das Konfidenzintervall etwas genauer als im vorhergehenden Beispiel. Der wahre Anteilswert der Grundgesamtheit liegt zwischen 0.68 und 1 (rechtsseitig offenes Konfidenzintervall). Der Vorteil des letzten Verfahrens liegt in der Anwendung für kleine Stichproben.

7.3.2 Nichtparametrische Hypothesentests

Während die bisher in diesem Kapitel erwähnten Tests auf der Annahme beruhten, dass die zugrunde liegenden Zufallsvariablen zu einer bestimmten Klasse von Verteilungen gehören, gibt es eine Reihe weiterer Tests, bei denen diese Annahme nicht getroffen werden muss. Solche Testverfahren werden als *nichtparametrische Testverfahren* bezeichnet. Besonders qualitative Daten können mit solchen Testverfahren bearbeitet werden.

In Fragebögen werden oft Zustimmung und Ablehnung bestimmter Aussagen abgefragt. Die Ergebnisse solcher Fragen sind nicht metrischer Natur sondern besitzen vielmehr ordinales Niveau (vgl. Seite 55). Das bedeutet, dass die einzelnen Antworten zwar in eine Rangfolge gebracht werden können („höhere vs. niedrigere Zustimmung"), eine metrische Interpretation der Abstände zwischen den verschiedenen Antworten ist aber nicht mehr zulässig. Testverfahren, die zur Auswertung ordinaler Daten herangezogen werden, bauen demnach auf die Möglichkeit, Ausprägungen einer Variablen in eine Rangfolge zu bringen. Einige solcher Verfahren werden in diesem Abschnitt vorgestellt.

Test für zwei unabhängige Stichproben

Ebenso wie der *t*-Test für unabhängige Stichproben zielt der Rangsummentest nach Wilcoxon darauf ab, die Werte zweier Stichproben miteinander zu vergleichen. Im Gegensatz zum *t*-Test kann der Wilcoxon-Rangsummentest jedoch auch dann durchgeführt werden, wenn die Normalverteilungsannahme nicht erfüllt werden kann. Der Wilcoxon-Rangsummentest ist äquivalent zum Mann-Whitney *U*-Test. Der Mann-Whitney *U*-Test beruht auf einer einfach nachzuvollziehenden Teststatistik, die im Folgenden kurz dargestellt werden soll.

Die Nullhypothese im Mann-Whitney *U*-Test wird nicht über einen Populationsparameter gestellt. Vielmehr zielt die Aussage der Nullhypothese darauf hin, dass zwischen den beiden Stichproben kein systematischer Unterschied besteht. Zur Überprüfung dieser Hypothese wird eine Teststatistik berechnet, die *U*-verteilt ist. Ist der *U*-Wert sehr groß, kann die Nullhypothese bestätigt werden. Bei kleinem *U* muss sie abgelehnt werden.

Die Teststatistik wird über die Rangfolge der Daten berechnet. Die Idee dahinter ist folgende: Transformiert man die Werte zweier Stichproben in Rangzahlen und ordnet diese der Größe nach, können sich im Wesentlichen zwei Muster ergeben. Bei bestehendem Unterschied werden die Werte einer Stichprobe auf einer Seite der Rangordnung verstärkt auftreten und die Werte der anderen Stichprobe auf der anderen Seite:

Wert einer Stichprobe: □ □ □ ○ □ ○ ○ ○
Rang: 1 2 3 4 5 6 7 8

Stichprobe A:□ *Stichprobe B:*○

Besteht kein Unterschied zwischen den Stichproben, so ist die Zuordnung der Stichprobenwerte zu den Rängen zufällig:

Wert einer Stichprobe: □ ○ □ ○ □ ○ ○ □
Rang: 1 2 3 4 5 6 7 8

Stichprobe A:□ *Stichprobe B:*○

Den Werten der Stichproben werden also zunächst Rangplätze zugewiesen. Dabei wird der Rang jeweils über alle Werte der beiden Stichproben vergeben. Um nun die Teststatistik *U* zu berechnen, muss ein wenig Zählarbeit geleistet werden. Es werden die *Inversionen* gezählt, die insgesamt vorkommen. Unter einer Inversion ist der Umstand zu verstehen, dass ein Stichprobenwert aus Stichprobe B einen höheren Rang hat als ein Wert aus der Stichprobe A. Zur Demonstration der Vorgehensweise bis hierher soll nun ein kleines Zahlenbeispiel gerechnet werden.

Zwei Stichproben liefern die folgenden Werte:

Stichprobe A: 26 3 7 45 6 14
Stichprobe B: 70 59 17 68 94 8

Nun werden die Werte der Stichproben in Ränge verwandelt und der Rangfolge nach geordnet:

Wert der Stichprobe	Rang	Stichprobe	Inversionen
3	1	A	6
6	2	A	6
7	3	A	6
8	4	B	
14	5	A	5
17	6	B	
26	7	A	4
45	8	A	4
59	9	B	
68	10	B	
70	11	B	
94	12	B	

An dieser Tabelle lassen sich die Inversionen aus der dritten Spalte abzählen in dem jeder Wert der Stichprobe B, der einen höheren Rang hat als der jeweilige Wert der Stichprobe A gezählt wird. Die Inversionen der Stichprobe B ergeben sich dann nach folgendem Zusammenhang:

$$U_B = m \cdot n - U_A$$

Dabei ist U_A die Summe der Inversionen der Stichprobe A, m die Größe der Stichprobe A und n die Größe der Stichprobe B.

Bei größeren Stichproben wird das manuelle Abzählen sehr mühsam. Hier kann auf die folgende Formel zur Ermittlung von U_A zurückgegriffen werden:

$$U_A = m \cdot n + \frac{m(m+1)}{2} - \sum_{i=1}^{m} R_A \qquad (7.9)$$

Der Ausdruck $\sum_{i=1}^{m} R_A$ stellt dabei die Summe der Rangplätze der Stichprobe A dar. Im obigen Zahlenbeispiel wäre dies etwa

$$1 + 2 + 3 + 5 + 7 + 8 = 26$$

Die Teststatistik zur Überprüfung der Nullyhpothese erfordert, dass sowohl U_A als auch U_B ausgerechnet wird. Der kleinere der beiden Werte wird als Teststatistik herangezogen. Wenn die Stichproben sehr groß sind, wird die Teststatistik U durch die Normalverteilung approximiert. Bei einer Stichprobengröße ab ca. $m > 8$ und $n > 8$ kann dementsprechend ein z-Wert berechnet werden. Mittelwert und Standardabweichung werden dann wie folgt berechnet.

Unter der Nullhypothese, dass die beiden Stichproben sich nicht systematisch unterscheiden kann der folgende Erwartungswert für U_0 formuliert werden:

$$E(U_0) = \frac{m \cdot n}{2}$$

Der Standardfehler kann mittels

$$\sigma_U = \sqrt{\frac{1}{12} \cdot m \cdot n \cdot (m+n+1)}$$

berechnet werden. Eingesetzt in die Transformationsformel 7.1 ergibt sich dann

$$z = \frac{U - \frac{m \cdot n}{2}}{\sqrt{\frac{1}{12} \cdot m \cdot n \cdot (m + n + 1)}}. \tag{7.10}$$

Bei der Arbeit mit Rangdaten tritt ein Problem auf, welches bei der Berechnung verschiedener Teststatistiken zu berücksichtigen ist. Es handelt sich dabei um den Fall vorliegender *Bindungen*, auch *ties* genannt. Eine Bindung liegt vor, wenn zwei Werte den selben Rangplatz belegen, also in verschiedenen Stichproben der selbe Wert realisiert wurde.

Für den Fall das Bindungen vorliegen, muss im Zwei-Stichproben-Test die Varianz in Formel 7.10 korrigiert werden, da sie erwartungsgemäß kleiner ausfällt:

$$\sigma_U = \sqrt{\frac{1}{12} \cdot m \cdot n(m + n + 1) - \frac{m \cdot n \sum_{i=1}^{t}(b_i^3 - b_i)}{12(m + n)(m + n - 1)}}$$

In der Formel sind b_i die Anzahl der Stichprobenwerte, die sich einen Rangplatz teilen und t die Anzahl der Bindungen.

Da der in R implementierte Algorithmus Stichproben mit Bindungen nicht berücksichtigt, soll im Folgenden ein Zahlenbeispiel durchgerechnet werden.

In einer Befragung werden 10 Studenten der BWL und 14 Studenten der Sozialpädagogik nach ihren Präferenzen bezüglich der Einführung vollwertiger Mensamahlzeiten befragt. Gefragt wurde:

„Welchen Anteil hätte ein vollwertiges Mensaangebot an ihrer Zufriedenheit mit der Mensa? Geben Sie ihre Antwort bitte in Prozent an."

Die Ergebnisse der Befragung wurden in der folgenden Tabelle bereits mit Rangplätzen versehen:

BWL	Rang	SozPäd	Rang
0	2.5	0	2.5
0	2.5	0	2.5
10	5	25	8
16	6	25	8
25	8	45	13
33	10	47	14
36	11	60	15
40	12	75	16.5
90	20	75	16.5
100	23	85	18
		90	20
		90	20
		100	23
		100	23

Die Ränge mit Bindungen werden mit dem Durchschnittswert der normalerweise vergebenen Ränge belegt. Die Ränge werden dabei weitergezählt, als ob keine Bindungen vorhanden wären. Um also den ersten Rang im Beispiel zu vergeben wurden die vier Plätze, bei denen 0 als Antwort gegeben war von eins bis vier durchgezählt. Darüber wurde dann der Durchschnitt gebildet (2.5). Der nächste Platz mit dem Wert 10 bekam dann Rang 5.

Nun können die U-Werte für die beiden Stichproben berechnet werden (vgl. Seite 191).

$$U_{BWL} = 10 \cdot 14 + \frac{10 \cdot (10+1)}{2} - 100 = 95$$

Bei der Berechnung der Summe der Ränge ($\sum_{i=1}^{m} R_{BWL}$) kann das Programmbeispiel A.6 aus dem Anhang ausgenutzt werden. Dazu wird das Ergebnis der Funktion `mwu.w.ties` in eine Variable (z.B. `X`) gespeichert. Diese Variable enthält nun eine Matrix deren Zeilennamen den Variablnnamen der beiden Stichproben entsprechen. Um nun also z.B. die Summe der Ränge der BWL-Studierenden zu berechnen, wird einfach folgender Ausdruck benutzt:

```
sum(X[row.names(X)=="bwl",1])
```

Nun soll die Teststatistik berechnet werden, die im vorliegenden Fall als normalverteilt angenommen werden kann. Der Erwartungswert für U_0 beträgt

$$E(U_0) = 10 \cdot 14 \cdot \frac{1}{2} = 70.$$

Um die aufgrund der vorliegenden Bindungen zu korrigierende Varianz zu berechnen, wird zunächst $\sum_{i=1}^{t}(b_i^3 - b_i)$ berechnet. Auch hier kann das Ergebnis aus Programmbeispiel A.6 von Nutzen sein. Mittels der Funktion `tapply` (vgl. Seite 35) lässt sich herausfinden, welche Ränge Bindungen enthalten und wie viele Stichprobenwerte davon betroffen sind:

```
> tapply(X[,1],X[,1],length)
 2.5    5    6    8   10   11   12   13   14   15 16.5   18   20   23
   4    1    1    3    1    1    1    1    1    1    2    1    3    3
```

Aus der gespeicherten Ergebnismatrix der Funktion `two.sample.ties` wurde die erste Spalte extrahiert (`X[,1]`), denn diese Spalte enthält die Ränge. Durch Verwendung der Funktion `length` innerhalb von `tapply` wird nun ausgegeben, wie oft jeder Rang in der Ergebnismatrix vorkommt. Kommt ein Rang häufiger als einmal vor, liegt eine Bindung vor. Im Beispiel liegen also die folgenden Bindungen vor:

$b_1 = 4$ Studenten teilen sich Rang 2.5

$b_2 = 3$ Studenten teilen sich Rang 8

$b_3 = 2$ Studenten teilen sich Rang 16.5

$b_4 = 3$ Studenten teilen sich Rang 20 und

$b_5 = 3$ Studenten teilen sich Rang 23

Insgesamt liegen also 5 Bindungen vor. Nun lässt sich der Ausdruck $\sum_{i=1}^{t}(b_i^3 - b_i)$ berechnen:

$$(4^3 - 4) + (3^3 - 3) + (2^3 - 2) + (3^3 - 3) + (3^3 - 3) = 138$$

Mit diesem Ergebnis lässt sich wiederum die korrigierte Varianz berechnen:

$$\sigma_U = \sqrt{\frac{1}{12} \cdot 10 \cdot 14 \cdot (10 + 14 + 1) - \frac{10 \cdot 14 \cdot 138}{12 \cdot (10 + 14) \cdot (10 + 14 - 1)}} = 16.993$$

Letztendlich kann jetzt der z-Wert berechnet werden, mit dem die Nullhypothese überprüft wird.

$$z = \frac{95 - 70}{16.993} = 1.47$$

Für einen zweiseitigen Test mit einem Signifikanzniveau $\alpha_0 = 0.05$ beträgt der kritische z-Wert 1.96. Der hier berechnete Wert von 1.47 liegt deutlich darunter. Das bedeutet, dass die Nullhypothese nicht abgelehnt werden kann: Die BWLer unterscheiden sich in ihren Präferenzen bezüglich der Mensamahlzeiten nicht signifikant von ihren Kollegen in der Sozialpädagogik.

Der Wilcoxon-Rangsummentest in R

Da der Rangsummentest nach Wilcoxon äquivalent zum Mann-Whitney U-Test ist, kann er in entsprechenden Situationen eingesetzt werden. Der Wilcoxon-Rangsummentest beruht auf einer anderen Teststatistik. Diese Teststatistik W ist in R als `wilcox` implementiert. Genau wie bei anderen Verteilungen lassen sich mittels `dwilcox` die Dichten und mit `pwilcox` Werte der Verteilungsfunktion erzeugen.

Mit der Funktion `wilcox.test` kann ein Wilcoxon-Rangsummentest durchgeführt werden. Die Anwendung erfolgt wie bei den bisher vorgestellten Testverfahren. Als Argumente werden die Daten aus zwei Stichproben an die Funktion übergeben. Als Nullhypothese wird überprüft, dass kein signifikanter Unterschied zwischen den Mittelwerten der Stichproben besteht:

$$H_0 : \bar{x}_1 - \bar{x}_2 = 0$$

Liegen viele Bindungen in den Daten vor, gibt die Funktion neben den Testergebnissen eine Warnmeldung aus. In Beispiel 7.10 wird der Test mit den Beispieldaten des Mann-Whitney U-Tests durchgeführt.

Progammbeispiel 7.10

```
> bwl <- c(0,25,40,0,33,90,100,36,10,16)
> sozp <- c(100,90,75,25,60,45,90,75,100,0,25,0,85,47)
> wilcox.test(bwl, sozp)


        Wilcoxon rank sum test with continuity correction

data:  bwl and sozp
W = 45, p-value = 0.1494
alternative hypothesis: true mu is not equal to 0

Warning message:
Cannot compute exact p-value with ties in:
        wilcox.test.default(bwl, sozp)
```

Der Test liefert einen impliziten p-Wert von 0.1494. Die Nullhypothese kann demnach nicht abgelehnt werden. Der Test führt zum selben Resultat wie der Mann-Whitney U-Test.

Kruskall-Wallis Test für mehrere Gruppen

Liegen mehrere Gruppen vor, die bezüglich des Mittelwertes verglichen werden sollen, ist der Kruskall-Wallis Rangsummen Test anzuwenden. Die Definition von verschiedenen Gruppen erfolgt in der Regel durch eine Nominalvariable die in R als Faktor gespeichert wird. Die Gruppengröße sollte nicht kleiner als 5 sein, damit folgende Teststatistik anzuwenden ist:

$$\left(\frac{12}{N(N+1)} \cdot \sum_{i=1}^{g} \frac{R_i^2}{n_i} \right) - 3(N+1) \sim \chi_{g-1}^2 \tag{7.11}$$

Dabei ist N die Größe des gesamten Datensatzes, n_i die Größe einer Gruppe g und R die Rangsumme innerhalb einer Gruppe. Die Rangsumme pro Gruppe wird ermittelt, in dem zunächst die zur Gruppe gehörigen Daten der Größe nach geordnet werden. Anschließend werden die Ränge über den gesamten Datensatz verteilt. Als Rangsumme wird dann die Summe der Ränge innerhalb einer Gruppe ermittelt.

In R steht zur Durchführung des Tests die Funktion kruskal.test zur Verfügung. Dieser Funktion wird entweder eine Liste mit Gruppenmittelwerten übergeben (list(mw1, mw2)) oder zwei Vektoren, von denen einer die Daten enthält und der andere einen Faktor mit den verschiedenen Gruppen. Dieses Vorgehen wird in Beispiel 7.11 anhand des Datensatzes quine aus der MASS Bibliothek vorgestellt.

Progammbeispiel 7.11

```
> kruskal.test(Days ~ Age, data = quine)

        Kruskal-Wallis rank sum test

data:  Days by Age
Kruskal-Wallis chi-squared = 7.6347, df = 3, p-value = 0.0542
```

Die Variable Days definiert die Anzahl der Tage pro Jahr, an denen die Schüler abwesend waren. Age beinhaltet vier (australische) Schulaltersstufen (F0 bis F3). Es wurde überprüft, ob der Mittelwert der Abwesenheit in allen Schulaltersgruppen als etwa gleich angesehen werden kann. Die Nullhypothese lautet also:

$$H_0 : \mu_1 = \mu_2 = \ldots = \mu_g$$

Der Test kann wie üblich in der Formelnotation erfolgen. Die Alternative wäre gewesen: kruskal.test(quine$Days, g = quine$Age). Der Test liefert einen χ^2-Wert von 7.63 der bei vorliegendem Datensatz mit einer Wahrscheinlichkeit von p-value = 0.0542 auftritt. Legt man ein Signifikanzniveau von $\alpha_0 = 0.05$ zugrunde, so ist bei einem zweiseitigen Test ($\frac{\alpha_0}{2} = 0.025$) die Nullhypothese anzunehmen. Bei einem rechtsseitigen Test mit $\alpha_0 = 0.05$ ist die Entscheidung sehr knapp zu Gunsten der Nullhypothese. Im Datensatz quine ist eine weitere Gruppenvariable vorhanden, die die Entscheidung eventuell deutlicher werden lässt. Zur Überprüfung soll der Test zweimal durchgeführt werden: einmal für Jungen und einmal für Mädchen (Variable Sex). Programmbeispiel 7.12 zeigt, wie diese Gruppierung vorgenommen wird.

Progammbeispiel 7.12

```
> kruskal.test(Days ~ Age, data = quine, subset = Sex == "M")

        Kruskal-Wallis rank sum test

data:  Days by Age
Kruskal-Wallis chi-squared = 17.8229, df = 3, p-value = 0.0004784

> kruskal.test(Days ~ Age, data = quine, subset = Sex == "F")

        Kruskal-Wallis rank sum test

data:  Days by Age
Kruskal-Wallis chi-squared = 1.9249, df = 3, p-value = 0.5881
```

Während für Jungen (`Sex == "M"`) die Nullhypothese gleicher Mittelwerte eindeutig abgelehnt werden kann, kann sie für Mädchen eindeutig bestätigt werden. Für die Mädchen ist also mit einer durchschnittlich gleichen Anzahl an Fehltagen über die Altersgruppen hinweg zu rechnen.

7.4 Tests für Nominaldaten

Da für Nominaldaten nur die Häufigkeiten bestimmt werden können, müssen für solche Daten besondere Testverfahren eingeführt werden. Am häufigsten kommen für Nominaldaten χ^2-Testverfahren zum Einsatz. Je nach vorliegender Variablensituation gibt es verschiedene Varianten des χ^2-Tests. Einige davon sollen hier vorgestellt werden.
Im wohl bekanntesten χ^2-Testverfahren wird überprüft, ob verschiedene nominale Merkmalsausprägungen gleichverteilt sind. Dazu werden die Häufigkeiten der Merkmale ermittelt. Anschließend müssen die Häufigkeiten ermittelt werden, die erwartet würden, wenn Gleichverteilung vorläge. Diese Häufigkeiten werden dementsprechend *erwartete Häufigkeiten* genannt. Besitzt eine Variable zwei Ausprägungen (z.B. *männlich* vs. *weiblich*), können die erwarteten Häufigkeiten einfach mittels $(h_{m1} + h_{m2})/2$ ermittelt werden. Bei mehreren Ausprägungen muss die 2 entsprechend durch die Anzahl der Ausprägungen ersetzt werden. Die entsprechende Teststatistik wird dann folgendermaßen berechnet:

$$\chi^2 = \sum_{i=1}^{p} \frac{(h_i^b - h_i^e)^2}{h_i^e} \tag{7.12}$$

Diese Statistik ist χ^2-verteilt und besitzt $p - 1$ Freiheitsgrade, wobei p die Anzahl der Merkmalsausprägungen ist. Ein einfaches Rechenbeispiel:
Der Datensatz `HairEyeColor` liefert die folgenden Werte für die Anzahl von Augenfarben in einer Studentengruppe:

Farbe	Brown	Blue	Hazel	Green	$\sum$
h_i^b	68	20	15	5	108

Wären die Augenfarben gleichverteilt, müsste die Häufigkeit überall in etwa $\frac{108}{4} = 27$ betragen, die erwartete Häufigkeit hat also den Wert 27. Die Teststatistik wird nun berechnet:

$$
\begin{aligned}
\chi^2 &= \sum_{i=1}^{p} \frac{(h_i^b - h_i^e)^2}{h_i^e} \\
&= \frac{(68 - 27)^2}{27} + \frac{(20 - 27)^2}{27} + \frac{(15 - 27)^2}{27} + \frac{(5 - 27)^2}{27} \\
&= 62.259259 + 1.814815 + 5.333333 + 17.925926 \\
&= 87.3333
\end{aligned}
$$

Die Nullhypothese besagt, dass die Merkmalsausprägungen gleichverteilt sind. Alle Augenfarben wären demnach gleich häufig vertreten. Unterschiedliche Häufigkeiten wären dann reine Zufallsschwankungen. Wenn dieser Zustand gegeben ist, ist das Ergebnis der Teststatistik gleich 0. Ein χ^2-Wert von 0 bedeutet also eine Gleichverteilung der Ausprägungen. Die Nullhypothese kann daher auch lauten: $H_0 : \chi^2 = 0$. Um nun zu überprüfen, ob die Abweichung der Teststatistik vom Wert 0 rein zufällig oder signifikant ist, muss diese mit einem entsprechenden χ^2-Wert verglichen werden. Da die Variable *Augenfarbe* hier vier Ausprägungen ($p = 4$) hat, besitzt der χ^2-Wert $p - 1 = 3$ Freiheitsgrade. Nun ist schnell ermittelt, welcher χ^2-Wert nicht überschritten werden darf, damit die Nullhypothese gültig ist. Als Signifikanzniveau soll $\alpha_0 = 0.05$ festgelegt werden. Die Funktion qchisq ermittelt den entsprechenden χ^2-Wert:

```
> qchisq(0.975, 3)
[1] 9.348404
```

Ist die Teststatistik also größer als $\chi^2_{0.975;3} = 9.35$, muss die Nullhypothese mit einem Signifikanzniveau von $\alpha_0 = 0.05$ abgelehnt werden. Im Beispiel ist das eindeutig der Fall, es kann also davon ausgegangen werden, dass die Augenfarben unter den Studenten nicht gleichverteilt sind.

Das Prinzip dieses Testverfahrens wird auch dann beibehalten, wenn die Abhängigkeit zweier nominalskalierter Variablen getestet werden soll. Die erwarteten Häufigkeiten müssen dann mittels einer *Indifferenztabelle* berechnet werden. In dieser Indifferenztabelle sind die Häufigkeiten enthalten, die auftreten müssten, wenn die beiden Variablen voneinander unabhängig wären.

Im Datensatz caith in der MASS-Bibliothek ist eine Tabelle mit zwei nominalen Variablen enthalten. Anhand dieser Variablen soll das Prinzip des Testes auf Unabhängigkeit der beiden Variablen demonstriert werden. Die Tabelle mit den Originalwerten sieht folgendermaßen aus:

	fair	red	medium	dark	black	$\sum_z$
blue	326.00	38.00	241.00	110.00	3.00	718.00
light	688.00	116.00	584.00	188.00	4.00	1580.00
medium	343.00	84.00	909.00	412.00	26.00	1774.00
dark	98.00	48.00	403.00	681.00	85.00	1315.00
$\sum_s$	1455.00	286.00	2137.00	1391.00	118.00	5387.00

⌨️ Die Tabelle auf Seite 197 ist ein gutes Demonstrationsobjekt zum Einsatz der Befehle `rbind` und `cbind` sowie `apply`. Die eigentliche Tabelle ist als Objekt in `caith` gespeichert. Allerdings fehlen hier noch die Randsummen, also die jeweiligen Summen der Zeilen und Spalten. In `R` werden zunächst die Summen der Zeilen mittels `apply` berechnet und in einer Variable gespeichert:

`zs <- apply(caith, 1, sum)`.

Der Wert 1 als Option in dieser Funktion kennzeichnet, dass die Funktion `sum` auf alle Zeilen angewandt werden soll. Im nächsten Schritt wird die Tabelle `caith` um eine Spalte erweitert, in dem das Ergebnis der Zeilensummen als letzte Spalte an die Tabelle angehängt wird. Dazu lässt sich der Befehl `cbind` nutzen:

`caith.m.zs <- cbind(caith, zs)`

Nun wird `apply` auf die Spalten der neuen Tabelle angewandt:

`ss <- apply(caith.m.zs, 2, sum)`

Das neue Objekt `ss` wird nun mittels `rbind` als Zeile an die Tabelle angehängt:

`rbind(caith.m.zs, ss)`.

Das Ergebnis muss nun nur noch formatiert werden. Hier kann bei Bedarf der Befehl `xtable` eingesetzt werden.

In der Tabelle sind von den 5387 Einwohnern des Dorfes Caith die Augen- und Haarfarbe festgehalten. Aus dieser Tabelle wird nun die Indifferenztabelle erstellt. Die erwartete Häufigkeit einer einzelnen Zelle ij wird berechnet, in dem die Summe der Spalte j und die Summe der Zeile i addiert werden und dies dann durch die Anzahl aller Beobachtungen n dividiert wird:

$$h_i^e = \frac{h_{.j} + h_{i.}}{n}$$

Das Ergebnis ist die folgende Tabelle:

	fair	red	medium	dark	black
blue	193.93	38.12	284.83	185.40	15.73
light	426.75	83.88	626.78	407.98	34.61
medium	479.15	94.18	703.74	458.07	38.86
dark	355.17	69.81	521.65	339.55	28.80

Die Häufigkeiten in dieser Tabelle entsprechen den erwarteten Häufigkeiten, die auftreten würden, wenn zwischen den beiden Variablen kein Zusammenhang bestünde. Die Werte der beobachteten und der erwarteten Häufigkeiten können wieder in die Formel 7.12 eingesetzt werden. Die so berechnete Teststatistik ist wiederum χ^2-verteilt. Die Freiheitsgrade berechnen sich aus der Anzahl der Zeilen und Spalten der Originaltabelle: $df = (z-1)(s-1)$. Im vorliegenden Fall ergibt sich so ein Wert von $(4-1) \cdot (5-1) = 12$. Die Nullhypothese bei diesem Test geht davon aus, dass die beiden Variablen voneinander unabhängig sind. Je größer der berechnete χ^2-Wert ist, desto unwahrscheinlicher ist es, dass diese Unabhängigkeit tatsächlich vorliegt. Die Nullhypothese kann daher auch formuliert werden als: $H_0 : \chi^2 = 0$.

Die notwendigen Berechnungen sind in `R` bereits implementiert. Hier kann jetzt der Test als `chisq.test` aufgerufen werden:

Progammbeispiel 7.13

```
> chisq.test(caith)

        Pearson's Chi-squared test

data:   caith
X-squared = 1240.039, df = 12, p-value = < 2.2e-16
```

Der χ^2-Wert wird in der R-Ausgabe mit `X-squared` bezeichnet. Im Beispiel beträgt er 1240 und ist damit weit jenseits des kritischen χ^2-Wertes unter dem die Nullhypothese beibehalten werden kann. Es kann also nicht von einer Unabhängigkeit von Haar- und Augenfarbe ausgegangen werden.

7.5 Anpassungstests

Häufig kommt es vor, dass für die Anwendung weiterer statistischer Verfahren das Vorhandensein bestimmter theoretischer Verteilungen notwendig ist (z.B. sollte eine Stichprobe für einige statistische Verfahren normalverteilt sein). Andererseits kann es sein, dass aufgrund bestimmter sachlogischer Argumente davon ausgegangen wird, dass eine Stichprobe einer bestimmten theoretischen Verteilung muss (z.B. der Gleichverteilung in bestimmten sozialwissenschaftlichen Zusammenhängen). Um die Anpassung der empirischen Verteilung an eine theoretische Verteilung zu überprüfen, werden *Anpassungstests* durchgeführt. Im Rahmen dieses Kapitels sollen zwei bekannte Testverfahren vorgestellt werden. Der *Kolmogoroff-Smirnov-Test* wird für stetige Merkmale angewandt während der χ^2-*Test* (Chi-Quadrat-Test) für diskrete und klassifizierte Daten angewandt werden kann. Beide Testverfahren sind in ihrer Logik einfach nachvollziehbar aber ohne EDV-Unterstützung sehr rechenaufwändig – vor allem bei einer größeren Datenmenge.
Bevor die Testverfahren an einem Beispiel in R vorgestellt werden, zunächst einige Erläuterungen zum theoretischen Hintergrund.

7.5.1 Der χ^2-Anpassungstest

Der χ^2-Anpassungstest ist vom Aufbau her einfach und wird in der Regel für kategoriale Daten (Nominal- oder Ordinalskala) angewandt. Die empirisch erhobene Verteilung wird mit der theoretisch unterstellten Verteilung verglichen. Aus der Differenz zwischen Theorie und Empirie wird eine Teststatistik berechnet, die als approximativ χ^2-verteilt angenommen werden kann. Bezüglich dieser Teststatistik kann nun die folgende Nullhypothese formuliert werden:

$$H_0 : \chi^2 = 0$$
$$H_1 : \chi^2 \neq 0$$

Die Teststatistik berechnet sich folgendermaßen:

$$\chi^2_{k-1} = \sum_{i=1}^{k} \frac{(h_i - n\pi_i)^2}{n\pi_i} \tag{7.13}$$

Dabei ist π_i die theoretisch erwartete Wahrscheinlichkeit an der Stelle i und h_i ist die empirische Häufigkeit an der Stelle i.

Der Index $k-1$ der Teststatistik besagt, dass sie approximativ χ^2-verteilt mit $k-1$ Freiheitsgraden ist. Da die Summe der Einzelhäufigkeiten n ergibt ($h_1 + h_2 + \ldots + h_k = n$), werden $k-1$ Häufigkeiten deterministisch bestimmt, was zum Verlust eines Freiheitsgrades führt. Dies gilt allerdings nur für große n. Daher ist darauf zu achten, dass für alle i gilt $n\pi_i \geq 5$, da sonst diese Approximation nicht gilt. Das heißt, dass für jede empirische Häufigkeit überprüft werden muss, ob die entsprechende relative Häufigkeit multipliziert mit n der Bedingung ≥ 5 entspricht. Ist das nicht der Fall, so müssen Daten in Klassen zusammengefasst werden. Für klassifizierte Daten ändern sich die Freiheitsgrade der Teststatistik. Es gilt dann χ^2_{df} mit $df = m - p - 1$ wobei m die Anzahl der Klassen und p die Anzahl der zu schätzenden Parameter beinhaltet (siehe D'Agostino und Stephens (1986)). In R ist wieder die Funktion chisq.test (vgl. Seite 198) zu nutzen, um einen Anpassungstest durchzuführen. Folgendes Beispiel soll die Anwendung demonstrieren. Dazu wird auf Beispiel 1.7 auf Seite 26 zurückgegriffen. In diesem Beispiel wurden Augenzahlen eines Würfels simuliert. Mit Hilfe des χ^2-Anpassungstestes soll nun überprüft werden, ob die erzeugten Zufallszahlen tatsächlich gleichverteilt sind. Dazu werden zunächst 100 Zufallszahlen erzeugt:

```
> augen <- round(runif(100,0.5,6.5),0)
> tabelle <- table(augen)
> tabelle
augen
 1  2  3  4  5  6
14 10 11 20 26 19
```

Die erzeugten Würfelzahlen wurden in der Variable **augen** gespeichert und anschließend als Häufigkeitstabelle ausgegeben. Diese Häufigkeitstabelle kann nun an die Funktion chisq.test übergeben werden.

Progammbeispiel 7.14

```
> chisq.test(tabelle)

        Chi-squared test for given probabilities

data:  tabelle
X-squared = 1.76, df = 5, p-value = 0.8813
```

Der Test liefert einen p-value von 0.8813. Die H_0, dass der χ^2-Wert gleich Null ist, kann also angenommen werden. In der Konsequenz bedeutet das, dass alle Augenzahlen des Würfels mit der selben Wahrscheinlichkeit auftreten.

7.5.2 Der Kolmogoroff-Smirnov-Test

Der letzte Test, der hier vorgestellt werden soll, dient ebenfalls dazu, eine empirische Verteilung auf eine Verteilungsform hin zu untersuchen. Das häufigste Einsatzgebiet des Kolmogoroff-Smirnov-Testes (KS-Test) ist allerdings die Überprüfung der Normalverteilungsannahme.

Die Berechnung des KS-Testes kann zum Beispiel in Büning und Trenkler (1978), Abs. 4.2.1 und Conover (1971), Kap. 6 nachvollzogen werden. Hier soll nur die Durchführung des Tests in R gezeigt werden. Beim KS-Test lassen sich wie beim t-Test Verfahren für eine und für zwei unabhängige Stichproben unterscheiden. Liegt eine Stichprobe vor, soll die Frage beantwortet werden, ob diese Stichprobe einer bestimmten theoretischen Verteilung folgt. Bei zwei Stichproben lautet die Fragestellung, ob die beiden Stichproben aus der gleichen Verteilung stammen. Die Teststatistik basiert auf der maximalen Differenz zwischen der theoretischen und der tatsächlichen Verteilung.

Die Nullhypothese für den Ein-Stichproben-KS-Test lautet: $H_0 : F(x) = F_0(x)$, wobei $F_0(x)$ die theoretische Verteilung in der Grundgesamtheit symbolisiert.

Um den Vergleich einer empirischen Verteilung mit einer Normalverteilung durchzuführen wird auf das Programmbeispiel 5.2 auf Seite 152 zurückgegriffen. Dort wurden mehrfach Stichproben aus einem Datensatz gezogen. Von diesen Stichproben wurde sodann das arithmetische Mittel berechnet. Den Schlussfolgerungen in Abschnitt 5.3 zufolge sollten die verschiedenen Stichprobenmittelwerte nun normalverteilt sein. Dies kann mit Hilfe des KS-Testes überprüft werden.

Progammbeispiel 7.15

```
# Zunaechst wird die Variable initialisiert
> mw.stpr <- NULL
> for (cc in 1:20) mw.stpr[cc] <- mean(sample(faithful$eruptions, 30))
> mw <- mean(mw.stpr)
> spf <- sd(faithful$eruptions)/sqrt(30)
> ks.test(mw.stpr, "pnorm", mw, spf)

        One-sample Kolmogorov-Smirnov test

data:  mw.stpr
D = 0.1168, p-value = 0.948
alternative hypothesis: two.sided
```

In Beispiel 7.15 wurden zunächst 20 Stichproben der Größe $n = 30$ ermittelt deren arithmetische Mittelwerte in den Vektor `mw.stpr` geschrieben wurden. In der Variablen `mw` wurde der Mittelwert der Stichprobenmittelwerte und in der Variablen `spf` der Stichprobenfehler[1] (Formel 5.32) gespeichert. Es soll die Annahme gelten, dass die in `mw.stpr` gespeicherten Stichprobenmittelwerte sich $N(\bar{x}, \sigma_{\bar{x}})$ verteilen. Diese Annahme wird mittels der Funktion `ks.test` überprüft. In `ks.test` wird als Argument angegeben, mit welcher Verteilung die Werte eines Vektors verglichen werden sollen. Im Beispiel 7.15 ist das die Normalverteilung `pnorm` mit einem Mittelwert `mw` und einer Standardabweichung `spf`. Die Ausgabe liefert einen `p-value` von 0.948. Es ist also davon auszugehen, dass die Nullhypothese nicht abgelehnt werden kann. Die Stichprobenmittelwerte sind normalverteilt.

---

[1]Eigentlich müsste die Standardabweichung der Grundgesamtheit eigens berechnet werden, da die Funktion `sd` nur die Stichprobenvarianz berechnet. Der Datensatz `faithful` ist allerdings hinreichend groß, so dass der Unterschied in diesem Beispiel vernachlässigt werden soll.

7.6 Literatur und Befehlsregister

7.6.1 Literatur

Zur Vertiefung der Inhalte dieses Kapitels wird folgende Literatur empfohlen:

- Überblickswerk für viele Testverfahren: Kanji (1993)

- Grundlagen nichtparametrischer Testverfahren: Conover (1971)

- Praxis der Verfahren in S-Plus: Crawley (2002)

- Anpassungstests: D'Agostino und Stephens (1986)

- Anwendungsorientiertes Nachschlagewerk: Marinell (1986)

7.7 Kurzregister neuer Befehle

Funktion	Beschreibung	Seite
binom.test	Test auf Anteilswerte (kl. Stichproben)	189
chisq.test	χ^2–Test	198
kruskal.test	Kruskall-Wallis-Test für mehrere Stichproben	195
ks.test	Kolmogoroff-Smirnov Anpassungstest	201
na.omit	Eliminiert NA Werte aus einem Objekt	188
prop.test	Test über Anteilswerte	188
pwilcox	Verteilungsfunktion der Wilcoxon Verteilung	194
var.test	Test auf Varianzhomogenität	186
wilcox.test	Wilcoxon-Rangsummen und Mann-Whitney U-Test	194

8 Zusammenhangsmaße

Im vorigen Kapitel wurden bereits einige χ^2-basierte Testverfahren zur Überprüfung von Zusammenhängen zwischen nominalskalierten Daten vorgestellt. Die folgenden Abschnitte beschäftigen sich im Wesentlichen mit häufig verwendeten Zusammenhangsmaße für metrische und nicht-metrische Variablen.

8.1 Korrelationen zweier metrischer Variablen

Das Prinzip der Korrelation lässt sich am einfachsten an einigen Grafiken demonstrieren. In Abbildung 8.1 sind vier Koordinatensysteme zu sehen, in denen die Werte für je eine X und eine Y Variable eingetragen werden. Die Lage der Werte bestimmen dann den Korrelationskoeffizienten r. Dieser Koeffizient misst die Stärke des linearen Zusammenhangs zwischen den Ausprägungen der Variablen X und den Ausprägungen der Variablen Y. Der Wert hat dabei die folgenden Bedeutungen:

- Ein negativer Wert in der Nähe von -1 bedeutet eine starke negative Beziehung zwischen den Variablen. Wird also die Variable X größer, wird gleichzeitig die Variable Y kleiner.

- Ein Wert um 0 bedeutet, dass keine lineare Beziehung zwischen den beiden Variablen besteht. Wenn die Werte der Variablen X also größer werden können die Werte der Variable Y mal größer mal kleiner werden oder auch gleich bleiben.

- Ein positiver Wert in der Nähe von +1 bedeutet eine starke positive Korrelation. Wenn die Variable X größer wird, wird die Variable Y mit hoher Wahrscheinlichkeit auch größer.

Dabei ist zu berücksichtigen, dass eine hohe Korrelation nicht gleichbedeutend mit einer Kausalbeziehung zwischen den Variablen ist. So lassen sich hohe Korrelationen zwischen Merkmalen berechnen, zwischen denen sachlogisch keine kausale Beziehung bestehen kann. Ernst Wagemann (1935) führt einige solcher unsinnigen Korrelationen in seinem lesenswerten „Narrenspiegel der Statistik" auf: unter anderem wurden bereits hohe Korrelationen zwischen Milchpreisen und Aktienkursen berechnet.

In Abbildung 8.1 sind vier einfache Streudiagramme zu sehen, in denen die Variablen X und Y eingezeichnet sind. An den Grafiken ist zu erkennen, welchem Schema der Korrelationskoeffizient folgt:

Korrelationsdiagramm 1: Hier liegt eine vollständige Korrelation zwischen der Variablen X und der Variablen Y vor. Der Korrelationskoeffizient r hat den Wert $r = 1$. Dem Diagramm ist zu entnehmen, dass ein hoher Wert der X Variablen auch ein hoher Wert der Y Variable entspricht.

Korrelationsdiagramm 1

Korrelationsdiagramm 2

Korrelationsdiagramm 3

Korrelationsdiagramm 4

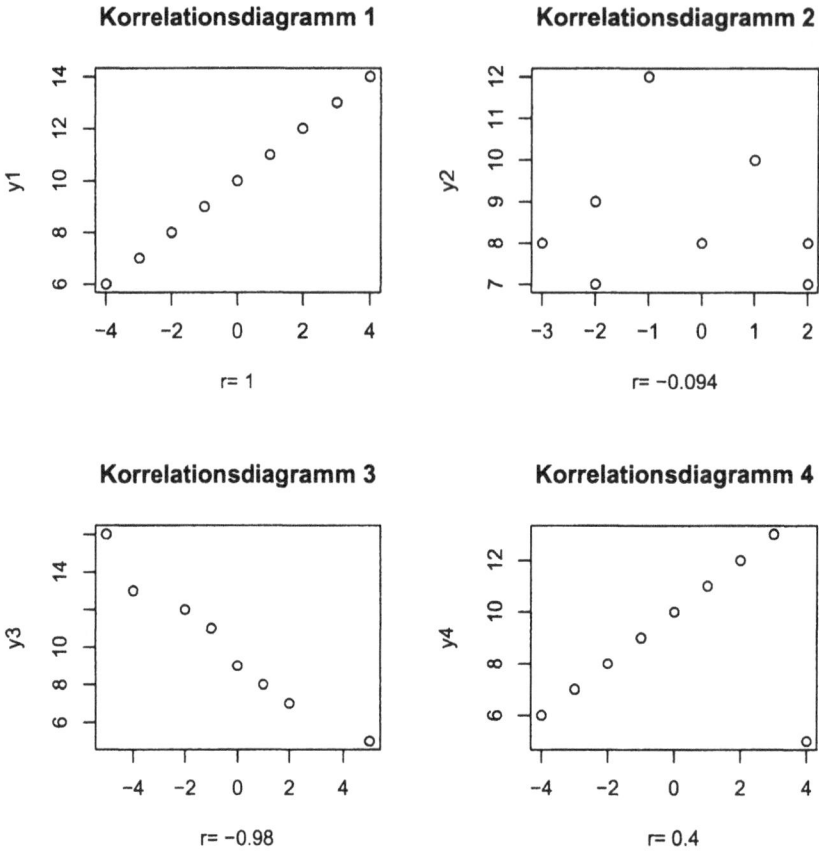

Abbildung 8.1: Vier Beispiele für Korrelationsdiagramme

Korrelationsdiagramm 2: Hier besteht kein Zusammenhang zwischen der X und der Y Variablen. Ein hoher X-Wert muss nicht zwangsweise einen hohen Y-Wert bedingen. Das schlägt sich auch im Korrelationskoeffizienten nieder. Der Wert beträgt $r = -0.094$ und liegt damit nahe der Null.

Korrelationsdiagramm 3: Diese Grafik stellt das spiegelbildliche Verhalten des ersten Korrelationsdiagrammes dar. Ein hoher Wert auf der X-Achse entspricht einem niedrigen Wert auf der Y-Achse. Ausgedrückt wird dieses Verhältnis durch einen negativen Korrelationskoeffizienten von $r = -0.98$. Der Zusammenhang ist stark (hoher Wert) und negativ.

Korrelationsdiagramm 4: Die letzte Grafik zeigt, wie stark der Korrelationskoeffizient von einzelnen Werten beeinflusst werden kann. In diesem Diagramm hat sich im Gegensatz zum ersten Diagramm, nur der letzte Wert der Y-Variable geändert (von 14 auf 5). Der Korrelationskoeffizient ist dennoch drastisch von $r = 1$ auf $r =$

0.4 gesunken. Ein „Ausreißer" kann den Korrelationskoeffizienten also sehr stark beeinflussen.

8.1.1 Berechnung des Korrelationskoeffizienten r

Um den einfachen Korrelationskoeffizienten zu berechnen, wird auf das Konzept der Varianz zurückgegriffen. Im Prinzip misst dieser Koeffizient, wie stark die gemeinsame Variation zweier Variablen ist. Die gemeinsame Variation zweier Variablen nennt sich *Kovarianz* und berechnet sich als Erwartungswert der Abweichungen von den jeweiligen Mittelwerten, also:

$$\sigma_{xy} = E[(X - \mu_x)(Y - \mu_y)] \tag{8.1}$$

Der einfache Korrelationskoeffizient entspricht nun der Kovarianz im Verhältnis zu den Varianzen der Variablen, also

$$r = \frac{Cov(XY)}{\sqrt{Var(X) \cdot Var(Y)}}$$

Durch die Varianzen im Nenner dieses Quotienten wird das Korrelationsmaß Maßstabsunabhängig.

Der klassische Korrelationskoeffizient ist auch als *„Bravais-Pearson-Korrelation"* oder *Produkt-Moment-Korrelation* bekannt. *Karl Pearson* (1857-1963) muss zu den bedeutsamsten Statistikern gezählt werden. Er studierte Mathematik, Physik, Metaphysik, Mittelhochdeutsch und Folklore in Cambridge, Heidelberg und Berlin. Er veröffentlichte viele wissenschaftliche Werke, unter denen *Grammar of Science* zu den Hauptwerken gehört. Erst spät (um 1894) widmete er sich der Statistik und entwarf hier einige noch heute für die frequentistische Statistik zentrale Konzepte (u.a. den χ^2-Test, vgl. S. 196). Den Korrelationskoeffizienten als Zusammenhangsmaß zweier Variablen kannte Pearson allerdings schon aus den Arbeiten Bravais des Jahres 1846. Die Übertragung auf sozialwissenschaftliche Phänomene, der Pearson wenig Chancen einräumte, erfolgte dann durch seinen Schüler Yule.

Der Korrelationskoeffizient ρ wird nach Formel 8.2 berechnet.

$$\rho_{xy} = \frac{\sigma_{xy}}{\sqrt{\sigma_x^2 \sigma_y^2}} \tag{8.2}$$

Dabei ist die *Kovarianz* nach Formel 8.1 entsprechend definiert:

$$\sigma_{xy} = \frac{\sum_{i=1}^{n}(x_i - \mu_x) \cdot (y_i - \mu_y)}{n} \tag{8.3}$$

Unter Kürzung von n bzw. $n-1$ ergibt sich als empirischer Korrelationskoeffizient:

$$r_{xy} = \frac{\sum_{i=1}^{n}(x_i - \bar{x})(y_i - \bar{y})}{\sqrt{\sum_{i=1}^{n}(x_i - \bar{x})^2 \cdot \sum_{i=1}^{n}(y_i - \bar{y})^2}} \tag{8.4}$$

Wird die Kovarianz als Schätzer für die Kovarianz der Grundgesamtheit aus einer Stichprobe ermittelt, muss in Formel 8.3 $n - 1$ als Nenner eingesetzt werden (vgl. Formel 6.3).

8.1.2 Berechnen des einfachen Korrelationskoeffizienten mit R

Zwar steht in R zur Berechnung eines Korrelationskoeffizienten der Befehl cor zur Verfügung, zum besseren Verständnis soll die Korrelation zwischen zwei Vektoren einmal manuell berechnet werden. Dazu werden die einzelnen Elemente der Formel 8.4 in Variablen gespeichert und anschließend zum Korrelationskoeffizienten zusammengeführt.

Progammbeispiel 8.1

```
my.cor <- function(x,y){
    if(length(x)!=length(y)){
        stop("Fehler: Vektoren müssen gleich lang sein!")}
    cov.xy <- sum((x-mean(x))*(y-mean(y)))
    sx <- sum((x-mean(x))^2)
    sy <- sum((y-mean(y))^2)
    r <- cov.xy/sqrt(sx*sy)
    return(r)
}
```

Hier ist zu berücksichtigen, dass dieses Beispiel vorwiegend der Nachvollziehbarkeit dient. Um eine technisch ausgereiftere Version zu bekommen, müssten weitere Fehlerbehandlungsroutinen programmiert werden. Eventuell nicht vorhandene Werte (NA) müssten außerdem abgefangen werden.

All dies ist in der R-internen Variante cor bereits vorgesehen. Diese Funktion kann außerdem Korrelationen von Matrizen erstellen. Als Beispiel soll die Korrelationsmatrix des Datensatzes airquality berechnet werden.

Progammbeispiel 8.2

```
> cor(airquality, use = "complete.obs")
            Ozone     Solar.R       Wind       Temp        Month          Day
Ozone    1.00000000  0.34834169 -0.61249658  0.6985414  0.142885168 -0.005189769
Solar.R  0.34834169  1.00000000 -0.12718345  0.2940876 -0.074066683 -0.057753801
Wind    -0.61249658 -0.12718345  1.00000000 -0.4971897 -0.194495804  0.049871017
Temp     0.69854141  0.29408764 -0.49718972  1.0000000  0.403971709 -0.096545800
Month    0.14288517 -0.07406668 -0.19449580  0.4039717  1.000000000 -0.009001079
Day     -0.00518977 -0.05775380  0.04987102 -0.0965458 -0.009001079  1.000000000
```

Der Datensatz enthält sechs numerische Variablen mit Informationen über die Luftqualität in New York an verschiedenen Tagen. Die Funktion cor berechnet alle Korrelationen zwischen diesen sechs Variablen. Da für einige Tage die Messwerte fehlen (NA) muss für den Befehl die Option use auf complete.obs gesetzt werden. Diese Option eliminiert alle Zeilen (Fälle) aus der Berechnung, bei denen in *einer* Variablen ein Wert fehlt.

In der multivariaten Statistik wird häufiger die Varianz-Kovarianz Matrix benötigt. In dieser sind die Kovarianzen zwischen den Variablen festgehalten (vgl. auch Seite 223). Sie kann mit der Funktion cov erstellt werden. Bei der mit cov berechneten Kovarianz handelt es sich um die empirische Kovarianz mit dem Nenner $n - 1$ (siehe Seite 206).

8.1.3 Hypothesentests über den Korrelationskoeffizienten

Wenn nun der Korrelationskoeffizient berechnet wurde, kennt man Richtung und Stärke des linearen Zusammenhanges. Im Folgenden soll nun überprüft werden, ob der Zusammenhang signifikant ist. Wichtig dabei ist, dass hier nur von einem linearen Zusammenhang zwischen zwei Variablen gesprochen werden kann. Die Produkt-Moment-Korrelation bezeichnet eine lineare Beziehung zwischen zwei Variablen. Zur Überprüfung einer Hypothese über eine vorhandene Korrelation zwischen zwei intervallskalierten Variablen müssen diese aus einer bivariaten normalverteilten Grundgesamtheit entstammen.[A] Sind diese Voraussetzungen gegeben, lässt sich der quadrierte Korrelationskoeffizient r^2 als Anteil der gemeinsamen Varianz beider Variablen interpretieren (vgl. Kapitel 9). Bei Verletzung der Voraussetzungen ist der Korrelationskoeffizient nicht mehr interpretierbar, da er verzerrt wird. Oftmals ist nicht einmal mehr zu bestimmen, ob eine Über- oder Unterschätzung vorliegt. In einer Zufallsstichprobe aus einer bivariat-normalverteilten Grundgesamtheit kann der empirische Korrelationskoeffizient jedoch als konsistenter, wenn auch nicht erwartungstreuer Schätzer für den Parameter ρ der Grundgesamtheit angesehen werden.

Der folgende Hypothesentest hat sich gegenüber Verletzungen der Verteilungsvoraussetzungen als äußerst robust erwiesen (siehe Bortz (1999), S. 205). Sogar bei Verletzungen der notwendigen Intervallskalierung der Variablen liefert dieser Test valide Ergebnisse. Überprüft wird im *Test auf Unabhängigkeit zweier metrischer Variablen* die Hypothese, ob der Korrelationskoeffizient in der Grundgesamtheit gleich Null ist. Die Nullhypothese lautet für den zweiseitigen Test:

$$H_0 : \rho = 0 \text{ vs. } H_1 : \rho \neq 0$$

Die Teststatistik wird berechnet über

$$t = \frac{r\sqrt{n-2}}{\sqrt{1-r^2}} \tag{8.5}$$

Der Annahmebereich der Nullhypothese für den zweiseitigen Test berechnet sich dementsprechend als

$$P\left(-t_{n-2;1-\frac{\alpha}{2}} < \frac{r\sqrt{n-2}}{\sqrt{1-r^2}} < t_{n-2;1-\frac{\alpha}{2}}\right) = 1 - \alpha_0$$

Wenn man nun aus einer Grundgesamtheit, in der ein Zusammenhang zwischen zwei Variablen besteht immer wieder Korrelationskoeffizienten für verschiedene Stichproben aus dieser Grundgesamtheit berechnen würde, erhielte man eine schiefe Verteilung über die Menge aller Korrelationskoeffizienten aus diesen Stichproben. Bei $\rho > 0$ wäre die Verteilung linksschief und bei $\rho < 0$ wäre sie rechtsschief. R. A. Fischer zeigte, dass sich diese Verteilung in annähernd standardnormalverteilte Werte transformieren ließ. Diese Transformation ist als *Fischers Z-Transformation* bekannt. Sie lautet:

$$z_T = \frac{1}{2} \cdot \ln\left(\frac{1+r}{1-r}\right). \tag{8.6}$$

Mit Hilfe dieser Transformation lässt sich nun ein allgemeiner Hypothesentest über Korrelationshypothesen formulieren. Für diesen Test ist eine große Stichprobe ($n > 30$) notwendig. Die Hypothese für einen zweiseitigen Test lautet hier:

$$H_0 : \rho = \rho_0 \text{ vs. } H_1 : \rho \neq \rho_0$$

[A]zur bivariaten Normalverteilung siehe Kreyszig (1988), S. 312.

Die Teststatistik wird berechnet über:

$$z = \left| z_T - \left(z_{T_0} + \frac{\rho_0}{2(n-1)} \right) \right| \sqrt{n-3} \qquad (8.7)$$

Dabei wird für z_T Fischers Z-Transformation mit dem empirischen oder zu testenden r vorgenommen. An der Stelle z_{T_0} wird der theoretische Korrelationskoeffizient ρ_0 der Grundgesamtheit eingesetzt. Die Teststatistik ist dann standardnormalverteilt mit $z_{1-\alpha_0/2}$. Für einen einseitigen Test müssen die Betragsstriche in Formel 8.7 durch Klammern ersetzt werden, so dass nicht der Betrag dieser Summe sondern die tatsächliche Summe berechnet wird.

Test auf Korrelation mit R

In R steht die Funktion cor.test zur Verfügung, mit der sich verschiedene Korrelationskoeffizienten und deren Signifikanz berechnen lassen. In der Standardeinstellung wird mit cor.test getestet ob die Korrelation zwischen zwei metrischen Variablen nach Formel 8.4 signifikant von Null abweicht. Dabei wird für große Fallzahlen die Teststatistik nach Formel 8.5 berechnet. Liegen mindestens vier Beobachtungen je Variable vor, wird eine Intervallschätzung für den wahren Korrelationskoeffizienten ρ in der Grundgesamtheit ermittelt. Das Konfidenzintervall beruht auf der Transformation nach Formel 8.6.

Auf Seite 206 ist im Beispiel 8.2 die Korrelationsmatrix des Datensatzes airquality dargestellt. Nun soll überprüft werden, ob der Korrelationskoeffizient zwischen der Sonneneinstrahlung (Solar.R) und der Temperatur (Temp) signifikant ist.

Progammbeispiel 8.3

```
> cor.test(airquality$Solar.R, airquality$Temp)

        Pearson's product-moment correlation

data:  airquality$Solar.R and airquality$Temp
t = 3.4437, df = 144, p-value = 0.0007518
alternative hypothesis: true correlation is not equal to 0
95 percent confidence interval:
 0.1187113 0.4194913
sample estimates:
      cor
0.2758403
```

Die überprüfte Nullhypothese lautet, dass zwischen Sonneneinstrahlung und Temperatur kein Zusammenhang besteht. Diese Nullhypothese kann abgelehnt werden. Der entsprechende p-value beträgt 0.0007518. Das Ergebnis ist also hochsignifikant. Das 95% Konfidenzintervall reicht von 0.12 bis 0.42. Die empirische Korrelation beträgt $r_{xy} = 0.2758403$.

8.2 Korrelation nichtmetrischer Variablen

Um Zusammenhänge zwischen nichtmetrischen Variablen zu messen stehen verschiedene Maße zur Verfügung. Da in R *Spearmans Rangkorrelationskoeffizient* und *Kendalls τ* implementiert sind, sollen diese beiden Zusammenhangsmaße vorgestellt werden. Kendalls

τ wurde als Verbesserung zu Spearman's ρ eingeführt, da der Rangkorrelationskoeffizient nach Spearman sehr empfindlich auf Bindungen in den Daten reagiert. Bis heute konnte sich Spearman's ρ allerdings halten und ist in den meisten Statistikanwendungen zu finden. Das Zusammenhangsmaß τ nach Kendall hat sich als Ergänzung zusätzlich etabliert.

8.2.1 Spearmans Rangkorrelationskoeffizient ρ

Liegen Daten einer ordinalskalierten Variablen vor, lässt sich Spearmans ρ berechnen. Es ist ein Korrelationskoeffizient, der auf der Rangsumme basiert, die ähnlich wie bei dem Kruskal-Wallis Test (Abschn. 7.3.2) oder dem Whitney-Mann Testverfahren (Abschn. 7.3.2) ermittelt wird. Spearmans ρ wird nach Formel 8.8 berechnet:

$$r_S = 1 - \frac{6 \sum_{i=1}^{n} (R_x - R_y)^2}{n(n^2 - 1)} \tag{8.8}$$

In der Literatur wird die Differenz der Ränge von X_i und Y_i $R_x - R_y$ oft auch mit d_i bezeichnet.[B]

Das folgende Beispiel soll die Verwendung dieses Korrelationskoeffizienten demonstrieren. Zur Durchführung des Beispiels wird wieder der Beispielsdatensatz `kultur.dat` verwendet (siehe S. 1). In diesem Beispieldatensatz sind die Variablen `POT.KA` und `IN.CARD` enthalten. `POT.KA` enthält ordinal skalierte Werte als Antwort auf die Frage

„Wie bewerten Sie das kulturelle Angebot (kulturelle Einrichtungen und Veranstaltungen) Ingolstadts im Hinblick auf dessen Potential für eine touristische Inwertsetzung?“

Als Antwort stand den Befragten ein fünfstufiges Ranking von *sehr negativ* (Wert 5) bis *sehr positiv* (Wert 1) zur Verfügung.
`IN.CARD` enthält ebenfalls ordinal skalierte Werte. Diese sind die Antwort auf die Frage

„Wie bewerten Sie die Einführung einer so genannten 'Ingolstadt-Card', die verschiedene touristische Angebote bündelt und möglicherweise zu einem Sonderpreis anbietet?“

Auch hier war ein fünfstufiges Ranking möglich.
Es soll nun mittels des Rangkorrelationskoeffizienten nach Spearman überprüft werden, ob ein Zusammenhang zwischen diesen beiden Variablen besteht. Der Rangkorrelationskoeffizient kann nur im Zusammenhang mit der Funktion `cor.test` berechnet werden (vgl. Seite 208). Mit dieser Funktion kann der Koeffizient berechnet und zugleich auf Signifikanz überprüft werden.

Progammbeispiel 8.4

```
> cor.test(kultur$POT.KA, kultur$IN.CARD,
+          method = "spearman")


          Spearman's rank correlation rho
```

[B]Zur Herleitung dieser Formel siehe Conover (1971), S. 252ff. und Büning und Trenkler (1978), Absch. 8.4.

```
data:  kultur$POT.KA and kultur$IN.CARD
S = 25345, p-value = 0.3245
alternative hypothesis: true rho is not equal to 0
sample estimates:
     rho
0.13379
```

```
Warning message:
p-values may be incorrect due to ties in:
cor.test.default(kultur$POT.KA, kultur$IN.CARD,
method = "spearman")
```

Diese Prozedur berechnet zunächst eine Teststatistik S und gibt deren Wahrscheinlichkeit mit p-value = 0.3245 an.[C] Es wird die Nullhypothese überprüft, dass der Rangkorrelationskoeffizient Spearmans ρ_S gleich Null ist und damit kein Zusammenhang zwischen den Variablen besteht. Anschließend wird der berechnete Wert für Spearmans ρ_S ausgegeben. Für das vorliegende Beispiel beträgt er $\rho_S = 0.13379$. Dieser Wert liegt – genau wie der Korrelationskoeffizient nach Pearson – zwischen den Werten $-1 \leq \rho_S \leq 1$. Dem Beispiel 8.4 ist zu entnehmen, dass die Nullhypothese angenommen wird. Es besteht demzufolge kein Zusammenhang zwischen der Bewertung des kulturellen Potenzials der Stadt Ingolstadt und der Zustimmung zur Einführung einer „Ingolstadt-Card“. Am Ende des Testes wird jedoch eine Warnung ausgegeben. Aufgrund der in den Daten enthaltenen Bindungen (vgl. Seite 192) könnte der p-value verzerrt sein.

In der Literatur wird darauf hingewiesen, dass Spearmans ρ_S nicht geeignet ist, wenn in den Daten mehr als 20 Prozent Bindungen vorhanden sind. Mit folgendem Programm lässt sich überprüfen, ob dies in den Beispieldaten der Fall ist:

Progammbeispiel 8.5

```
ties <- function(x){
    tab <- table(rank(x))
    tab <- as.matrix(tab)
    ties.rank <- length(tab[tab[,1]>1])
    nr.ranks <- length(unique(rank(x)))
    nr.ties <- length(x)-nr.ranks+ties.rank
    rel.ties <- round(nr.ties/length(x), 4)
    return(cbind(nr.ties, rel.ties))
    }
```

Das Programm zur Ermittlung von Bindungen wurde gleich als Funktion angelegt, so dass allein durch Aufruf der Funktion ties die Anzahl der Bindungen ermittelt werden kann. In der Regel sollte ein Vektor mit Ordinaldaten an diese Funktion übergeben werden. Wird eine Matrix übergeben, so werden die Bindungen in der *gesamten* Matrix und nicht die Bindungen pro Spalte berechnet.

In den Daten der Variable POT.KA befinden sich demnach

```
> ties(kultur$POT.KA)
      nr.ties rel.ties
[1,]      58   0.9831
```

[C]Details zur Berechnung dieser Teststatistik finden sich bei Büning und Trenkler (1978).

58 Bindungen, was einem Anteil von ca. 98 Prozent entspricht. Es versteht sich, dass die Anzahl der Bindungen höher ist, je weniger verschiedene Ausprägungen in der Variablen zur Verfügung stehen. Da in der Variablen POT.KA das 20-Prozent-Kriterium deutlich überschritten wird, ist der Rangkorrelationskoeffizient nach Spearman nicht sehr gut interpretierbar. Zwar gibt es alternative Berechnungen dieses Koeffizienten,[D] es ist allerdings oft sinnvoller, auf ein anderes Zusammenhangsmaß zurückzugreifen, wie z.B. das im nächsten Abschnitt vorgestellte Kendalls τ.

8.2.2 Kendalls Rangkorrelationskoeffizient τ

Kendalls τ ist ein weiteres Zusammenhangsmaß für ordinalskalierte Variablen. Auch hier werden – wie bei Spearmans ρ – Rangplätze vergeben. Wie in der Teststatistik U im Mann-Whitney Test werden nun die Inversionen ermittelt (vgl. S. 190). Das bedeutet hier, dass alle Ränge der Variablen Y ermittelt werden, die kleiner sind als der Rang der Ausprägung y_i. Die Anzahl der Inversionen werden mit I_i bezeichnet. Der Korrelationskoeffizient kann nun mittels Formel 8.9 ermittelt werden.

$$\tau = 1 - \frac{4\sum_{i=1}^n I_i}{n(n-1)} \qquad (8.9)$$

Um die Teststatistik durchzuführen, wird eine approximativ standardnormalverteilte Prüfgröße berechnet, die in R als z.tau bezeichnet ist. Sie kann über Formel 8.10 berechnet werden.

$$z_\tau = \frac{n(n-1)\cdot\tau}{2\sqrt{n(n-1)(2n+5)/18}} \qquad (8.10)$$

Um den Korrelationskoeffizienten nach Kendall in R berechnen zu lassen, muss lediglich die Option method der Funktion cor.test geändert werden:

Progammbeispiel 8.6

```
> cor.test(kultur$POT.KA, kultur$IN.CARD,
+          method = "kendall")


        Kendall's rank correlation tau

data:  kultur$POT.KA and kultur$IN.CARD
z.tau = 1.3225, p-value = 0.186
alternative hypothesis: true tau is not equal to 0
sample estimates:
      tau
0.1215123
```

Das Zusammenhangsmaß weist mit $\tau = 0.1215$ einen etwas niedrigeren Wert auf als Spearmans ρ_S. Die Wahrscheinlichkeit der Nullhypothese ist deutlich geringer (p-value = 0.186), dennoch wird auch hier die Nullhypothese angenommen, dass kein Zusammenhang zwischen den Variablen besteht.

Kendalls τ fällt in der Regel kleiner aus als Spearmans ρ_S. Dennoch führen die Teststatistiken häufig zum selben Resultat. Für Zusammenhänge ordinaler Daten empfiehlt sich meistens neben der Analyse statistischer Kennzahlen auch das Erstellen von Kreuztabellen und Grafiken. Diese können mögliche Zusammenhänge visuell andeuten.

[D]Vgl. z.B. Bortz (1999), S. 224.

8.3 Literatur und Befehlsregister

8.3.1 Literatur

Zur Vertiefung der Inhalte dieses Kapitels wird folgende Literatur empfohlen:

- Für die nichtparametrischen Zusammenhangsmaße: Büning und Trenkler (1978)

- Allgemeiner Überblick: Litz (1997)

- Vertiefend: Kreyszig (1988)

- Weitere Zusammenhangsmaße im Überblick: Hartung (1991)

8.4 Kurzregister neuer Befehle

Funktion	Beschreibung	Seite
cor	Berechnet die Korrelation zwischen zwei Vektoren oder den Spalten einer Matrix	206
cor.test	Testet auf Korrelation für verschiedene Korrelationskoeffizienten	208
cov	Berechnet die Kovarianz für Vektoren und Matrizen	206

9 Regressionsanalyse

Die Regressionsanalyse ist als Methode, Zusammenhänge zwischen metrischen Variablen zu beschreiben, wohl eine der zentralsten Anwendungen in der Statistik. Vor allem in der Ökonometrie ist sie Kernstück zur Beschreibung ökonomischer Zusammenhänge. Neben der klassischen linearen Einfachregression, die Zusammenhänge zwischen zwei metrischen Variablen beschreibt, gibt es Erweiterungen dieses Modells. Wird der Einfluss mehrerer Variablen auf eine Variable analysiert, spricht man von einer multiplen Regression. Nichtlineare Zusammenhänge zwischen Variablen lassen sich mittels einer nichtlinearen Regression analysieren, während die logistische Regression es erlaubt, eine metrische Variable durch nominalskalierte Variablen zu erklären. Allen Modellen gemeinsam ist, dass Veränderungen in einer Variablen durch das Vorhandensein einer oder mehrerer anderer Variablen erklärt werden soll. Die Variable, deren Veränderung erklärt werden soll wird in der Literatur meist als *abhängige Variable* bezeichnet. In der Psychologie wird hierfür auch der Begriff *Kriteriumsvariable* benutzt, um zu verdeutlichen, dass es sich bei der Beziehung zwischen den Variablen nicht zwingend um eine enge Kausalbeziehung handeln muss. Vielmehr soll die festgestellte Regressionsbeziehung als Indikation für eine Beziehung aufgefasst werden (vgl. Bortz (1999), S. 174).

Die erklärenden Variablen werden *unabhängige Variablen* oder *Prädiktorvariablen* genannt. In einem einfachen Regressionsmodell wird das Vorhandensein einer linearen Wirkung der unabhängigen Variable X auf die abhängige Variable Y postuliert:

$$Y = f(X) \tag{9.1}$$

Angenommen, die Beziehung zwischen den Variablen X und Y sei deterministisch, dann kann jeder Wert der Variablen Y über eine mathematische Transformation der Variablen X berechnet werden. Allgemein ausgedrückt bedeutet das Vorstehende, dass die Variable Y durch den folgenden Ausdruck berechnet werden kann:

$$y_i = a + b \cdot x_i \tag{9.2}$$

Zur Veranschaulichung sollen für die Parameter a und b die Werte $a = 1$ und $b = 0.5$ eingesetzt werden. Diese Funktion ist mit R folgendermaßen zu visualisieren:

Progammbeispiel 9.1

```
a <- 1
b <- 0.5
x <- 1:10
y <- a+b*x
cbind(x,y)
plot(x,y,type="l",xlim=c(0,10),ylim=c(0,10),
```

```
xlab="X-Variable",ylab="Y=1+0.5*X", # Achsenbeschriftung
panel.first=grid(), # Gitternetz
col="red") # Linienfarbe Rot
```

Die mit Programmbeispiel 9.1 erzeugte Grafik zeigt die streng lineare Beziehung zwischen den beiden Variablen. In der Konsolenausgabe hat der `cbind`-Befehl die Werte der Variablen X und Y nebeneinander ausgegeben. Dem ist zu entnehmen, dass die Werte der Variablen Y immer – genau der Transformation entsprechend – die Hälfte des X Wertes plus 1 betragen.

Ziel einer Regressionsanalyse ist jedoch nicht die Beschreibung einer deterministischen Beziehung. Die Variablen, zwischen denen eine Beziehung analysiert werden soll, sind fast immer stochastischer Natur. Neben der systematischen Beziehung die möglicherweise zwischen X und Y besteht, sind den Variablen auch Variationen zu eigen, die nicht systematisch erklärbar sind. Diese Restvariation wird in einem *stochastischen Fehlerterm* ausgedrückt. Die obige Linearbeziehung muss um diesen Term erweitert werden:

$$y_i = \alpha + \beta \cdot x_i + \varepsilon_i \tag{9.3}$$

Der Parameter ε bringt zum Ausdruck, dass neben der systematischen Beziehung zwischen X und Y die Variable Y noch Variationen enthält, die nicht durch Variationen in der Variable X erklärbar sind. Diese Variationen werden als zufällige Variationen beschrieben[A]. In R ist es möglich, diesen Fehlerterm – da er die lineare Beziehung zwischen X und Y stört, wird er auch Störterm genannt – zu simulieren. Dazu sollen in R Zufallszahlen erzeugt werden, die den Fehler simulieren. Da im klassischen Regressionsmodell davon ausgegangen wird, dass der Störterm normalverteilt ist, sollen im folgenden Beispiel auch normalverteilte Zufallswerte erzeugt werden. Die Funktion hierzu lautet `rnorm`. Sie funktioniert in der bereits vorgestellt Weise zur Erzeugung von Zufallszahlen. Der Funktion `rnorm` können drei Argumente übergeben werden: 1. die Anzahl n der Werte die erzeugt werden sollen, 2. der Mittelwert (`mean`) der erzeugten Werte und 3. die Standardabweichung (`sd`) der erzeugten Werte.[B] So erzeugt `rnorm(n=10,mean=0,sd=1)` einen Vektor bestehend aus zehn zufälligen Werten mit einem Mittelwert von 0 und einer Standardabweichung von 1. Voreinstellung für `mean` und `sd` sind 0 und 1.

Um nun einen Störterm in die Gleichung einzubauen, wird das Programmbeispiel 9.1 um die folgenden Zeilen ergänzt:

Progammbeispiel 9.2

```
e <- rnorm(10)
y.e <- a+b*x+e
cbind(x,y,round(y.e,2),round(e,2))
lines(y.e, type="b")
text(9,8,labels="Y=a+b*X+Fehler")
text(1,1,labels="Y=a+b*X",col="red")
```

Damit die Werte der neuen Y Variablen (im Programm mit `y.e` bezeichnet) in das Plot eingezeichnet werden können, muss Programmbeispiel 9.1 bereits ausgeführt worden sein

---

[A]Ein Teil der Variationen kann selbstverständlich auf systematische Beziehungen mit anderen erklärbaren Variablen zurückzuführen sein. Die Einführung weiterer Variablen ist allerdings erst im multiplen Regressionsmodell vorgesehen (siehe S. 220).

[B]weitere Optionen siehe R-Hilfe.

und die dort erzeugte Grafik geöffnet bleiben. Die Funktion `lines` zeichnet dann eine Linie mit den neuen Y-Werten in das vorhandene Plot ein. Das Ergebnis der Programme ist in Abbildung 9.1 zu sehen.

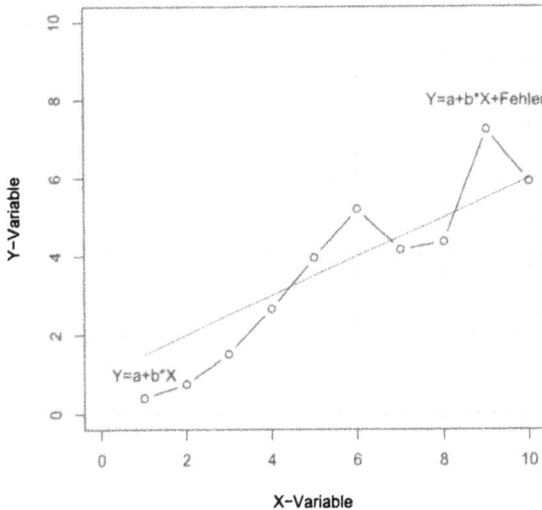

Abbildung 9.1: Ergebnis der Programmbeispiele 9.1 und 9.2

In der Grafik erscheinen nun zwei Linien: eine schwarze und eine rote Linie (in Abb. 9.1 als graue Linie dargestellt). Die rote Linie beschreibt den oben bereits untersuchten deterministischen Zusammenhang zwischen X und Y. Die schwarze Linie beschreibt ebenfalls den Zusammenhang zwischen X und Y. Die lineare Beziehung wird hier nur durch zufällige Schwankungen gestört. Diese machen sich in Abweichungen von der roten – die deterministische Beziehung wiedergebende – Geraden bemerkbar. In der Konsole wurde eine Tabelle mit vier Spalten ausgegeben. Diese enthalten die Werte der Variablen X, die Werte der Variablen Y aufgrund der deterministischen Transformation $y_i = a + bx_i$, die Werte Y-Variablen ergänzt um eine zufällige Störung und die durch `rnorm` erzeugten normalverteilten Zufallswerte. Bei genauer Betrachtung der Werte sieht man, dass die Abweichung zwischen der Variablen `y` und `y.e` eben genau der Zufallswert aus der Variablen `e` ist.

Zwar wird durch das vorstehende R-Programm quasi das Pferd von hinten aufgezäumt. Das Prinzip einer einfachen Regression wird jedoch deutlich, wenn man das Beispiel „umdreht": Mit Hilfe der Regression wird versucht, den „Wenn..., dann..." Teil einer Beziehung zweier stochastischer Variablen zu extrahieren. Anders ausgedrückt: die Regression soll den Anteil einer Beziehung zwischen zwei zufälligen Variablen ausfindig machen helfen, der eben *nicht* zufällig ist, sondern einer bestimmten Struktur folgt.

9.1 Grundlagen der einfachen Regressionsanalyse

Während im obigen Programmbeispiel 9.1 zunächst eine deterministische Funktion erzeugt und anschließend durch einen Zufallsfaktor ergänzt wurde, liegen in der Realität Daten aus Zufallsstichproben von Prozessen vor, deren Funktionalität oft unbekannt ist und eben mit Hilfe der Regression offen gelegt werden soll. Die Fragestellung der Regression ist also: Wie lässt sich die optimale Gerade durch eine Punktwolke – erzeugt durch die Datenpunkte von X und Y – finden? Dazu wäre zunächst einmal die Frage zu klären: welches ist überhaupt die optimale Gerade? Zur Klärung dieser Frage soll nochmals zur Abbildung 9.1 zurückgekehrt werden. Die Regression soll eine Gerade finden, mit der die Beziehung zwischen X und Y ohne die zufälligen Störungen beschrieben wird. Optimal wäre es, wenn die Störungen gleich Null wären. Da sie aber vorhanden sind, gibt man sich mit dem Nächstbesten zufrieden: die Störungen – oder die zufälligen Abweichungen von der Geraden – sollten so gering wie möglich sein. Dies ist der Fall, wenn die Abweichung zwischen jedem einzelnen Datenpunkt XY und der optimalen Geraden möglichst klein ist. Die Methode, mit der man diesen Zustand ermittelt, nennt sich *Methode der kleinsten Quadrate*. Wie der Name bereits anklingen lässt, werden nicht einfach die geringsten Abstände zwischen den gegebenen Datenpunkten und den Datenpunkten der Geraden ermittelt. Damit sich die einzelnen Abstände nicht zu Null aufsummieren, wird die Summe der quadrierten Abstände minimiert. In der folgenden Formel steht y_i für die Werte aus einem Datensatz oder einer Stichprobe und $\hat{y}_i$ symbolisiert die Datenpunkte der gesuchten Gerade:

$$\sum_{i=1}^{n}(y_i - \hat{y}_i)^2 = min! \tag{9.4}$$

Mit Hilfe dieser Methode werden Schätzer für die Parameter einer Gleichung ermittelt, mit der die optimale Gerade konstruiert werden kann. Im Falle der Einfachregression zwischen zwei Variablen würden die Parameter $\hat{\alpha}$ und $\hat{\beta}$ der Gleichung $\hat{y}_i = \hat{\alpha} + \hat{\beta} \cdot x_i + \varepsilon_i$ geschätzt. Konsequenterweise wird dieser Schätzer *Kleinste-Quadrate-Schätzer* (KQS) genannt.

✖ Mit Hilfe der Differentialrechnung lässt sich das Minimum der Fehlerquadrate bestimmen. Dazu wird die Gleichung 9.2 in Gleichung 9.4 eingesetzt:

$$\sum_{i=1}^{n}(y_i - \hat{y}_i)^2 = \sum_{i=1}^{n}(y_i - (a + bx_i))^2 = min!$$

Das Minimum dieser Gleichung in Abhängigkeit der Parameter α und β wird nun gefunden, in dem partiell nach α und β abgeleitet wird und diese Ableitungen gleich Null gesetzt werden, denn zum Vorhandensein eines lokalen Extremwertes einer Funktion ist $f'(x) = 0$ notwendige Bedingung. Um festzustellen, ob tatsächlich ein Minimum der Funktion vorliegt, muss weiterhin geprüft werden, ob die zweite Ableitung positiv ist ($f''(x) > 0$). Zur besseren Übersichtlichkeit wird die Gleichung zunächst umformuliert:

$$
\begin{aligned}
f(\alpha, \beta) &= \sum_{i=1}^{n}(y_i - (\alpha + \beta x_i))^2 \\
&= \sum_{i=1}^{n}(y_i^2 - 2\alpha y_i - 2\beta x_i y_i + \beta^2 x_i^2 + 2\alpha\beta x_i + \alpha^2) \\
&= \sum_{i=1}^{n} y_i^2 - 2\alpha \sum_{i=1}^{n} y_i - 2\beta \sum_{i=1}^{n} x_i y_i + \beta^2 \sum_{i=1}^{n} x_i^2 + 2\alpha\beta \sum_{i=1}^{n} x_i + n \cdot \alpha^2
\end{aligned}
$$

Nun wird diese Gleichung jeweils nach α und β partiell abgeleitet und die erste Ableitung gleich Null gesetzt. Für α ergibt sich somit:

$$\frac{\partial f(\alpha, \beta)}{\partial \alpha} = 0$$

$$-2 \sum_{i=1}^{n} y_i + 2\beta \sum_{i=1}^{n} x_i + 2 \cdot n \cdot \alpha = 0 \tag{9.5}$$

Dementsprechend wird für β abgeleitet:

$$\frac{\partial f(\alpha, \beta)}{\partial \beta} = 0$$

$$-2 \sum_{i=1}^{n} x_i y_i + 2\beta \sum_{i=1}^{n} x_i^2 + 2\alpha \sum_{i=1}^{n} x_i = 0 \tag{9.6}$$

Wie leicht nachvollziehbar ist, ergibt sich aus 9.5 für α nun

$$\alpha = \bar{y} - \beta \bar{x} \tag{9.7}$$

Wird nun Gleichung 9.6 in Gleichung 9.7 eingesetzt und der resultierende Ausdruck ausgeklammert und umgestellt, lässt sich β berechnen:

$$\beta = \frac{n \sum_{i=1}^{n} x_i y_i - \sum_{i=1}^{n} x_i \cdot \sum_{i=1}^{n} y_i}{n \sum_{i=1}^{n} x_i^2 - \left(\sum_{i=1}^{n} x_i \right)^2} \tag{9.8}$$

Bei genauer Betrachtung fällt auf, dass diese Formel eine große Ähnlichkeit mit der Gleichung 8.4 zur Berechnung des Korrelationskoeffizienten aufweist. Tatsächlich erhält man mit einigen Umformungen für β

$$\beta = \frac{\sum_{i=1}^{n} (x_i - \bar{x})(y_i - \bar{y})}{\sum_{i=1}^{n} (x_i - \bar{x})^2} = \frac{Cov(X, Y)}{Var(X)}$$

Während der Korrelationskoeffizient r also als Relation zwischen Kovarianz und Produkt der Einzelvarianzen definiert ist, wird der Steigungsparameter β als Kovarianz dividiert durch Varianz von X ausgedrückt (vgl. Box auf Seite 218 und Programmbeispiel 9.3).

Progammbeispiel 9.3

```
data(faithful) # ein Beispieldatensatz
attach(faithful) # wird Attached
x <- eruptions # zur besseren Übersichtlichkeit
y <- waiting
cov.xy < - cov(x,y)
b <- cov.xy/var(x)
r <- cov.xy/(sd(x)*sd(y))
b.alt <- r*sd(y)/sd(x)
# b und b.alt liefern nun das gleiche Ergebnis:
> b
[1] 10.72964
> b.alt
[1] 10.72964
```

✖ Der Korrelationskoeffizient r nach Bravais-Pearson wurde in Kapitel 8 als mit den Standardabweichungen standardisierte Kovarianz vorgestellt:

$$\frac{Cov(X,Y)}{\sqrt{Var(X) \cdot Var(Y)}}$$

Der Regressionsparameter β wird nun als Kovarianz dividiert durch die Varianz von X dargestellt:

$$\frac{Cov(X,Y)}{Var(X)}$$

Beide Gleichungen drücken eine lineare Beziehung zwischen den Variablen X und Y aus. Daher lässt sich auch eine Beziehung zwischen den beiden Größen β in der Regression und r in der Korrelation feststellen. Der Steigungsparameter β kann auch über die Korrelation berechnet werden. Damit aus

$$\frac{Cov(X,Y)}{\sqrt{Var(X) \cdot Var(Y)}}$$

der Ausdruck

$$\frac{Cov(X,Y)}{Var(X)}$$

wird, muss folgendermaßen erweitert werden:

$$\frac{Cov(X,Y)}{\sqrt{Var(X) \cdot Var(Y)}} \cdot \sqrt{\frac{Var(Y)}{Var(X)}}$$

Damit erhält man für β:

$$\beta = r \cdot \sqrt{\frac{Var(Y)}{Var(X)}}$$

Dieser Zusammenhang lässt sich in R numerisch nachvollziehen (vgl. Beispiel 9.3).

9.1.1 Varianzzerlegung in der Regressionsanalyse

Um diejenige Linie zu finden, mit der die Beziehung zwischen den Variablen x und y optimal beschrieben wird, müssen die Parameter α und β aus dem vorhandenen Datenmaterial geschätzt werden. Wie bei jeder statistischen Schätzung besitzen diese Parameter daher auch eine Fehlervarianz. Je geringer diese Varianz ist, desto genauer ist die Schätzung, d.h. desto geringer sind die Abstände zwischen den y-Werten und der Geraden. Die gesuchte Varianz bzw. Standardabweichung wird *Standardfehler* der Regression genannt. Für die Grundgesamtheit wird sie über

$$s_e = \sqrt{s_y^2 - b^2 \cdot s_x^2} \tag{9.9}$$

berechnet. Diese Standardabweichung bringt also die Streuung der Abweichungen zwischen den tatsächlich gemessenen Werten und den vorhergesagten Werten ($y_i - \hat{y}_i$) zum Ausdruck. Diese Werte werden auch als *Residuen* bezeichnet. Mit Hilfe des Standardfehlers lässt sich ein Konzept erläutern, welches die Güte einer Regressionsbeziehung bewertbar macht. Neben der Varianz der Residuen (dem Standardfehler) ist des Weiteren noch die gesamte Varianz der Datenwerte y_i bekannt. Von dieser Varianz wird vermutet, dass sie sich durch die Werte des Regressors x_i erklären lässt. Die gesamte Varianz der y_i-Werte kann nun in einen nicht erklärbaren Teil und in einen durch die Varianz in x_i erzeugten Teil zerlegt werden:

$$\frac{1}{n}\sum(y_i - \bar{y})^2 \quad = \quad \frac{1}{n}\sum(y_i - \hat{y}_i)^2 \quad + \quad \frac{1}{n}\sum(\hat{y}_i - \bar{y})^2$$

$$\text{Gesamtvarianz in } Y \; = \; \text{durch } X \text{ nicht erklärbare Varianz} \; + \; \text{durch } X \text{ erklärte Varianz}$$

Welcher Anteil der Gesamtvarianz nun durch die Werte in x_i erklärt werden kann, darüber gibt der *Determinationskoeffizient* R^2 Auskunft. Er wird berechnet als Anteil der erklärten Varianz an der Gesamtvarianz:

$$R^2 = \frac{SAQ_R}{SAQ_G}$$

Die Abkürzung SAQ bedeutet *Summe der Abstandsquadrate* (vgl. Seite 69). Bei der einfachen Regression entspricht R^2 dem quadrierten Korrelationskoeffizienten zwischen den Variablen X und Y.

In Abbildung 9.2 ist die Varianzzerlegung grafisch dargestellt.[C]

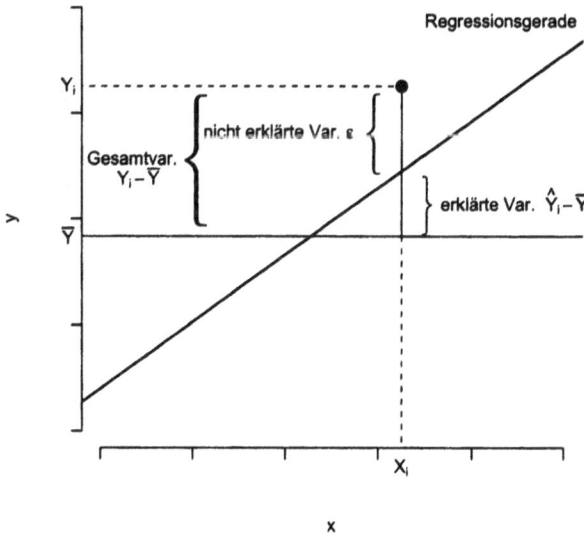

Abbildung 9.2: Die Varianzzerlegung am Beispiel eines einzelnen Datenpunktes

---

[C]Der R-Code der Abbildung befindet sich im Anhang A (Programmbeispiel A.7).

9.2 Multiple Regression

In der multiplen Regression wird eine abhängige Variable Y durch mehrere unabhängige Variablen X erklärt. Erst ein multiples Regressionsmodell erlaubt es, Aussagen über den gleichzeitigen Einfluss mehrerer unabhängiger Variablen auf eine zu erklärende Variable zu machen. In praktischen Fragestellungen ist diese Konstellation häufig anzutreffen. Das klassische multiple Regressionmodell ist an einige Voraussetzungen geknüpft, deren Verletzung zu verzerrten oder inkonsistenten Schätzern der Regressionsparameter führt. Im Folgenden soll nur das klassische Modell vorgestellt werden. Hat man es mit veränderten Voraussetzungen zu tun, muss weiterführende Literatur konsultiert werden. In R sind neben dem klassischen Modell eine ganze Reihe weiterer Lösungen implementiert.

In der multiplen Regression werden statt einer unabhängigen Variable X derer mehrere beobachtet. Das lineare Modell aus Gleichung 9.2 muss daher erweitert werden:

$$y_i = \beta_0 + \beta_1 x_{i1} + \beta_2 x_{i2} + \ldots + \beta_k x_{ik} + \varepsilon_i \tag{9.10}$$

Es werden nun k unabhängige Variablen x_i in die Regression einbezogen. Für jede dieser unabhängigen Variablen muss ein Regressionsparameter $\hat{\beta}_k$ geschätzt werden. Der Parameter α wurde hier in β_0 umbenannt, da er gemeinsam mit den anderen Parametern geschätzt wird.

Da bei einer multiplen Regression der Datensatz bereits in einer matrizenähnlichen Form vorliegt, bietet es sich an, die multiple Regression mit den Mitteln der linearen Algebra anzugehen. In der Matrixschreibweise können alle zu schätzenden Parameter $\hat{\beta}$ in einen Vektor geschrieben werden und alle unabhängigen Variablen x_i in eine Matrix:

$$\mathbf{y} = \mathbf{X}\beta + \varepsilon \tag{9.11}$$

$$\begin{pmatrix} y_1 \\ y_2 \\ \vdots \\ y_i \end{pmatrix} = \begin{pmatrix} 1 & x_{11} & x_{12} & \ldots & x_{1k} \\ 1 & x_{21} & x_{22} & \ldots & x_{2k} \\ \vdots & \vdots & \ddots & \ldots & \vdots \\ 1 & x_{i1} & x_{i2} & \ldots & x_{ik} \end{pmatrix} \cdot \begin{pmatrix} \beta_0 \\ \beta_1 \\ \vdots \\ \beta_k \end{pmatrix} + \begin{pmatrix} \varepsilon_1 \\ \varepsilon_2 \\ \vdots \\ \varepsilon_k \end{pmatrix}$$

Da der Achsenabschnitt α der linearen Regression hier gleich mitgeschätzt wird (als β_0), ist es notwendig, die Matrix mit den unabhängigen Variablen um eine Spalte zu erweitern. Der Einservektor in der ersten Spalte der Matrix $\mathbf{X}$ dient also zur Schätzung des Achsenabschnittes β_0.

9.2.1 Voraussetzungen der multiplen Regressionsanalyse

In der multiplen linearen Regression werden an die Qualität der Daten Voraussetzungen geknüpft. Verletzungen dieser Voraussetzungen können zu verzerrten oder inkonsistenten Schätzern führen. Mitunter können dann alternative Schätzer zu besseren Ergebnissen führen. Es ist daher ein wichtiger Teil jeder Regressionsanalyse, die Daten auf diese Voraussetzungen hin zu überprüfen. Hier sei jedoch auf weiterführende Literatur verwiesen, da eine Auseinandersetzung in einer Einführung zu weit führen würde (Literaturhinweise finden sich wie immer am Ende des Kapitels). Wie eine solche Überprüfung eines Regressionsmodells auf seine Voraussetzungen mit R durchgeführt wird, kann in Venables und Ripley (2002) nachgelesen werden.

Die wichtigsten Voraussetzungen, die an das Datenmaterial zur Durchführung einer linearen Regression gestellt werden, sollen hier kurz angeführt werden.

1. Erwartungswert der Fehler ist über alle Datenpunkte gleich Null

$$E\left(\varepsilon_t\right) = 0 \text{ für alle } t = 1, \ldots, n \tag{9.12}$$

2. Varianzgleichheit der Fehler (Homoskedastizität)

$$Var\left(\varepsilon_t\right) = E\left(\varepsilon_t^2\right) = \sigma^2 \text{ für alle } t = 1, \ldots, n \tag{9.13}$$

3. Unkorreliertheit der Fehler

$$Cov\left(\varepsilon_t, \varepsilon_{t-j}\right) = E\left(\varepsilon_t \varepsilon_{t-j}\right) = 0 \text{ für } j \neq 0 \tag{9.14}$$

4. Normalverteilte Residuen

$$\varepsilon_t \sim N\left(0; \sigma^2\right) \text{ für alle } t = 1, \ldots, n \tag{9.15}$$

9.2.2 Schätzung der Parameter β (KQS)

Wie bei der univariaten Regression, so müssen auch in der multiplen Regression die Regressionsparameter so geschätzt werden, dass der Abstand der Datenpunkte zur linearen Beziehung minimiert wird. Im Gegensatz zur univariaten Schätzung ist dieser Vorgang im multiplen Fall nicht mehr so einfach grafisch zu verdeutlichen.

Es wird nun ein Vektor $\hat{\beta}$ bestimmt, der die Regressionsparameter enthält.

$$\hat{\beta} = (\mathbf{X}'\mathbf{X})^{-1}\mathbf{X}\mathbf{y} \tag{9.16}$$

Der erste Wert dieses Vektors (β_0) entspricht dem Achsenabschnitt α im univariaten Fall. Die weiteren Werte stellen die jeweiligen Regressionsparameter für die unabhängigen Variablen dar. Ein Regressionsparameter lässt sich auch in der multiplen Regression als Steigungsparameter für die unabhängige Variable x_k interpretieren. Ändert sich der Wert der Variable x_k um eine Einheit, steigt der Wert der abhängigen Variable y um das β_k-fache. Daraus lässt sich ersehen, dass Regressionsparameter mit hohen Werten stärker ins Gewicht fallen (einen stärkeren Einfluss auf y haben) als solche mit niedrigeren Werten. Die Erläuterungen zum *Kleinsten-Quadrate-Schätzer* sollen gleich an einem kleinen Beispiel in R nachvollzogen werden. Dazu werden die folgenden Variablen in R eingegeben.

```
# Berechnung einer Regressionsanalyse (fiktives Beispiel)
nsm <- c(60,20,90,30,40,50,70,55,80,65) #Aenderung Niederschlagsmenge (x1)
ptt <- c(71,51,82,45,67,30,40,90,63,42) # hoechste vorherg. Temp. (F) (x2)
alq <- c(6.1,7.3,10.1,11.2,7.2,10.5,6.7,7.5,5.3,8.9) # Arbeitslosenq. (x3)
vrpt <- c(30,15,23,10,29,6,21,19,31,30) # verkaufte Regenschirme (y)
```

Ein Regenschirmverkäufer möchte nun mit diesen Daten den Absatz der Regenschirme pro Tag (Variable `vrpt`) mittels einer multiplen Regression erklären können. Um das Beispiel den formalen Rechnungen anzupassen, werden die Daten zunächst in eine Matrix $\mathbf{X}$ gespeichert. Die Anzahl der verkauften Regenschirme wird als abhängige Variable in einen Vektor $\mathbf{y}$ eingegeben:

```
b0   <- rep(1,10)    # Einheitsvektor
mat <- cbind(b0,nsm,ptt,alq)
X    <- mat  # Ergibt eine 4x10 Matrix
y    <- vrpt # 1x10 Vektor (zu erklaerende Variable)
n    <- length(y)
```

Die Variable X enthält nun den Einservektor zur Schätzung des Achsenabschnittes der linearen Regression β_0 (Variable b0) und die drei unabhängigen Variablen. Der Deutlichkeit halber wurde die abhängige Variable vrpt in y umbenannt.

Damit der Code in R übersichtlich bleibt, ist es sinnvoll, die Formel 9.16 in Einzelschritten zu berechnen:

```
# Skalarprodukt einer 4x10 Matrix mit einer 10x4 Matrix
# ergibt eine 4x4 Matrix
XX<-t(X)%*%X
# Gibt die Inverse von XX (welche quadratisch ist) zurueck
# (invXX ist die Loesung zu XX%*%XX^-1=I)
invXX<-solve(XX)
# Vektor mit den Schaetzern fuer beta (4x1)
bhat<-invXX%*%t(X)%*%y
> bhat

            [,1]
b0   29.01886560
nsm   0.14782433
ptt   0.06983442
alq  -2.46960493
```

Die Variable bhat enthält nun also die vier Regressionsparameter: b0 ist der Achsenabschnitt, nsm der geschätzte Steigungsparameter für die Variable nsm, ptt der geschätzte Steigungsparameter für die Variable ptt und alq der geschätzte Steigungsparameter für die Variable alq. Die lineare multiple Regressionsgleichung lautet nun demnach:

$$y_i = 29.02 + 0.148 \cdot \text{nlm} + 0.07 \cdot \text{ptt} - 2.47 \cdot \text{alq} + \varepsilon_i$$

Die Werte der abhängige Variable können durch diese lineare Beziehung jetzt bis auf einen Fehler ε erklärt werden. Die Gleichung ist dabei folgendermaßen zu interpretieren.

- Sind alle unabhängigen Variablen gleich 0 (keine Änderung der Niederschlagsmenge, Temperatur von $0°F$ und keine Arbeitslosen), können 29.01 Regenschirme pro Tag abgesetzt werden(β_0).

- Ändert sich die Niederschlagsmenge um 1 ml, so steigt der Regenschirmverkauf um das 0.148-fache an.

- Pro Grad Fahrenheit, welches mehr vorhergesagt wird, kann der Verkäufer die 0.07-fache Menge an Regenschirmen mehr pro Tag verkaufen.

- Steigt die Arbeitslosenquote um ein Prozent, fällt der Regenschirmabsatz des Verkäufers um 2.47.

Es bleibt nun zu klären, ob tatsächlich alle Regressionsparameter signifikant zur Erklärung der abhängigen Variable y beitragen. Dazu lassen sich zunächst einmal die Residuen berechnen. Die Residuen sind die nicht erklärbaren Abstände zwischen den tatsächlichen Datenpunkten y_i und den durch die Regression vorhergesagten Werten $\hat{y}_i$, also der Fehlerterm ε_i in der Regressionsgleichung. Um die Residuen zu berechnen, müssen die aus der Regression vorhergesagten Werte berechnet werden. Da die vorhergesagten Werte jene sind, die sich bei Anwendung der Regressionsgleichung ohne Fehler ergeben, können diese über

$$\hat{\mathbf{y}} = \mathbf{X}\hat{\beta}$$

berechnet werden. Die Residuen ergeben sich dann über

$$\hat{\varepsilon} = \hat{\mathbf{y}} - \mathbf{y}.$$

In R ist dazu folgendes einzugeben:

```
yhat <- X %*% bhat
ehat <- y - yhat
```

In Formel 9.9 wurde die Varianz für eine univariate Einfachregression berechnet. In der multiplen Regression kann für jeden Regressionsparameter die Varianz berechnet werden. Hinzu kommt, dass zwischen den Regressionsparametern eine Kovarianz existiert. Diese Varianzen und Kovarianzen werden gemeinsam in einer Matrix dargestellt. In der multiplen Regression wird statt der einfachen Varianz häufig die *Varianz-Kovarianz-Matrix* angegeben. Dieser Matrix lassen sich wichtige Informationen über die Regression entnehmen.

Um die Varianz-Kovarianz-Matrix zu berechnen, muss zunächst die Varianz der Kleinste-Quadrate-Schätzer berechnet werden. Die Varianz der Kleinste-Quadrate-Schätzer σ^2_{KQS} entspricht dem Erwartungswert der quadrierten Residuen:

$$\sigma^2_{KQS} = \frac{1}{n} \sum_{i=1}^{n} \varepsilon_i^2.$$

Da zwischen den Regressionsparametern der Grundgesamtheit β_k und den mittels KQ geschätzten Parametern $\hat{\beta}_k$ ein Unterschied besteht, muss für die Varianz der Regressionsparameter ein unverzerrter Schätzer berechnet werden. Dazu wird der Erwartungswert der quadrierten Fehler mit den Freiheitsgraden des Modells korrigiert.

Zur Berechnung der Freiheitsgrade wird für jeden Regressionsparameter der Wert für n um eins verringert ($df = n - p$). Im Beispiel beträgt $n = 10$. Im Regressionsmodell kommen vier Parameter vor: $\beta_0, \dots, \beta_3$. Das Modell besitzt demnach 6 Freiheitsgrade ($df = 6$). Die Varianz der Kleinste-Quadrate-Schätzer beträgt nun[D]

$$\hat{s}^2_{KQS} = \hat{\varepsilon}'\hat{\varepsilon} \cdot \frac{1}{n-p}$$

wobei p die Anzahl der Parameter inklusive des Achsenabschnitts β_0 ist. In R berechnet sich der Wert dementsprechend

---

[D]$\varepsilon'\varepsilon = \sum_{i=1}^{n} \varepsilon_i^2.$

```
#Zwischenschritt: Berechnung der Freiheitsgrade des Modells
p <- dim(X)[2]-1 # Anzahl der Parameter p=0,...,p.
dfM <- dim(X)[1]-(p+1) # df=n-(p+1)
# Varianz der Fehlerschaetzer s2KQ
s2KQ <- (t(ehat)%*%ehat)/dfM
```

Die Varianz-Kovarianz-Matrix kann nun mittels

$$Var\left(\hat{\beta}\right) = \hat{s}^2_{KQS}\left(\mathbf{X}'\mathbf{X}\right)^{-1} \tag{9.17}$$

berechnet werden:

```
# s2KQ zum Vektor umwandeln
s2KQ <- as.vector(s2KQ)
# Varianz-Kovarianz-Matrix
VarCov <- invXX * s2KQ
> VarCov
            [,1]         [,2]         [,3]         [,4]
i    213.5536415 -0.551212454 -1.036967398 -14.58983931
nsm   -0.5512125  0.011806024 -0.003618741   0.01241633
ptt   -1.0369674 -0.003618741  0.015677310   0.04068876
alq  -14.5898393  0.012416327  0.040688761   1.427043
```

Da s2KQ als Matrix erzeugt wurde, muss es hier zunächst in einen Vektor umgewandelt werden. Anschließend kann es als Skalar mit dem bereits weiter oben berechneten Ausdruck $(\mathbf{X}'\mathbf{X})^{-1}$ multipliziert werden. Das Ergebnis ist eine 4×4 Matrix, auf deren Hauptdiagonale sich die Varianzen der Regressionsparameter β_k befinden. Auf der Nebendiagonale sind die Kovarianzen zwischen den verschiedenen Regressionsparametern zu finden.

Test über die Regressionsparameter

Mit der Varianz-Kovarianz-Matrix erhält man nun auch die Varianzen der geschätzten Regressionsparameter. Damit lassen sich nun Konfidenzintervalle für diese Parameter angeben. Außerdem kann getestet werden, ob sich der geschätzte Parameter signifikant von Null unterscheidet. Ist dies nicht der Fall, dann hat die zugehörige Variable keinen nachweisbaren Einfluss auf die abhängige Variable.
Die zweiseitigen Konfidenzintervalle werden mittels der Standardabweichung des jeweiligen Regressionsparameters berechnet. Die Standardabweichung erhält man, in dem die Quadratwurzel aus dem entsprechenden Wert der Varianz-Kovarianz-Matrix berechnet wird. Da die Varianz geschätzt wird, muss das Konfidenzintervall mittels der t-Verteilung berechnet werden:

$$\left[\hat{\beta}_k - t_{df;1-\frac{\alpha}{2}} \cdot \sqrt{Var(\hat{\beta}_k)} \leq \hat{\beta}_k \leq \hat{\beta}_k + t_{df;1-\frac{\alpha}{2}} \cdot \sqrt{Var(\hat{\beta}_k)}\right] \tag{9.18}$$

Konkret lässt sich diese Berechnung in R folgendermaßen nachvollziehen:

```
# Varianz der Schaetzer der Regressionsparameter
> s2bhat <- diag(VarCov)
```

```
> s2bhat
[1] 213.55364150   0.01180602   0.01567731   1.42704307
# Standardabweichung von s2bhat
> sbhat <- sqrt(s2bhat)
> sbhat
[1] 14.6134747  0.1086555  0.1252091  1.1945891
# t-Wert fuer alpha=0,1 bei zweiseitigem Konfidenzintervall
> tval <- qt(0.95, dfM)
> tval
[1] 1.943180
# Intervall Delta
> del <- tval * sbhat
# Obere Grenze des Intervalls
> bdo <- bhat + del
# Untere Grenze des Intervalls
> bdu <- bhat - del
# Matrix mit den oberen und unteren Grenzen des KI-Intervalls
> KI95 <- cbind(bdu, bdo)
> KI95
            [,1]        [,2]
i     0.62225044 57.4154808
nsm  -0.06331295  0.3589616
ptt  -0.17346935  0.3131382
alq  -4.79090682 -0.1483030
```

Hier wurden zunächst mittels diag die Werte der Hauptdiagonalen der Varianz-Kovarianz-Matrix – also die Varianzen der Regressionsparameter – entnommen. Anschließend wurde die Standardabweichung und der t-Wert für ein 90%-Konfidenzintervall berechnet. Das Produkt aus t-Wert und Standardabweichung ergeben die jeweilige Abweichung des Konfidenzintervalls nach oben und nach unten vom geschätzten Regressionsparameter.

Schon an den Konfidenzintervallen lassen sich Informationen über die Signifikanz der Regressionsparameter entnehmen. Ist der Wert 0 in das Intervall eingeschlossen, liegt die Vermutung nahe, dass der Parameter nicht signifikant ist. Ein t-Test bringt hier Gewissheit im statistischen Sinne.

Mit Hilfe des folgenden Testverfahrens wird die Nullhypothese $H_0 : \hat{\beta}_k = 0$ überprüft.

$$\pm t = \frac{\hat{\beta}_k - 0}{\sqrt{Var(\hat{\beta}_k)}} \tag{9.19}$$

Erst die Überschreitung eines positiven bzw. Unterschreitung eines negativen $t_{df;1-\frac{\alpha}{2}}$-Wertes lässt den Schluss zu, dass der entsprechende Regressionsparameter und damit die dazugehörige unabhängige Variable mit der gegebenen Wahrscheinlichkeit einen signifikanten Einfluss hat.

Auch dieser Schritt soll im R-Beispiel durchgeführt werden:

```
# Hypothesentests ueber die einzelnen Parameter beta fuer beta = 0
# empirischer t-Wert. Wird mit tval verglichen
```

```
> temp <- bhat/sbhat
# Betrag der t-Werte, um den Vergleich mit den negativen Werten zu ersparen
> temp <- abs(temp)
# Kann die Nullhypothese beibehalten werden?
> temp < tval


      [,1]
  i   FALSE
  nsm TRUE
  ptt TRUE
  alq FALSE
```

Die Nullhypothese kann für die Regressionsparameter der Variablen nsm und ptt beibehalten werden. Diese Variablen haben also keinen signifikanten Einfluss auf die unabhängige Variable.

Wie bereits in der univariaten Einfachregression erläutert, lässt sich auch in der multiplen Regression der *Determinationskoeffizient* R^2 als Gütemaß des Regressionsmodells heranziehen. Auch im multiplen Modell wird R^2 als Anteil der erklärten Varianz an der Gesamtvarianz interpretiert. Daraus ergibt sich, dass der Determinationskoeffizient als Wert zwischen 0 und 1 realisiert wird. Liegt er in der Nähe von 0, hat das Modell kaum oder keine Erklärungskraft. Liegt der Koeffizient bei 1, erklären die unabhängigen Variablen die abhängige Variable vollständig. Werden mehrere Modelle berechnet, in denen verschiedene Variablen einfließen, um eine abhängige Variable zu erklären, so lassen sich die verschiedenen Determinationskoeffizienten miteinander vergleichen. Es sollte allerdings nicht allein der mathematischen Logik überlassen bleiben, ob das Modell mit dem höchsten R^2 auch jenes ist, welches den gegebenen Kausalzusammenhang am besten erklärt. Hier ist die fachliche Intuition und Kompetenz des Experten bei der Auswertung gefragt.

Bei der Interpretation des multiplen Determinationskoeffizienten ist zu berücksichtigen, dass dieser bei Hinzunahme weiterer Variablen nicht abnimmt, auch wenn die neu hinzukommenden Variablen wenig zur Verbesserung des Modells beitragen. Ziel einer Regressionsanalyse sollte aber sein, eine abhängige Variable mit möglichst wenigen Variablen möglichst gut zu erklären. Damit dieses Ziel erreicht werden kann, wird bei einer Regressionsanalyse Standardgemäß auch der sogenannte *angepasste Determinationskoeffizient* R^2_{adj} ausgegeben. Dabei wird die Hinzunahme neuer Variablen in das Modell quasi „bestraft". So wird der Beziehung zwischen der Aufnahme neuer Variablen und dem Erklärungsgehalt des Modells genüge geleistet. Der angepasste Determinationskoeffizient berechnet sich über

$$R^2_{adj} = 1 - \frac{n-1}{n-(p+1)}\left(1-R^2\right).$$ (9.20)

Eine Herleitung dieser Berechnung findet sich in Poddig (2000), S. 250.

9.2.3 Durchführung einer multiplen linearen Regression in R

Mit den bis zu diesem Abschnitt vorgestellten Mitteln lässt sich der Output einer linearen Regressionsanalyse in R interpretieren. Eine multiple lineare Regressionsanalyse wird in R als *lineares Modell* bezeichnet. Die entsprechende Funktion, mit der ein solches Modell

berechnet werden kann heißt dem entsprechend lm. Diese Funktion ist sehr viel umfangreicher als das man mit ihr nur lineare Regressionsmodelle berechnen könnte. Der gesamte
Umfang kann im Rahmen dieser Einführung allerdings nicht dargestellt werden. Möchte
man R zur Schätzung linearer Modelle in der Praxis einsetzten wird empfohlen, die entsprechende Fachliteratur zu studieren.

Im Folgenden soll ein einfaches Beispiel für eine lineare Regression anhand des Datensatzes
swiss vorgestellt werden. Der Datensatz besteht aus 6 Variablen zu 47 Fällen. Sie enthalten sozioökonomische Daten aus der Schweiz des Jahres 1888. Die folgenden Variablen
sind enthalten:

```
> names(swiss)
 "Fertility"
 "Agriculture"
 "Examination"
 "Education"
 "Catholic"
 "Infant.Mortality"
```

Die Bedeutung der einzelnen Variablen lässt sich der Onlinehilfe zu R entnehmen:

- Fertility: Fertilitätsrate

- Agriculture: Prozentualer Anteil der Beschäftigten im Agrarbereich

- Examination: Anteil der Wehrdienstleistenden, die bei den Tests zur Einberufung
  die höchste Note erhalten haben

- Education: Anteil der Wehrdienstleistenden, die ein über die Volksschule hinausge-
  hende Bildung erhalten haben

- Catholic: Anteil der Katholiken

- Infant.Mortality: Kindersterblichkeit gemessen als Anteil der Kinder, die weniger
  als ein Jahr leben, an der Gesamtbevölkerung

Für das Regressionsbeispiel soll nun die Fertilität durch andere Variablen erklärt werden.
Zunächst wird eine Einfachregression durchgeführt, anhand derer der R-Output erklärt
werden kann.

Progammbeispiel 9.4

```
> mod1 <- lm(Fertility ~ Catholic, data= swiss)
> summary(mod1)

Call:
lm(formula = Fertility ~ Catholic, data = swiss)

Residuals:
     Min       1Q    Median       3Q      Max
-35.3087   -4.0602    0.5107   6.8510   16.6816
```

```
Coefficients:
            Estimate Std. Error t value Pr(>|t|)
(Intercept) 64.42826    2.30510  27.950  < 2e-16 ***
Catholic     0.13889    0.03956   3.511  0.00103 **
---
Signif. codes:  0 '***' 0.001 '**' 0.01 '*' 0.05 '.' 0.1 ' ' 1

Residual standard error: 11.19 on 45 degrees of freedom
Multiple R-Squared: 0.215,      Adjusted R-squared: 0.1976
F-statistic: 12.33 on 1 and 45 DF,  p-value: 0.001029
```

Mit der Funktion lm wird das lineare Regressionsmodell erzeugt. Es wird hier im Beispiel gleich in eine Variable mod1 gespeichert, so dass die Ergebnisse des Modells später zur Verfügung stehen. Die Notation der Regression folgt im Prinzip der Formelnotation, wie sie bereits früher vorgestellt wurde (vgl. S. 183). Auf der linken Seite der Tilde wird die abhängige Variable aufgeführt, auf der rechten Seite die unabhängigen Variablen. Möchte man die Variablen nicht in der absoluten Schreibweise (swiss$Fertility) notieren, so ist mit der zusätzlichen Option data anzugeben, aus welchem Datensatz die Variablen stammen.

Nachdem das Modell erzeugt und in der Variablen mod1 abgespeichert wurde, lässt sich eine Modellzusammenfassung mit der Funktion summary erzeugen. Ruft man das Modell mit dieser Funktion auf, liefert R einen Überblick über die zentralen Ergebnisse der Regressionsanalyse. Zunächst werden deskriptive Statistiken der Residuen ausgegeben. Anhand dieser Ergebnisse lässt sich ein erster Eindruck über die Verteilung der Residuen gewinnen. Diese sollten für eine multiple Regressionsanalyse etwa normalverteilt sein.

Anschließend werden die Koeffizienten in einer Tabelle ausgegeben. In der ersten Spalte wird aufgeführt, für welchen Koeffizienten die jeweiligen Werte gelten. Die erste Zeile betrifft dabei immer den so genannten *Intercept*. In der einfachen Regression entspricht das dem Achsenabschnitt, in der multiplen Regression entspricht das dem ersten Regressionskoeffizienten β_0. Im nächsten Absatz werden die einzelnen Koeffizienten mit dem Variablennamen benannt, zu dem sie gehören.

In der zweiten Spalte, die mit Estimate überschrieben ist, sind die Kleinste-Quadrate-Schätzer der Regression zu finden. Die drei nächsten Spalten liefern Werte, mit denen die Güte der Schätzer eingeordnet werden kann. Spalte drei enthält den Standardfehler des KQS und Spalte vier den dazu gehörigen t-Wert, wie er in Formel 9.19 berechnet wurde. Die Wahrscheinlichkeit, dass dieser t-Wert bei gegebener Stichprobe realisiert wird, ist in Spalte fünf (Pr(>|t|)) wiedergegeben. Die Sterne am Ende jeder Zeile geben an, auf welchem Signifikanzniveau der jeweilige Parameter mindestens signifikant ist. Dabei hat die Anzahl der Sterne jeweils die folgende Bedeutung:

Signif. codes: 0 '***' 0.001 '**' 0.01 '*' 0.05 '.' 0.1 ' ' 1 ,

wie auch unter der Koeffizententabelle mit ausgegeben wurde.

In den letzten drei Zeilen der R-Ausgabe werden Informationen zum gesamten Modell geliefert. Die erste Zeile enthält die Streuung der Residuen und die dazugehörigen Freiheitsgrade. In der darauffolgenden Zeile sind der Determinationskoeffizient und der korrigierte Determinationskoeffizient (vgl. Formel 9.20) wiedergegeben.

Die letzte Zeile enthält die Ergebnisse eines Hypothesentests, mit dem die Signifikanz des gesamten Modells überprüft wird. Die zugrunde liegende Teststatistik wird folgendermaßen berechnet:

$$F_{mod} = \frac{R^2 \cdot df}{(1 - R^2) \cdot k} \tag{9.21}$$

Dabei ist die Teststatistik F_{mod} F-verteilt mit k Freiheitsgraden im Zähler und df Freiheitsgraden im Nenner. Die Freiheitsgrade des Modells werden berechnet als n abzüglich der Anzahl der Parameter im Modell minus eins:

$$df = n - k - 1$$

In der Nullhypothese wird vermutet, dass kein Regressionsparameter signifikant ist. Die Alternativhypothese vermutet dementsprechend, dass mindestens ein Parameter β_k signifikant auf die abhängige Variable wirkt.

In der letzten Zeile der R-Ausgabe wird der berechnete F-Wert ausgegeben. Hierzu kommen die zugrundeliegenden Freiheitsgrade des F-Wertes und die daraufhin berechnete Signifikanz.

Im Beispiel 9.4 wurde eine Regressionsanalyse durchgeführt, bei der die Variable `Fertility` als abhängige Variable durch den Anteil katholischer Einwohner im Kanton erklärt werden sollte. Die KQS lieferte die Werte 64.42826 für den Intercept und 0.13889 als Parameter für die Variable `Catholic`. Die Regressionsgleichung müsste demnach lauten:

$$\text{Fertility}_i = 64.42826 + 0.13889 \cdot \text{Catholic}_i + \varepsilon_i$$

Die Fertilitätsrate (als Wert zwischen 0 und 100) liegt also in Kantonen ohne Katholische Bevölkerung (`Catholic = 0`) bei ca. 64. Steigt der Anteil katholischer Einwohner um ein Prozent, so erhöht sich die Fertilität im Kanton ca. um 0.14. Beide Parameter sind signifikant, der Intercept mit drei Sternen höchstsignifikant und die Variable `Catholic` mit zwei Sternen mindestens auf einem Signifikanzniveau von $\alpha = 0.01$.

Da es sich im vorliegenden Beispiel um ein einfaches Regressionsmodell mit einer unabhängigen Variable handelt, hat der angepasste Determinationskoeffizient keine Aussagekraft. Der einfache Determinationskoeffizent von 0.215 besagt, dass das vorliegende Modell 21.5 Prozent der Varianz in der abhängigen Variablen erklärt. Das Modell kann als signifikant angesehen werden, worüber auch die F-Statistik in der letzten Zeile der Ausgabe informiert.

Erweiterung des Modells zur multiplen Regression

Im nächsten Schritt sollen nun weitere Variablen in das Modell aufgenommen werden. Dazu gibt es zwei Möglichkeiten. Zunächst wird die Möglichkeit vorgestellt, dass Modell mit mehreren Variablen neu zu formulieren. Die unabhängigen Variablen werden dabei durch ein Summenzeichen verbunden auf der rechten Seite der Tilde notiert:

```
> mod2 <- lm(Fertility ~ Catholic + Agriculture, data = swiss)
> summary(mod2)

Call:
lm(formula = Fertility ~ Catholic + Agriculture, data = swiss)
```

```
Residuals:
    Min      1Q  Median      3Q     Max
-29.863  -6.350   1.136   7.476  18.056

Coefficients:
            Estimate Std. Error t value Pr(>|t|)
(Intercept) 59.86392    3.98754  15.013   <2e-16 ***
Catholic     0.11496    0.04274   2.690   0.0101 *
Agriculture  0.10953    0.07848   1.396   0.1698
---
Signif. codes:  0 '***' 0.001 '**' 0.01 '*' 0.05 '.' 0.1 ' ' 1

Residual standard error: 11.07 on 44 degrees of freedom
Multiple R-Squared: 0.2483,     Adjusted R-squared: 0.2141
F-statistic: 7.266 on 2 and 44 DF,  p-value: 0.001876
```

In diesem Beispiel wurde das Modell so modifiziert, dass die abhängige Variable Fertility durch die beiden unabhängigen Variablen Catholic und Agriculture erklärt wird. Die zugehörige Regressionsgleichung lautet

$$\text{Fertility}_i = 59.864 + 0.115 \cdot \text{Catholic}_i + 0.11 \cdot \text{Agriculture}_i + \varepsilon_i$$

Im Vergleich mit dem Modell aus Beispiel 9.4 fällt auf, dass der Intercept etwas niedriger ausfällt. Leben in einem Kanton also sowohl keine Katholiken als auch keine im Agrarbereich tätigen Menschen, liegt die Fertilität bei ca. 59.86. Die Statistik zeigt weiterhin, dass die Variable Agriculture nicht signifikant ist. Auch die Variable Catholic ist weniger signifikant als im ersten Modell. Dies kann daran liegen, dass Agriculture und Catholic nahe beieinander liegende Erklärungsfaktoren sind (Zusammenhang von katholischer Konfession und Beschäftigung im Agrarsektor), so dass der Einfluss, der zuvor mit der Variable Catholic gemessen wurde, sich nun auf diese beiden Variablen aufteilt. An diesem Beispiel ist zu sehen, dass Erklärungsstärke, aber auch Erklärungsrichtung von Variablen sich in verschiedenen Formulierungen eines Modells verändern können.

In diesem Beispiel hat die Hinzunahme der Variable Agriculture keine Modellverbesserung erbracht. Auch der Determinationskoeffizient liegt weiterhin bei nur 0.248 (angepasst: 0.214). Es liegt also nahe, eine weitere Variable aus dem Datensatz einzubinden.

Eine weitere Möglichkeit, ein bestehendes Modell zu erweitern ist mit der Funktion update gegeben. Der Funktion wird ein vorhandenes Modell als Argument angegeben. Anschließend wird der rechte Teil der Formel, der verändert werden soll, neu formuliert:

```
mod3 <- update(mod2, ~ . + Education, data = swiss)
```

Der Punkt (.) vor dem + ist ein Platzhalter für alle bereits im alten Modell vorhandenen Variablen. Hier wird das Modell mit den bereits vorhandenen Variablen Catholic und Agriculture um die Variable Education erweitert. Das neue Modell wurde in mod3 gespeichert. Dieses Modell liefert die folgenden Ergebnisse:

```
Call:
```

```
lm(formula = Fertility ~ Catholic + Agriculture + Education,
    data = swiss)

Residuals:
    Min      1Q  Median      3Q     Max
-15.178  -6.548   1.379   5.822  14.840

Coefficients:
              Estimate Std. Error t value Pr(>|t|)
(Intercept) 86.22502    4.73472  18.211  < 2e-16 ***
Catholic     0.14520    0.03015   4.817 1.84e-05 ***
Agriculture -0.20304    0.07115  -2.854  0.00662 **
Education   -1.07215    0.15580  -6.881 1.91e-08 ***
---
Signif. codes:  0 '***' 0.001 '**' 0.01 '*' 0.05 '.' 0.1 ' ' 1

Residual standard error: 7.728 on 43 degrees of freedom
Multiple R-Squared: 0.6423,     Adjusted R-squared: 0.6173
F-statistic: 25.73 on 3 and 43 DF,  p-value: 1.089e-09
```

Das Regressionsmodell lautet:

$$\text{Fertility}_i = 86.22 + 0.145 \cdot \text{Catholic}_i - 0.203 \cdot \text{Agriculture}_i - 1.07 \cdot \text{Education}_i + \varepsilon_i$$

Hier ist nun zu beobachten, dass der Intercept höher liegt, als in den Vorgängermodellen. Das ist bereits ein erster Hinweis auf den starken Einfluss der neu hinzu gekommenen Variablen Education. Lag die Fertilitätsrate bei den anderen Modellen ohne Katholiken und ohne primären Sektor bei ca. 60, so liegt sie in diesem Modell bei 86, wenn keine höhere Bildung vorhanden ist (Education = 0). Deutlichstes Kennzeichen des starken Einflusses dieser Variablen ist das hochschnellen des Determinationskoeffizienten. Der angepasste Determinationskoeffizient liegt im Modell 3 bei 0.617. Im Vergleich mit dem Vorgängermodell fällt auf, dass die Variable Agriculture jetzt nicht nur signifikant ist, auch hat sie die Einflussrichtung geändert. Steigt der Anteil der Beschäftigten im Agrarsektor, dann sinkt die Fertilität um den Faktor 0.2. Da dies den herkömmlichen Interpretationen von Modernisierungsprozessen entgegenläuft, ist zu vermuten, dass es sich hier um einen Mischeffekt mit der Variable Education handelt. Solche Probleme sind zu berücksichtigen. Es gibt Methoden und Vorgehensweisen, um Probleme dieser Art innerhalb der Regressionsanalyse herauszufinden und zu korrigieren. Diese sind jedoch nicht Bestandteil einer einführenden Statistik.

9.3 Literatur und Befehlsregister

9.3.1 Literatur

Zur Vertiefung der Inhalte dieses Kapitels wird folgende Literatur empfohlen:

- Ein Überblick über die Regressionsanalyse findet sich in den meisten einführenden Statistiklehrbüchern

- Ein praktisch orientiertes Buch, in dem auch die multiple Regression und einige Erweiterungen des KQS diskutiert werden: Chatterjee und Price (1995)

- Die Einbettung des linearen Modells in die multivariate Statistik: Litz (2000)

- Datenmodellierung mit S-Plus: Crawley (2002)

- Methodischer Überblick mit mathematischem Hintergrund: Fox (1997)

- Ökonometrisch orientierte Einführung: Poddig (2000)

- Lehrbuch der Ökonometrie: Greene (2003)

9.4 Kurzregister neuer Befehle

Funktion	Beschreibung	Seite
lm()	Berechnet ein lineares Modell (Regressionsmodell)	227
rnorm()	Erstellt normalverteilte Zufallszahlen	214
update()	Erweitert ein bestehendes lineares Modell	230

A Erweiterte Programmbeispiele

In diesem Anhang befinden sich ausführliche Programmskripte mit denen Grafiken in diesem Text erstellt wurden. Die Beispiele waren teilweise zu weitgehend, um sie in den eigentlichen Text einfließen zu lassen. Da aber einige Techniken angewandt werden, die dem interessierten Leser u.U. von Nutzen sein können, sollen diese Beispiele nicht im Verborgenen bleiben.

R-Code zur Grafik 3.8 auf Seite 95:

Progammbeispiel A.1

```
data(hills, package = MASS)
climb <- hills$climb
rec.time <- hills$time
names(rec.time) <- rownames(hills)
names(climb) <- rownames(hills)
dotchart(sort(rec.time),
    main="The record times in 1984 for 35 Scottish hill races
    \nRecord Times in Minutes",
    pch=19, cex=0.8)
```

R-Code zum Erstellen des gestapelten Säulendiagramms in der rechten Abbildung auf Seite 94

Progammbeispiel A.2

```
tmp <- barplot(p.erwerb,col=c("white","gray90","gray40"),xlim=c(0,1),
                width=0.3, legend.text=TRUE)
text(tmp[1], y=c(p.erwerb[1,1]/2, p.erwerb[1,1]+p.erwerb[2,1]/2,
        sum(c(p.erwerb[1,1],p.erwerb[2,1]))+p.erwerb[3,1]/2),
        labels=round(p.erwerb[,1],2))
text(tmp[2], y=c(p.erwerb[1,2]/2, p.erwerb[1,2]+p.erwerb[2,2]/2,
        sum(c(p.erwerb[1,2],p.erwerb[2,2]))+p.erwerb[3,2]/2),
        labels=round(p.erwerb[,2],2))
title("Vergleich der Erwerbstätigkeit nach Wirtschaftszweigen\n(Jahr 2000)")
```

R-Code mit dem die Histogramme in Abbildung 3.10 auf Seite 97 erzeugt wurden.

Progammbeispiel A.3

```
data(airquality)
window()
par(mfrow=c(2,1))
brk <- c(seq(min(airquality$Wind), max(airquality$Wind), by=0.5), 21)
tmp <- hist(airquality$Wind, breaks = brk, col = "red",
            main = "Histogramm über \nWindgeschwindigkeit (mph)",
            xlab = "40 Unterteilungen", freq = TRUE,
            ylab = "Häufigkeiten",
            axes = FALSE)
axis(1,0:21,cex.axis=0.8)
at.vls <- pretty(seq(min(tmp$counts),max(tmp$counts),5))
axis(2,at.vls,cex.axis=0.8)
brk <- c(seq(min(airquality$Wind), max(airquality$Wind), by=3),21)
tmp <- hist(airquality$Wind, breaks = brk, col = "red",
            main = "Histogramm über \nWindgeschwindigkeit (mph)",
            xlab = "8 Unterteilungen", freq = TRUE,
            ylab = "Häufigkeiten", axes = FALSE)
axis(1,0:21,cex.axis=0.8)
at.vls <- pretty(seq(min(tmp$counts),max(tmp$counts),5))
axis(2,at.vls,cex.axis=0.8)
```

Code zur rechten Grafik (logarithmierte Werte) in Abbildung 3.14 auf Seite 104.

Progammbeispiel A.4

```
year <- row.names(phones)# Vorsicht:is.character
ln.midam <- log(phones[,7])
ln.africa <- log(phones[,6])
ln.nam <- log(phones[,1])
plot(year,ln.midam,ylim=c(min(ln.africa,ln.nam,ln.midam),
    max(ln.africa,ln.nam,ln.midam)+1),type="l",xlab="Jahr",
    main="Anzahl der Telefonanschlüsse in verschiedenen
    Regionen\n(Datensatz Phones)\nLogarithmierte Werte",
    ylab="ln(Anzahl der Anschlüsse in Tausend)")
lines(year,ln.nam,lty=5)
lines(year,ln.africa,lty=3)
legend(x=min(as.numeric(year)),y=max(ln.nam)+1,
    legend=c("Mittelamerika","Nordamerika","Afrika"),
    lty=c(1,5,3),bg='gray90',
    cex=0.7)
```

Alternativ wäre die Legende auch mit locator(1) platzierbar. In diesem Fall würde das Programm unterbrochen und die Legende könnte manuell durch einen Mausklick an eine beliebige Stelle platziert werden.

Weitere Erläuterungen zu diesem Code siehe Text.

R-Code zur Grafik in Abbildung 3.15 auf Seite 106. Dieser Code ist sehr umfangreich. Das Beispiel stellt dar, wie auch komplexe Aufgaben mit R elegant gelöst werden können.[A] Um das Beispiel nachvollziehbar zu gestalten wurden Kommentare eingefügt. Dadurch wirkt es evtl. noch umfangreicher. Es kann aber Schritt für Schritt ausgeführt werden. Der Datensatz kultur.dat ist auf der Internetseite des Autors erhältlich (vgl. Seite 1).

Progammbeispiel A.5

```r
# Laden des Datensatzes
setwd("c:\\temp\\")
kultur <- read.csv2("kultur.dat")

# Definition der Dimensionen (Reihenfolge beachten!)
dim1 <- c("aktiv", "provinziell",
          "fortschrittlich", "trivial",
          "interessant", "einseitig")
dim2 <- c("passiv", "international",
          "rückschrittlich", "elitär",
          "langweilig", "vielseitig")

#Auswahl der zusammengehoerenden Variablen
tmp <- cbind(kultur[c("BE1.A.P", "BE1.P.I",
                      "BE1.F.R", "BE1.T.E",
                      "BE1.I.L", "BE1.E.V")])

# Mittelwert und SD berechnen
mw <- mean(tmp,na.rm=T)
stabw <- sqrt(diag(var(tmp,na.rm=T)))
# SD aufteilen in eine positive
# und eine negative Abweichung
sd.unten <- mw-(stabw/2)
sd.oben <- mw+(stabw/2)

# Aufrufen der Grafik
par(cex.axis=0.8)
# Ein leeres Koordinatensystem ohne Achsen
# aber mit Beschriftung wird erzeugt
plot(NA, NA, xlim = c(1,5), ylim = c(1,6),
        type = "n", ylab = "",
        main = "Ingolstadt als Kulturstadt",
        xlab = "Bewertung",
        sub = "(Note)", axes = F)
# Einzeichnen der Achsen mit Beschriftung
axis(2,at=1:6,labels=dim1,cex=0.7)
axis(4,at=1:6,labels=dim2,cex=0.7)
axis(1,at=1:5,labels=c("++","+","o","-","--"))
```

[A]Wobei die Eleganz in R und nicht etwa im Programmierstil des Autors begründet ist!

```
# Vertikale Orientierungslinien
for (cc in (1:10*0.5)){
    lines(y = 1:length(mw), x = rep(cc, length(mw)),
          col = "lightgrey")
}

# Horizontale Orientierungslinien
for (cc in 1:6){
    lines(x=1:5,y=rep(cc,5),col="lightgrey")
}

# Verbindung zwischen den Mittelwerten
lines(y=1:length(mw),x=mw)
# Mittelwerte als Punkte
points(y=1:length(mw),x=mw,pch=18,cex=1.2)

# Abweichungen nach oben und unten
for (cc in 1:6) {
    lines(y = c(cc,cc), x = c(sd.unten[cc], sd.oben[cc]),
          lwd = 2, col = "darkgrey")
}

# Endpunkte an den Abweichungen (Orientierung!)
points(y=1:6,x=sd.unten,pch=16,col="darkgrey")
points(y=1:6,x=sd.oben,pch=16,col="darkgrey")

# Speichern der Grafik als wmf-Datei
savePlot(filename="kulturstadt",
         type="wmf",device=dev.cur())
dev.off()
```

Weitere Erläuterungen zu diesem Programm sind im Text enthalten.

Mit folgendem R-Code wurde die Abbildung 5.4 erstellt:

```
x<-seq(-5,5,by=.1)
plot(x,dnorm(x,0,1),type="l",
         main = "Die Normalverteilung",
         ylab = "f(x)")
lines(x,dnorm(x,0,2), type = "l")
abline(v=0)
text(1.3,0.36, expression(sigma^2 == 1))
text(2.6,0.13, expression(sigma^2 == 2))
```

Die Tabelle mit den Rangplätzen auf Seite 7.3.2 lässt sich auch mit R generieren. Das folgende Skript zeigt, wie das gemacht wird.

Progammbeispiel A.6

```
mwu.w.ties <- function(x,y, # zwei Vektoren mit den Stpr.
                    n.x=deparse(substitute(x)), # Name der
                    n.y=deparse(substitute(y))) # Variablen extrahieren
   {
   n.x <- rep(n.x,length(x)) # Namen zu Stpr-werten
   n.y <- rep(n.y,length(y)) # zuordnen
   names(x) <- n.x
   names(y) <- n.y
   n <- length(c(x,y))
   gesamt <- as.matrix(sort(c(x,y))) # Werte sortieren
   rang <- rank(gesamt) # Raenge bilden
   rang.mat <- cbind(rang,gesamt)
   return(rang.mat)
   }
```

Die Funktion `mwu.w.ties` erwartet zwei Vektoren mit ordinalskalierten Stichprobenwerten. Als Ausgabe erhält man eine Matrix, die in ihrer Struktur der Tabelle aus dem Beispiel aus Abschnitt 7.3.2 entspricht.

Abbildung 9.2 auf Seite 219 wird mit vielen einzelnen `text`-Befehlen erzeugt. Die Positionierung der Beschriftung erfolgt dabei über den `locator` Befehl. Hier ist besonders gut der Einsatz der `expression` Funktion zu sehen, mit der in Grafiken mathematische Beschriftungen hinzugefügt werden können.

Progammbeispiel A.7

```
# Daten um eine Regressiongerade zu erzeugen
x <- c(2,5,4,7,3,1,6,9,4)
y <- c(1,4,3,6,4,2,5,6,2)
# Berechnen des Modells
mod <- lm(y~x)
# Ein leeres Plot als Grundgeruest
plot(x,y,type = "n", axes = F, xlim = c(0,10), ylim = c(0,8))
# Hinzufuegen der Achsen
axis(1, labels = F)
axis(2, labels = F)
# Linie für den Mittelwert von Y
abline(h = mean(y))
# Beschriftung des Mittelwertes
text(-0.7,mean(y),labels = expression(bar(Y)), xpd = T)
# Regressionsgerade und Beschriftung
abline(mod, lwd = 2)
text(10.5,7.7,labels = "Regressionsgerade", pos = 2, xpd = T)
# Einzeichnen eines Beispielpunktes
points(6.5,6.5,pch = 19, cex = 1.4)
```

```
# Linie vom Punkt zur X-Achse
lines(c(6.5,6.5),c(6.5,mean(y)))
# gepunktete Linie
lines(c(6.5,6.5),c(mean(y),-1), lty = 2)
# Beschriftung X.i
text(6.5,-0.7,labels = expression(X[i]), xpd = T)
# gepunktete Linie
lines(c(-1,6.5),c(6.5,6.5), lty = 2)
############################################################
#### Beschriftung der Varianzen
############################################################
text(-0.7,6.5, labels = expression(Y[i]), xpd = T)
text(6.1,5.6, labels = expression(bgroup("{",phantom(0) , ".")),
    cex = 2.3)
text(5.7,5.6, labels = expression(paste("nicht erklärte Var. ",
    epsilon)), pos = 2).
text(6.9,4.3, labels = expression(bgroup(".",phantom(0) , "}")),
    cex = 1.6)
text(7,4.3, labels = expression(paste(" erklärte Var.   ",
    hat(Y)[i] - bar(Y))), pos = 4)
text(2.6,5.2, labels = expression(bgroup("{",phantom(0), ".")),
    cex=3.5)
text(1.5,4.8, labels = expression(Y[i] - bar(Y)), pos = 2)
text(2,5.2, labels = "Gesamtvar.", pos = 2)
```

Literaturverzeichnis

[Bandelow 1989] BANDELOW, Christoph: *Einführung in die Wahrscheinlichkeitstheorie.* 2. überarb. Auflage. Mannheim : BI-Wissenschaftsverlag, 1989

[Beck 1986] BECK, Ulrich: *Risikogesellschaft. Auf dem Weg in eine andere Moderne.* Suhrkamp, 1986

[Bihn und Gröhn 1996] BIHN, Willi ; GRÖHN, Eckard: *Induktive Statistik. Ein Leitfaden für Wirtschaftswissenschaftler.* 2. Auflage. Köln : Verlag J.C. Witsch Nachf., 1996

[Bleymüller 1994] BLEYMÜLLER, Josef: *Statistische Formeln, Tabellen und Programme.* 7. Auflage. München : Vahlen, 1994

[Bortz 1999] BORTZ, Jürgen: *Statistik für Sozialwissenschaftler.* 5. aktual. Aufl. Heidelberg, New York : Springer-Verlag, 1999

[Bosch 1986] BOSCH, Karl: *Elementare Einführung in die Wahrscheinlichkeitsrechnung.* 5. Auflage. Vieweg, 1986

[Büning und Trenkler 1978] BÜNING, Herbert ; TRENKLER, Götz: *Nichtparametrische statistische Methoden.* Berlin : de Gruyter, 1978

[Chambers 1998] CHAMBERS, John M.: *Programming with Data. A Guide to the S Language.* Berlin, New York : Springer, 1998

[Chatterjee und Price 1995] CHATTERJEE, Samprit ; PRICE, Bertram: *Praxis der Regressionsanalyse.* 2. Auflage. München : Oldenbourg, 1995

[Cleveland 1985] CLEVELAND, William S.: *The Elements of Graphing Data.* Wadsworth, Monterey, 1985

[Cleveland 1993] CLEVELAND, William S.: *Visualizing data.* New Jersey : Hobart Press, 1993

[Cohen 1994] COHEN, Jacob: The earth is round ($p < .05$). In: *American Psychologist* 49 (1994), Dezember, S. 997–1003

[Conover 1971] CONOVER, W. J.: *Practical nonparametric statistics.* New York : Wiley & Sons, 1971

[Crawley 2002] CRAWLEY, Michael J.: *Statistical Computing. An Introduction to Data Analysis using S-Plus.* Wiley & Sons, 2002

[D'Agostino und Stephens 1986]   D'AGOSTINO, Ralph B. ; STEPHENS, Michael A.: *Goodness-of-fit techniques.* New York : Marcel Dekker Inc., 1986

[Dörsam 2002]   DÖRSAM, Peter: *Mathematik anschaulich dargestellt für Studierende der Wirtschaftswissenschaften.* 10. Auflage. Heidenau : PD-Verlag, 2002

[Forschungsstelle für Angewandte Regionalwissenschaft (FAR) 2003]   FORSCHUNGS-STELLE FÜR ANGEWANDTE REGIONALWISSENSCHAFT (FAR) (Hrsg.): *Kulturtouris-mus in Ingolstadt: Bestandsaufnahme und Zukunftsperspektiven eines kulturorientierten Tourismus in Ingolstadt.* Eichstätt, 2003

[Fox 1997]   FOX, John: *Applied Regression Analysis, Linear Models, and Related Models.* Thousand Oaks : Sage Publications, 1997

[Gellert 1967]   GELLERT, W. (Hrsg.): *Großes Handbuch der Mathematik.* Buch und Zeit Verlagsgesellschaft Köln, 1967

[Greene 2003]   GREENE, William H.: *Econometric Analysis.* 5. Auflage. Prentice-Hall, 2003

[Härtter 1987]   HÄRTTER, Erich: *Wahrscheinlichkeitsrechnung, Statistik und mathema-tische Grundlagen.* Göttingen : Vandenhoeck & Ruprecht, 1987

[Hartung 1991]   HARTUNG, Joachim: *Statistik. Lehr- und Handbuch der angewandten Statistik.* 8. Auflage. München : Oldenbourg, 1991

[Hellmund u. a. 1992]   HELLMUND, Uwe ; KLITZSCH, Walter ; SCHUMANN, Klaus: *Grundlagen der Statistik.* Landsberg/Lech : Verlag Moderne Industrie, 1992

[Horst 1963]   HORST, Paul: *Matrix Algebra for Social Scientists.* New York : Holt, Rinehart & Winston, 1963

[Kanji 1993]   KANJI, Gopal K.: *100 Statistical Tests.* Newbury Park, Cal. : SAGE Publications, 1993

[Kann 1967]   KANN, Achim: *Theoretische Statistik.* Stuttgart : Kohlhammer Verlag, 1967

[Kramar u. a. 2002]   KRAMAR, Hans ; LUNAK, Daniela ; RIEDL, Leopold: Visualisierung von räumlichen Daten in Diagrammen / Institut für Stadt- und Regionalforschung an der TU Wien. 2002. – Forschungsbericht

[Krämer 1998]   KRÄMER, Walter: *So lügt man mit Statistik.* 8. Auflage. Frankfurt : Campus, 1998

[Krause 1997]   KRAUSE, Andreas: *Einführung in S und S-Plus.* Berlin, New York : Springer, 1997

[Kreyszig 1988]   KREYSZIG, Erwin: *Statistische Methoden und ihre Anwendungen.* 7. Auflage. Göttingen : Vandenhoeck & Ruprecht, 1988

[Kromrey 1998]   KROMREY, Helmut: *Empirische Sozialforschung.* 8. Auflage. Opladen : Leske und Budrich, 1998

[Kröpfl 1994]   KRÖPFL, Bernhard (Hrsg.): *Angewandte Statistik: eine Einführung für Wirtschaftswissenschaftler und Informatiker.* München, Wien : Hanser, 1994

[Lehn und Wegmann 2000]   LEHN, Jürgen ; WEGMANN, Helmut: *Einführung in die Statistik.* 3. Auflage. Stuttgart : Teubner, 2000

[von der Lippe 1999]   LIPPE, Peter von der: *Induktive Statistik.* 5. Auflage. München : Oldenbourg, 1999

[Litz 1997]   LITZ, Hans P.: *Statistische Methoden in den Wirtschafts- und Sozialwissenschaften.* München : Oldenbourg Verlag, 1997

[Litz 2000]   LITZ, Hans P.: *Multivariate Statistische Methoden.* München : Oldenbourg Verlag, 2000

[Marinell 1986]   MARINELL, Gerhard: *Statistische Auswertung.* 3. überarb. Auflage. München : Oldenbourg, 1986

[Menges 1972]   MENGES, Günter: *Grundriß der Statistik. Teil 1: Theorie.* 2. Aufl. Westdeutscher Verlag, 1972

[Menges 1982]   MENGES, Günter: *Die Statistik. Zwölf Stationen des statistischen Arbeitens.* Wiesbaden : Gabler, 1982

[Müller 2000]   MÜLLER, Ulrich (Hrsg.): *Handbuch der Demographie. Modelle und Methoden.* Bd. 1. Berlin : Springer, 2000

[Pagels 1982]   PAGELS, Heinz R.: *The Cosmic Code. Quantum Physics as the Language of Nature.* London : Penguin Books, 1982

[Poddig 2000]   PODDIG, Thorsten: *Statistik, Ökonometrie, Optimierung.* Bad Soden : Uhlenbruch Verlag, 2000

[von Randow 1992]   RANDOW, Gero von: *Das Ziegenproblem. Denken in Wahrscheinlichkeiten.* Rowohlt Taschenbuch, 1992

[Searle 1982]   SEARLE, Shayle R.: *Matrix Algebra Useful for Statistics.* New York : Wiley & Sons, 1982

[Statistisches Bundesamt 2002]   *Statistisches Jahrbuch für die Bundesrepublik Deutschland.* Statistisches Bundesamt, 2002

[Staufenbiel und Borg 1997]   STAUFENBIEL, Thomas ; BORG, Ingwer: *Theorien und Methoden der Skalierung.* Göttingen : Huber, 1997

[Thomson 1989]   THOMSON, Norman: *APL programs for the mathematics classroom.* Heidelberg, New York : Springer, 1989

[Tukey 1977]   TUKEY, John W.: *Exploratory data analysis.* Reading, Mass. : Addison-Wesley, 1977

[Venables und Ripley 2002]   VENABLES, William N. ; RIPLEY, B.D.: *Modern Applied Statistics with S.* 4. Aufl. Heidelberg, New York : Springer-Verlag, 2002

[Venables und Ripley 2000]   VENABLES, W. N. ; RIPLEY, B. D.: *S Programming*. New York, Berlin, Heidelberg : Springer Verlag, 2000

[Wagemann 1935]   WAGEMANN, Ernst: *Narrenspiegel der Statistik*. Hamburg : Hanseatische Verlagsanstalt, 1935

[Wagenführ 1967]   WAGENFÜHR, Rolf: *Statistik leicht gemacht. Einführung in die deskriptive Statistik*. 5. Auflage. Köln : Bund Verlag, 1967

[Weber 1988]   WEBER, Max: *Die "Objektivität" sozialwissenschaftlicher Erkenntnis (1904)*. S. 146ff. Tübingen, 1988

[Wehrt 1984]   WEHRT, Klaus: *Beschreibende Statistik. Eine Einführung*. Campus Verlag, 1984

Index

www.ingramcontent.com/pod-product-compliance
Lightning Source LLC
Chambersburg PA
CBHW081534190326
41458CB00015B/5554